조지 슈피로는 위험한 대안 중 하나를 골라야 하는 선택 이론에 대해 놀랍도록 읽기 쉽고 비수학적인 방식으로 이야기를 풀어냈다.

_해리 마코위츠 1990년 노벨 경제학상 수상자

이 책은 전기傳記 양식을 띤 지성사의 걸작이다. 지금까지 슈피로가 발표한 모든 저서 중 단연 최고라 할 만하다. 재치 있고 우아한 글은 생각에 관한 생각의 역사history of thinking about thinking를 아주 흥미롭고 이해하기 쉽게 알려준다.

_실비아 나사르 컬럼비아대학교 저널리즘 대학원 교수,
《뷰티풀 마인드》, 《사람을 위한 경제학》 저자

경제 이론은 인간을 '효용을 극대화하는 존재'라고 여긴다. 그런데 '효용'은 무엇일까? 300년 전, 다니엘 베르누이는 효용은 부의 상대적인 증가라고 선언했다. 이후 효용은 일관성 있는 선호를 표현하기 위한 추상적인 척도가 되었다. 하지만 인간의 실제 행동을 고려하면 효용이라는 가상의 '합리성'에는 나름의 역설과 논란이 있다. 이 주제를 다룬 슈피로의 놀라운 역작은 재미있을 뿐 아니라, 우리에게 정보와 희열까지 준다.

_베른하르트 폰 스텐겔 런던정치경제대학 수학과 교수

이 책은 기대효용에서부터 전망 이론에 이르기까지 개인의 의사결정이라는 관점에서 바라본 경제학의 역사를 체계적이고 유쾌하게 알려준다. 일반 독자와 경제학을 공부하는 호기심 가득한 학생 모두가 관심을 가져볼 만한 책이다.

_마리아 피아 파가넬리 트리니티대학교 경제학 교수

경제적 의사결정의 방법들은 과학의 발전에 따라 지속적으로 개선되어왔다. 우리 사회는 선진 사회를 따라가는 과정에서 기적의 성과를 이루었다는 평가를 받았지만, 핵심적인 부분에 대한 이해의 깊이가 충분치 않은 점도 사실이다. 이 책은 바로 그 부분을 채워준다. 그리고 복잡해지는 환경에 경제학이 다른 학문들과 어떻게 연결되고 확장하는지 알려준다. 소중한 책이다.

_오종태 타이거자산운용 이사.
《복잡계 세상에서의 투자》 저자

경제학 오디세이

Risk, Choice, and Uncertainty:
Three Centuries of Economic Decision-Making
by George G. Szpiro
Originally Published by Columbia University Press, New York.

◆ 경제학자의 눈으로 본 위험, 선택 그리고 불확실성의 역사 ◆

# 경제학 오디세이

조지 슈피로 지음 | 김현정 옮김 | 조원경 감수

Daniel Bernoulli
Jeremy Bentham

*Amos Tversky*

**WILLIAM STANLEY JEVONS**

**Harry Markowitz**
*Kenneth Joseph Arrow*
Pierre-Simon Laplace

Léon Walras
**Daniel Kahneman**
*Richard Thaler*

John Locke
*Maurice Allais*

**John von Neumann**
Oskar Morgenstern

**Herbert Simon**
Carl Menger

Milton Friedman

비즈니스북스

**경제학 오디세이**

1판 1쇄 발행  2021년 11월  2일
1판 2쇄 발행  2021년 12월 15일

**지은이** | 조지 슈피로
**옮긴이** | 김현정
**감  수** | 조원경
**발행인** | 홍영태
**편집인** | 김미란
**발행처** | (주)비즈니스북스
**등  록** | 제2000-000225호(2000년 2월 28일)
**주  소** | 03991 서울시 마포구 월드컵북로6길 3 이노베이스빌딩 7층
**전  화** | (02)338-9449
**팩  스** | (02)338-6543
**대표메일** | bb@businessbooks.co.kr
**홈페이지** | http://www.businessbooks.co.kr
**블로그** | http://blog.naver.com/biz_books
**페이스북** | thebizbooks
ISBN  979-11-6254-244-6   03320

비즈니스북스는 독자 여러분의 소중한 아이디어와 원고 투고를 기다리고 있습니다.
원고가 있으신 분은 ms1@businessbooks.co.kr로 간단한 개요와 취지, 연락처 등을 보내 주세요.

타마르, 로템, 대니얼,
그리고 그 뒤를 따라갈 모든 이들에게
이 책을 바칩니다.

# 경제학,
# 사회현상을 이해하는 수학

대학 시절에 경제학과 학생 다수가 꽤 고등한 수학 과목들을 꾸준히 수강하면서 일종의 경쟁 상대가 되었던 적이 있다. 심지어 수학과 학생들보다 시험 성적이 좋을 때도 자주 있어서 수학과 교수님들이 우리를 실컷 꾸중할 이유를 (의도한 바는 아니겠지만) 제공해주기도 했다. 지금 돌아보면 그때 그 학생들이 뛰어난 경제학자가 돼서 지금 좋은 연구를 하고 있다면 좋겠다는 생각이 든다. 경제학자들이 수학을 중요시한다는 인상도 그때부터 강하게 받기 시작했나 보다.

경제학에서 수학이 유용한 것은 너무 당연하다. 기본적으로 회계가 상당히 복잡한 수학적 계산을 요구한다. 르네상스 시대 이탈리아에서 가장 영향력 있는 수학 교재의 저자 루카 파치올리Luca Pacioli가 '회계학의 아버지'로 불렸다는 사실만 보아도 두 분야의 깊은 연관성을 알 수 있다. 또 우리는 투자, 이자, 환율, 물가상승률, 성장률 등과 관련된 수학적 표현을 신문 기사에서도 종종 접할 수 있다. 다소 철학적으로 들릴 수도 있지만, 돈과 수는 둘 다 자연 그리고 사회와 복잡하게 상호작용하는 추상적인 객체이기 때문에 경제학자와 수학자는 비슷한 시각을 가질 수밖에 없다고 생각한다.

그러나 현대 학문 체계에서 금융과 회계와 경제학은 서로 약간 다른 성격을 지닌 분야들이고, 고등 수학의 응용이 경제학에서 항상 쉽게 받아들여지는 것도 아니다. 비교적 최근인 2009년에 저명한 대중 경제학자 폴 크루그먼이 당시 금융 위기에 대해서 "경제학자들이 멋있는 수학으로 포장된 아름다움을 진실과 혼동한 데서부터 오류가 시작되었다."고 평할 정도로 수리경제학은 비판의 대상이 되기도 한다.

하지만 그런 비판도 이미 경제학이란 분야가 수학의 영향을 상당히 많이 흡수한 상태에서 일어나는 것이다. 즉, 수학을 지금보다도 많이 쓸 것인가 토론하는 과정에서 일어나는 것이다. 이미 일반적인 경제학 커리큘럼에 확률, 통계, 함수론, 선형대수 등은 기본적으로 포함되고 게임 이론, 경매 이론, 사회 선택 이론Social Choice Theory 등이 수학적 사고로부터 쌓아 올리는 경제학의 주요 영역들이다. 노벨 경제학상이 수여

돼온 지난 약 50년 동안 수상자 중에 수학자가 네다섯 명 포함돼 있다는 사실만 봐도 수학적 방법론의 경제학적 중요성을 짐작할 수 있다. 경제학과 수학의 교류는 현재뿐만 아니라 다가올 데이터 과학 시대에 더욱 심화될 것이다. 수학적 이론을 구체적인 현상에 응용하는 데 필요한 기술이 급격히 향상되고 있기 때문이다.

조지 슈피로의 이 책은 수리경제학의 발전사를 다루는 흥미진진한 입문서다. 특이한 도박 게임으로부터 일어나는 확률적 역설에서 시작하는 이야기는 공리주의, 평형 이론, 게임 이론, 행동경제학에 이르기까지 어떻게 해서 수학적 사고가 사회 현상을 이해하는 데 사용돼왔는가를 명쾌하게 보여준다. 이 책은 경제학을 전공하는 사람에게 유용한 가이드가 될 것이며 중요하고 구체적인 사례를 통해서 수학적 사고가 무엇인지 이해하고 싶어 하는 일반 독자들에게도 권할 만하다. 수학자들 자신도 수학의 중요한 응용 사례의 역사를 이 책에서 공부하면서 재미를 느낄 수 있을 것이다.

에든버러 국제수리과학 연구소장,《수학이 필요한 순간》저자

김민형

# 경제적 인간들의 풍요로운 삶을 위한
# 대가들의 놀라운 여정

우리는 살아가면서 여러 가지 선택, 즉 의사결정을 한다. 그런 의사결정에 도움을 주는 요인들은 무엇일까? 행동경제학이 발달하여 인간의 비합리성이나 제한적 합리성이 더 인간적이라고 가정되고도 있지만, 우리는 확률 이론을 비롯한 '수학적 모델에 기초한 의사결정'을 핵심으로 하는 경제학의 중요성을 무시할 수 없다.

경제사상사를 돌아보면, 수많은 경제학자들이 올바른 의사결정을 내리기 위해 고민해왔다. 숱한 제약, 위험, 특이한 환경에서 최적의 의사결정에 대한 절묘한 이론을 고안하기 위해 그들의 지적 능력을 총

동원해왔다고 해도 과언이 아니다. 물론 우리의 모든 선택이 온전히 논리적인 것은 아니며, 인간 행동의 이성적인 측면과 비합리적인 측면을 강조하는 이론 사이에는 오랜 긴장이 존재해왔다. 한쪽에서는 합리적인 효용의 공식 모델을 최적화하여 의사결정이론을 펼치는가 하면 다른 쪽에서는 비이성적으로 행동하는 인간 성향을 감안하여 행동 과학으로 현실적인 인간의 모습을 생생히 그리고자 했다.

이 책에서 저자 조지 슈피로는 의사결정 연구에 관한 3세기에 걸친 이야기를 들려준다. 합리적인 의사결정에 대한 아이디어가 얼마나 중요한 진화를 이루었는지 추적하고, 그 분야를 형성한 사상가들의 이야기에 몰두하다 보면 우리가 배운 경제학의 지식들이 씨실과 날실처럼 엮인다.

저자는 입증되지 않은 증거에서 출발한 이론의 초기부터 우아한 수학을 중심으로 만들어진 학문의 발흥에 이르기까지 사람들이 실제로 어떻게 행동하는지 설명하는 데 많은 관심을 보였다. 존 로크, 제러미 벤담, 윌리엄 스탠리 제번스, 레옹 발라, 밀턴 프리드먼, 아모스 트버스키와 대니얼 카너먼, 리처드 탈러 등 다양한 사상가들의 업적을 추적한다.

많은 경제학 저서를 쓴 나로서는 한 인물 한 인물들의 이야기가 예사롭지 않다. 나의 첫 책 《명작의 경제》의 한 무대이기도 한 상트페테르부르크에서의 이야기로 시작하는 초입에서 이 책에서 많이 다루는 역설을 접한다. '상트페테르부르크의 역설'이 바로 이 책의 첫인상이다. 수학자 다니엘 베르누이가 이 역설을 공식적으로 제시한 곳이 상트페테르부르크였기 때문에 명명되었다. 러시안 룰렛 게임과 도박장이 눈에 아른거리는 물의 도시. 그곳에서 벌어지는 경제학의 역설이자 이 책의 비밀의 열쇠를 푸는 장소 이야기를 시작해 보자.

확률을 무한급수로 나타내고 현실에 실재實在할 수 있는 경우의 수에 따라 배정된 값을 같은 방식으로 증가시키면 기댓값이 무한이 된다. 수학에 익숙하지 않은 이에게는 도무지 무슨 말인지 모를 수 있는 건 당연하다. 이 책은 그런 모르는 것들을 찬찬히 정독하며 알게 하는 묘미를 준다.

책의 서두를 시작하는 이 역설을 제대로 살펴보자. 동전을 던져 앞면이 나오면 계속 던지고, n번째 처음 뒷면이 나오면 게임이 종료되고 2n-1달러의 상금을 지급하는 게임의 기댓값($E$)을 구해보자.

$$E = \frac{1}{2} \times 1 + \frac{1}{4} \times 2 + \frac{1}{8} \times 4 + \frac{1}{16} \times 8 + \cdots$$
$$= \frac{1}{2} + \frac{1}{2} + \frac{1}{2} + \frac{1}{2} + \cdots$$
$$= \sum_{K=1}^{\infty} \frac{1}{2} = \infty$$

기댓값은 무한대가 됨에도 불구하고 누구도 이 게임에 참가하지 않는 역설이 발생한다. 이 게임의 참가비가 100만이 되었든 10억이 되었든 당신이 위험중립자라면 이 게임을 거절할 이유가 없다. 하지만 실제로 이 게임 한 판이 무한대의 가치를 가진다고는 믿기 힘든 것이 사실이다. 이 역설을 해결하기 위해 많은 당대의 수학자들이 여러 가지 이론과 추측을 제시하였고, 이는 수학적인 확률 개념의 정립뿐만이 아니라 경제학 등에서 사람이 인식하는 확률의 인식에 많은 영향을 미치게 되었다. 그런데 게임을 한 판만 했을 때와 무한히 반복할 때의 결과가 다르다는 것은 이후 게임 이론 등에서도 무수히 많은 예시로 증명된 바 있다. 베르누이가 처음 시도한 해결책은 금액에 따른 효용이 로그함수로 나타난다는 내용이었다. 기댓값이 아니라 기대효용이 중요하다는 것이다. 우산의 가치를 생각해 보라. 우산은 비 개인 날보다 비 오는 날 효용이 훨씬 증가하는 조건부 효용이다. 이 효용의 기댓값이 불확실성하에서의 게임의 가치로 나타나는 것이다.

게다가 우리는 한계효용체감의 법칙, 사회후생함수social welfare function 같은 많은 이론들을 기대효용에서 파생되어 생각하게 된다. 2,000원을 받으면 1,000원을 받는 두 배만큼 좋겠지만, 200억 원을 받는다고 100억 원을 받을 때의 두 배나 기분이 좋지는 않을 것이라는 생각이다. 물론 반기를 드는 사람도 있겠지만 대개의 사람은 그럴 것으로 생각되고, 이는 누진세나 저소득층 지원정책의 근거가 되기도 한다. 한계효용체감의 법칙에 따라 가난한 자의 효용 증가의 가치가 부자의 효용 감소의 가치보다 크기 때문이다. 효용은 개별소비자의 소비생활에 대한 만족도를 측정한다. 이와 유사하게 국민경제생활의 소망스러운 정도를 수치로 측정하는 방식을 사회후생함수라고 한다. 사회후생함수의 구조는 각 경제생활에서 국민 각자가 누리게 되는 효용의 구조를 적절히 반영하여야 함은 물론이다. 사회후생함수는 잠재적으로 개인 간의 효용을 비교할 수 있다는 가정을 전제하고 있는 개념이다. 이 가정을 효용의 개인 간 비교가능성의 가정이라 한다. 그러나 이 가정은 본질적으로 주관적 가치인 갑과 을의 효용의 크기를 어떻게 객관적으로 비교할 수 있는가라는 비판을 모면할 수 없다. 따라서 타당한 사회후생함수의 구조에 대해서는 오늘날까지 그 논쟁과 연구가 계속되고 있다. 사회후생함수는 벤담이나 존 롤즈John Rawls 등 여러 철학자들의 생각에 따라 다를 수 있고 우리는 이 대목에서 진정한 정의란 무엇인가를 생각해 보게 된다.

금액에 따른 만족이 단순히 금액에 정비례하지 않는다는 사고방식은 경제학의 효용이론을 탄생시키는 데에 크게 기여했다. 효용은 직접적으로 측정하거나 관찰하지 못한다. 그래서 경제학자들은 관찰된 선택의 결과로 효용의 크기를 측정할 수 있는 방법을 고안했다. 이것이 폴 새뮤얼슨Paul Samuelson이 명명한 '현시선호이론'theory of revealed preference 이다. 현시선호이론은 예를 들어 사람들의 지불 의사에 담긴 선호도를 측정하여 효용의 상대적 크기를 비교하는 것이다. 효용은 소망이나 욕구와 상관이 있지만 욕구는 직접적으로 측정될 수 없고, 단지 그것을 암시하는 외부현상에 의해서만 간접적으로 측정될 수 있다.

경제학자들은 대부분의 사람들이 기꺼이 지불하고자 하는 가격을 통해서 욕구나 만족의 크기를 잰다. 베르누이와 관련하여 기대효용이론을 들 수 있는데, 사실 이는 니콜라스 베르누이 1세가 1713년 처음 제안했다. 다니엘 베르누이가 1738년 상트페테르부르크 역설을 풀면서 이론이 제대로 전개되었다. 다니엘 베르누이는 의사결정이 위험회피를 보이거나 로그적 서수 효용함수의 모양을 띨 때, 역설(패러독스)이 해결될 수 있다고 말했다.

베르누이 이전의 수학자들은 도박이나 게임이 모든 가능한 결과의 가중 평균인 기댓값으로 평가된다고 가정했었다. 그러나 베르누이는 불확실성하의 의사결정 시 기대효용 개념을 도입하며, 객관적 기댓값에서 주관적인 가치, 즉 불확실성에 대한 기대효용expected utility을 반영한 의사결정 모델로 발전시켰다. 기대라는 것 자체가 불확실성을 나타내는 것 아닌가! 중요한 내용은 이 책을 읽는 동안 만나게 될 경제학 여정을 통해 알아보시라. 여기서 우리는 효용, 위험, 불확실성의 연관성을 알게 되리라.

기대효용 이론은 존 폰 노이만과 오스카르 모르겐슈타인의 이론에서 더욱 중요하게 다루어진다. 레프 톨스토이의 소설《사람은 무엇으로 사는가》를 읽어본 사람은 알 것이다. 그 소설에서는 안타깝게도 사람에게는 앞날에 대한 예지력이 충분하지 않다고 이야기한다. 경제학자들은 톨스토이의 말을 믿으면서도 사람들이 불확실성을 최소화하고 효용을 극대화하여 자신의 부를 극대화하고자 해왔다고 주장한다. 사람을 '합리적 인간'이라고 가정하는 기대효용 이론은 불확실성에 놓여 있는 인간이 위험에 어떻게 대처하고 선택하는가를 결정하는 기본이론이라 생각한다. 기대효용 이론은 이후 경제학의 수요와 공급 측정, 가격과 거래량 결정 등 현대 주요 경제이론과 자본자산 가격결정모형Capital Asset Pricing Model, CAPM 등 현대 주요 재무 이론의 기초가 되었다. 기대효용 이론의 특징은 몇 가지의 기본적인 원칙을 기초로 해서 사람들의 선호 체계를 나타내는 수치적 효용함수를 도출한다는 데 있다. 이를 통해 주관적 만족의 정도인 효용의 개념을 절대적 수치로 측정할 순 없지만, 상대적 측정은 가능하다고 주장한다.

경제학이란 학문을 접할 때는 기본적인 수학이론, 위험, 선택, 불확실성으로 이어지는 큰 흐름을 이해하는 것이 무엇보다 중요하다. 이에 대한 내용을 파악하지 못한다면 수박 겉핥기가 된다. 행동경제학이 발달한 지금에서도 그런 노력은 배가되어야 한다.


이 책은 일관되게 부의 효용을 자세히 다루고 있다. 환율, 주식, 부동산, 암호자산, 파생상품 그리고 최근의 '벼락거지' 이야기까지. 우리는 살면서 많은 불확실성과 위험에 노출되어 있다. 그러한 상황에서 자신의 부를 극대화하는 포트폴리오를 구성하기 위해 당신은 어떤 노력을 구하고 있는가. 이 책이 그런 당신에게 적절한 통찰을 주었으면 한다.


우리 모두는 불확실성하에서 어떤 선택을 해야 할지 고민하게 된다.

모쪼록 이 책을 읽고 자신의 성향에 맞는 포트폴리오로 부의 효용함수를 최적화하는 길은 무엇인지 생각해 보길 바란다.

《식탁 위의 경제학자들》,《넥스트 그린 레볼루션》저자

조원경

# 사람들은 어떻게
# 의사결정을 하는가

기원전 1세기에는 랍비 힐렐Hillel과 랍비 샤마이Shammai가 각각 이끄는 유대 사상의 두 학파가 인기를 끌었다. 탈무드에 따르면 샤마이는 엄격하고 참을성이 없는 데다 조급하지만 힐렐은 온화하고 유화적이었다고 한다. 어느 날, 한 낯선 사내가 샤마이를 찾아와 유대교로 개종하고 싶다고 이야기했다. 사내는 무척 서두르며 이렇게 요구했다.

"저를 유대교도로 만들어주세요. 단, 제가 한 발로 서 있는 동안 율법을 통째로 가르쳐주셔야 합니다."

이 얼마나 배짱이 두둑한가! 아직 유대교도가 된 것도 아닌데 벌써 유대인 특유의 후츠파chutzpah(담대하고 저돌적인 정신을 뜻하는 히브리어-옮긴이)를 갖고 있다니! 몹시 화가 난 샤마이는 지팡이로 사내를 후려친 후 집 밖으로 내쫓았다. 그러나 사내는 눈썹 하나 꿈쩍하지 않고 힐렐을 찾아가 자신의 운을 시험해보기로 했다. 힐렐은 태연하게 사내의 요구를 받아들였다. 버릇없는 예비 유대교도 사내가 한 발로 서 있는 동안 힐렐은 이렇게 이야기했다.

"당신이 싫어하는 일은 다른 사람에게도 하지 말아야 합니다. 그것이 율법의 전부입니다. 나머지는 모두 그것에 대한 해설일 뿐입니다. 이제 가서 직접 공부를 하십시오."

이 일화를 언급한 이유가 무엇일까? 바로 경제학도 이와 마찬가지이기 때문이다. "사람들은 더 많은 재화를 갖고 싶어 하지만 이미 가진 것이 많을수록 추가로 갖게 되는 단위의 가치는 줄어든다." 이것이 바로 경제학의 전부다. 나머지는 모두 그것에 대한 해설일 뿐이다. 이제 직접 이 책을 읽어보기 바란다.

## 신고전주의부터 행동경제학까지
## 경제학이 걸어온 길

고대 그리스인들은 사람들이 거의 모든 것을 더 많이 소유하고 싶어 하지만 그것을 원하는 속도는 점점 느려진다는 사실을 이미 잘 알고 있었다. 그로부터 많은 시간이 흐른 18세기에, 러시아 상트페테르부르크에서 학생들을 가르치던 수학자 다니엘 베르누이

Daniel Bernoulli가 이 같은 지식을 활용해 사촌 형 니콜라스 베르누이Nikolaus Bernoulli가 낸 도박에 관한 문제의 답을 제안했다. 다니엘 베르누이와 수학자 가브리엘 크라메르Gabriel Cramer가 각자 따로 제안한 기발한 해결 방안은 부가 늘어날수록 부의 효용, 즉 부를 통해서 얻는 기쁨이 줄어든다는 사실에서 기인한 것이었다. 말하자면 1달러의 돈을 추가로 얻었을 때 백만장자보다는 집이 없는 거지가 얻는 효용이 좀 더 크다.

수학자들에게 이 '상트페테르부르크 역설'St. Petersburg Paradox은 운에 승패가 좌우되는 게임games of chance에 대한 흥미로운 문제 중 하나일 뿐이었다. 다니엘 베르누이와 가브리엘 크라메르는 상트페테르부르크 역설이라는 수학적인 난제와 경제학의 연관성에는 관심을 두지 않았다.

사실 18세기의 경제학은 대개 관찰 수준에 머물렀다. 예를 들면 고전 경제학의 기틀을 마련한 애덤 스미스는 바늘 공장에서 이뤄지는 노동 묘사를 통해 분업과 규모의 경제라는 개념을 소개했다. 물론 초기 경제학자들도 경제 모델을 제안했다. 하지만 그들의 연구는 산술적인 설명이나 예시와는 거리가 멀었다. 대신 관찰 내용을 묘사하고, 일화를 들려주고, 결론을 내리는 등 주로 말을 늘어놓는 방식이었다.

게다가 경제학은 물리학, 의학, 화학에 비해 진지한 학문 분야로 여겨지지 않았다. 수학이 등장하기 전까지는 말이다. 부, 이윤, 돈의 효용 등 무언가를 '최적화할 방법'을 제안하는 수학 모델이 개발된 후에야 경제학은 비로소 진지한 학문 분야로 거듭날 수 있었다. 이런 변화가 나타난 때는 신고전주의 경제학자neoclassical economist들이 수학적 방법론과 도구를 활용하기 시작한 19세기 말이었다.

이 대목에서 베르누이 가문이 다시 등장한다. 다니엘 베르누이를 비롯해 걸출한 과학자를 배출한 가문인 베르누이가에서 태어난 여러 인재들은 상트페테르부르크 역설에 대한 해결책을 제시했을 뿐 아니라 물리적 대상의 지속적인 변화(다시 말해 항성과 움직이는 물체의 궤도)를 연구하기 위해 미적분학을 응용한 선구자들이었다. 19세기 말, 개별적으로 연구를 진행하던 영국의 윌리엄 스탠리 제번스William Stanley Jevons 와 스위스의 레옹 발라Léon Walras, 오스트리아의 카를 멩거Carl Menger 역시 미적분학을 경제학에 적용하기 시작했다. 이를 기점으로 경제학의 수학화가 시작되었으며 경제학이 대거 발전하는 시기가 뒤따랐다. 하지만 시간이 흐르면서 경제학에 적용되는 수학이 점점 복잡해졌고 경제학 논문이 수학계에서 발표되는 연구와 거의 구별되지 않을 지경에 이르렀다. 경제학은 거의 순수 수학의 한 분야가 되어버렸다.

20세기 후반에 들어서 행동경제학behavioral economics의 등장과 함께 이런 추세에도 또다시 변화가 찾아왔다. 1970년대 이후를 기점으로 경제학은 훨씬 행동 중심적인 접근 방법을 받아들였다. 그렇게 해서 지난 반세기 남짓한 기간 동안 사람들의 '실제 행동 방식'을 묘사하는 것이 경제학의 목표가 되었고 이런 분위기 덕에 경제학은 심리학에 더욱 의존하는 한편 수학의 중요성은 줄어들게 됐다. 좀 더 정확하게 이야기하면 1968년에 노벨 경제학상이 생겨난 후 수십 년 동안 노벨 경제학상은 오직 수학 이론의 차지였다. 하지만 최근 들어 비수학적 모델에 경제학상을 수여하는 사례가 늘고 있다.

# '경제적 의사결정'은
# 어떻게 변화해왔나

 이 책을 한마디로 정리하면 '사람들은 어떻게 의사결정을 하는가'에 관한 것이다. 의사결정이 경제학을 떠받치는 토대의 전부는 아닐지라도 대부분을 차지한다고는 봐도 될 것이다. 따라서 이 책은 경제사상사經濟思想史에 접근하는 새로운 방법을 제시한다고 볼 수 있다.

 이 책은 세 부분으로 구성되어 있다. 제1부에서는 18세기와 19세기 초에 등장한 인물들과 그들이 창안한 '부의 효용에 대한 이론'을 필두로 이야기를 풀어나갈 것이다. 제2부에서는 그 후에 등장한, 그러니까 주로 19세기 말과 20세기 전반기에 등장한 인물들과 그들이 개발한 모델을 소개할 것이다. 이런 모델들은 '합리적인 행위자'들이 최상의 결정(규범경제학normative economics)을 내릴 수 있다는 전제에서 출발한다. 그렇기에 수학과 공리체계axiomatic system가 꼭 필요했다. 20세기 후반기부터 현재까지 등장한 인물들과 경제 모델을 아우르는 제3부에서는 인간이 '실제로 어떻게 행동하는지'(실증경제학positive economics) 설명할 것이다. 사실 사람들은 대부분 합리적이지 않다. 바로 이런 이유로 근사한 수학 모델은 사람들로부터 외면받게 됐고 심리학이 가장 중요한 존재로 자리 잡았다.

 이 책의 주된 관점은 경제학이 지나치게 수학 중심적인 방향으로 나아갔고, 그에 대한 반작용이 생기고 있다는 것이 아니다. 오히려 그 반대다. 수학은 규범경제학(어떤 식으로 결정을 내려야만 하는가)의 근간이며 또 그래야만 한다. 사실 행동 모델 또한 수학에 기반을 두고 있다. 하지만 실제로 사람들이 어떤 식으로 결정을 내리는지 설명할 때 수학이 더 이상 중요하게 여겨지지 않는 것 같다. 노벨 경제학상을 수상한 리처드 탈러Richard Thaler를 비롯한 경제학자들은 의사결정자들의 계산 능력에 한계가 있고 이들이 규범 모델을 제대로 이해하지 못하는 탓에 인간이 "비논리적인 존재처럼 보이게 되었다."고 지적하기도 했다.

오스카르 모르겐슈타인Oskar Morgenstern이 자필로 쓴 읽기 힘든 편지를 보기 좋게 필사해 준 안나-마리아 지그문트Anna-Maria Sigmund에게 감사를 전하고 싶다. 이 책을 쓰도록 격려해주신 컬럼비아대학교 출판부의 밀레스 톰슨Myles Thomson과 정성껏 이 책을 편집해주신 출판부 브라이언 스미스Brian Smith와 센베오Cenveo의 벤 콜스태드Ben Kolstad에게도 감사의 말씀을 드린다. 뉴욕에 있는 보글리아스코 재단에도 감사의 뜻을 전한다. 보글리아스코 재단이 소유한 제네바 근처의 아름다운 지중해 연안 별장에서 전속 작가로 활동하면서 여유롭게 생각을 정리하고 원고를 쓸 수 있었다.

언제나 그렇듯, 수학을 못한다고 주장하지만 대개 정확하게 계산을 하는(물론 10%의 오차 범위 내에서 그렇다는 뜻이다) 아내 포르튀네에게도 감사의 마음을 전한다. 당신이 없다면 인생에 아무런 재미가 없을 거야!

이 책이 정보와 재미를 주는 데서 그치지 않고 인지 편향cognitive bias을 비롯해 독자 여러분이 가진 다양한 편향을 깨닫는 데 도움이 되었으면 한다. 결국, 그 모든 편향이 우리를 인간답게 만든다.

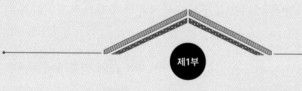

제1부

# 행복 그리고 부의 효용

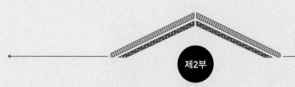

제2부

# 과학의 여왕이 된 수학

제3부

# 인간을 기준으로 한 경제 이론의 탄생

제1부

행복 그리고 부의 효용

## 제1장

# 모든 것은
# '역설'에서 시작됐다

1713년 9월 9일, 스위스 수학자 니콜라스 베르누이가 책상에 앉아 프랑스에 있는 지인인 귀족 피에르 레몽 드 몽모르Pierre Rémond de Montmort에게 편지를 썼다. 베르누이가 별 뜻 없는 수수께끼의 형태로 이 편지에 적어 내려간 수학 문제 덕분에 인간의 의사결정과 관련된 중요한 개념(가장 중요한 것까지는 아닐 수도 있지만)이 탄생하고 경제학이 하나의 과학 분야로 발전하는 계기가 됐다.

3대에 걸쳐서 역사상 가장 추앙받는 과학자를 무려 여덟 명이나 배출한 스위스 바젤의 명망 있는 베르누이 가문의 자손이었던 니콜라스는 친지들의 발자취를 뒤따를 운명이었다. 니콜라스의 숙부 요한

● 다니엘 베르누이

출처: 위키미디어 커먼스

Johann, 백부 자코브Jakob, 니콜라스의 사촌인 니콜라스 2세Nikolaus II와 요한 2세Johann II 그리고 다니엘Daniel, 한때 가문에서 제명된 적 있는 사촌들인 자코브 2세Jakob II와 다니엘 2세Daniel II, 요한 3세Johann III는 17~18세기에 물리학과 수학의 발전에 중요한 역할을 했다. 특히 그중에서도 미분학 발전에 큰 공을 세웠다. 베르누이 가문의 업적에 견줄 만한 성과를 낸 사람을 꼽자면 케임브리지의 아이작 뉴턴, 하노버의 고트프리트 빌헬름 라이프니츠Gottfried Wilhelm Leibniz, 베르누이 가문의 친한 친구이자 제자인 바젤 출신의 스위스 수학자 레온하르트 오일러Leonhard Euler 뿐이다.

대학에 베르누이 가문의 모든 인재를 수용할 만한 자리가 없었던 탓에, 그들은 갖은 지적 탐구에 재능을 쏟아 부었다. 예를 들면 니콜라스 베르누이는 법률 분야에서 등장한 질문에 확률론을 적용한 박사 논문으로 바젤대학교에서 법학 박사를 받았다. 니콜라스는 〈법률 문제에 추측 기법을 적용하는 것에 관하여〉De Usu Artis Conjectandi in Jure라는 논문에서 연금과 유산, 복권, 보험, 증인 신뢰도의 통계적인 복잡성을 설명했을 뿐 아니라 기대 수명을 토대로 실종자의 사망 시점을 계산하는 방법 등 다양한 문제를 해결하는 방안을 제시했다. 이 글의 마지막 부분에 수록된 "변호사들은 있을 수 없는 일을 놓고도 논쟁을 벌일 수 있다." 라는 니콜라스의 발언은 특히 주목할 만하다. 이처럼 예리한 통찰력 덕분에 니콜라스는 1731년에 법대 교수로 임명되었다. 하지만 애석하게도 베르누이 가문 역시 갈등으로부터 자유롭지 않았다. 치열한 경쟁과 극단적인 경쟁의식, 누가 먼저인가를 둘러싼 사소한 논쟁 때문에 형제, 혹은 부자가 반목하는 경우가 종종 있었다.[*]

니콜라스는 좀 더 일찍 서신을 보내지 못한 데 대한 사과로 몽모르에게 보내는 편지를 시작한다.

"제법 오랫동안 가능성chance이라는 주제에 관한 새로운 연구를 전혀할 수가 없었습니다. 그런 탓에 무언가 새롭게 알려드릴 만한 건 없습니다. 전에 제게 내주신 문제는 시간이 날 때 차차 풀어보기로 하겠습니다. 그렇지만 일단 문제를 내주셨으니 저도 재미있는 문제를 좀 내

---

[*] 베르누이 가문에 대해 좀 더 알고 싶다면 '슈피로, 2010a' 제17장을 확인하기 바란다. "변호사들은…"이라는 인용문은 '베르누이, 1709, 56'에서 발췌한 것이다.

보겠습니다."[*]

　그런 다음 니콜라스는 주사위 던지기 게임에서 이길 가능성chances of winning에 대한 다섯 가지 문제를 냈다. 그중 두 가지 질문이 우리가 이 책에서 하려는 이야기와 관련이 있다.

- 네 번째 문제: A는 B에게 주사위를 던져서 6이 나오면 동전 1개를 주고, 두 번째로 던졌을 때 6이 나오면 동전 2개를 주고, 세 번째 던졌을 때 6이 나오면 동전 3개를 주는 방식으로 몇 번째 주사위를 던졌을 때 6이 나오는가에 따라 동전의 개수를 차등 지급하겠다고 약속했습니다. 제 질문은 "B의 기댓값은 얼마인가?" 입니다.

- 다섯 번째 문제: 문제는 똑같습니다. 다만, 이번에는 네 번째 문제와는 달리 동전 개수가 1개, 2개, 3개, 4개 순으로 늘어나지 않습니다. 이번에는 주사위를 몇 번째 던졌을 때 6이 나오는가에 따라 A가 B에게 주는 동전의 개수가 1개, 2개, 4개, 8개, 16개 혹은 1개, 3개, 9개, 27개 혹은 1개, 8개, 27개, 64개 순으로 증가합니다.

　"문제는 대부분 어렵지 않습니다만 그 속에서 무언가 재미있는 것을 발견하게 되실 겁니다."라고 적어 내려간 니콜라스는 그 당시의 유

---

[*]　레몽 드 몽모르, 1713, 401(저자의 번역). 뒤에서 베르누이와 몽모르 간의 서신을 발췌한 내용과 베르누이와 크라메르 간의 서신을 발췌한 내용은 '펄스캠프 2013'에서 따온 것이다. 이후에 등장하는 인용문의 경우, 주석 부분에 따로 언급된 내용이 없다면 이 서신에서 발췌한 것이다.

행에 따라 다음과 같은 기교 섞인 장황한 말로 편지를 끝맺었다.

"귀하와 같이 우러러볼 만한 분과 함께할 수 있어 영광입니다. 매우 미천하고 매우 순종적인 당신의 하인 N. 베르누이 올림."*

## 기댓값과
## 확률 이론의 탄생

니콜라스는 'B의 기댓값'을 묻는 네 번째와 다섯 번째 질문을 통해 당시에는 생소했던 기댓값expectation의 개념을 언급했다. 기댓값이라는 개념이 처음 생겨난 때는 그로부터 불과 6년 전, 즉 17세기 중반에 가까워질 무렵이었다. 당시 아마추어 수학자인(물론 아마추어 중에서는 단연코 가장 뛰어났다) 파리의 소설가 블레즈 파스칼Blaise Pascal과 남프랑스 툴루즈 출신의 판사 피에르 드 페르마Pierre de Fermat가 주고받은 서신에서 기댓값의 개념이 처음 등장했다.** 스스로 "메레의 기사"Chevalier de Méré라는 작위를 부여한 악명 높은 도박꾼 앙투안 공보Antoine Gombeaud가 던진 질문을 계기로 두 사람은 서신을 주고받게 됐다.

가짜 기사 앙투안 공보는 여러 판의 게임을 통해 승자가 결정되고

---

* 이 서신에서 베르누이는 'N. Bernoully'라고 서명했다. 편지의 마지막에 흔히 붙이는 'Sincerely'를 재미있게 표현하기 위해 베르누이와 합쳐 말한 것이다.

** 이 서신에 대해 좀 더 알고 싶다면 '데블린, 2008'을 참고하기 바란다.

운에 따라 승패가 갈리는 게임을 하던 중 그 어떤 참가자도 충분히 승점을 확보하지 못한 상태에서 갑자기 게임이 중단되면 판돈을 어떻게 나누어야 옳은지 알고 싶어 했다. 예를 들어 블레즈와 피에르가 다섯 판의 카드 게임을 한다고 가정해보자. 이 경우, 누가 됐든 세 판을 이긴 사람이 판돈을 모두 갖게 된다. 반면, 총 세 번의 게임이 진행돼 블레즈가 두 번, 피에르가 한 번 이겼지만 둘 다 너무 술에 취해서 더 이상 게임을 진행할 수 없는 경우를 가정해볼 수 있다. 게임은 끝이 났지만 질문이 남아 있다. 이런 경우에는 판돈을 어떻게 나누어야 할까? 두 사람 모두 여전히 이길 가능성이 있으니 5:5로 나누어야 할까? 지금까지 진행된 게임의 승률을 고려해 3:2로 나누어야 할까? 혹은, 블레즈는 한 번만 더 이기면 되지만 피에르는 두 번을 더 이겨야 하니까 2:1로 나누어야 할까?

정답은 '셋 다 틀렸음'이다. 하지만 이 문제에 대한 답은 전혀 명확하지 않다. 이 질문이 처음 등장한 1650년대에는 더욱 모호했다. 파스칼과 페르마는 한동안 집중적으로 서신을 주고받으며 엄청난 고민을 한 끝에 결국 답을 찾아냈다. 어쨌든 실제로 진행되지 않은 게임의 결과를 고려해 미래에 어떤 일이 벌어질지 예측하려는 시도가 이루어진 것은 이때가 처음이었다.

일단 다음과 같은 가능성들을 가정해볼 수 있다.

→ 게임이 계속 진행돼 블레즈가 네 번째 판을 이긴다면, 블레즈가 우승을 위해 필요한 세 번째 점수를 획득하므로 판돈을 모두 갖

는다(가능성 A).

→ 네 번째 판에서 피에르가 이기면 동점이 되어 다섯 번째 게임이 반드시 진행돼야 한다. 블레즈가 다섯 번째 판을 이긴다면, 3점을 획득하므로 판돈을 모두 갖는다(가능성 B).

→ 하지만 블레즈가 지면 3점을 획득한 피에르가 판돈을 갖는다(가능성 C).

따라서 블레즈가 이길 기회는 세 번 중 두 번(A, B), 피에르가 이길 기회는 한 번(C)인 것처럼 보인다. 다시 말해서 이 비율에 맞춰 판돈을 나눠야 한다. 이 같은 셈법이 옳을까? 물론 아니다! 파스칼과 페르마가 맨 처음에 이해하는 데 어려움을 겪었던 사실은 발생 가능한 결과가 세 가지(A, B, C)가 아니라 네 가지라는 것이었다. 엄밀하게 이야기하면, 원래 다섯 판의 게임을 진행할 계획이었기 때문에 블레즈가 네 번째 판을 이기더라도 게임은 끝난 것이 아니다. 네 번째 판의 결과가 어떻건 다섯 번째 판도 진행돼야 한다. 블레즈가 이길(가능성 A1) 수도 있고 피에르가 이길(가능성 A2) 수도 있다. 어떤 결과가 나오건 최종적인 승자는 블레즈다. 따라서 블레즈가 이길 기회는 세 번(A1, A2, B), 피에르가 승리할 기회는 한 번(C)에 불과하다. 결국 판돈의 75%는 블레즈가, 25%는 피에르가 가져야 한다. 반드시 짚고 넘어가야 할 중요한 사실은 블레즈와 피에르가 이길 가능성을 계산하기 위해서는 발생 가능한 '모든 결과'를 고려해야 한다는 것이다. 블레즈가 승리를 위해서 필요한 3점을 이미 획득해서 더 이상 진행할 필요가 없는 판의 결과도 고려해야 한다.

그야말로 획기적인 생각이었다. 역사상 처음으로 발생 가능한 미래 사건의 결과를 고려하고, 가능성을 계산한 것이었다. 이것이 바로 확률 이론probability theory의 시초였다.

파스칼과 페르마가 서신에서 제안한 개념은 게임이 중단되면 언제든지 게임이 '중단된 시점'을 기준으로 계산한 두 사람의 '기댓값'에 따라 판돈을 나누어야 한다는 것이었다. 가령, 판돈이 100두카트(베네치아 공화국에서 처음 탄생해 제1차 세계대전 이전까지 유럽에서 사용된 금화—옮긴이)라고 생각해보자. 세 번째 판이 끝난 후에 네 번째 판과 다섯 번째 판이 진행되지 않으면 블레즈가 75두카트, 피에르가 25두카트를 가져야 한다는 사실을 좀 전에 확인했다. 이는 블레즈와 피에르가 딸 것으로 '기대되는' 금액을 의미한다. 물론 게임을 끝까지 진행하면 둘 중 한 사람은 100두카트를, 나머지 한 사람은 아무것도 얻지 못하게 된다. 만약 게임이 수차례 더 진행되고 점수가 2:1이 될 때마다 두 사람이 게임을 멈추고 잠깐 생각을 하다가 다시 게임을 진행하는 경우라면, 2점을 얻은 사람이 평균 75두카트를, 나머지 한 사람은 25두카트를 얻게 된다. 좀 더 보편적으로 이야기하면, 매 게임이 진행될 때마다 우승자가 얻게 될 금액(100두카트)에 우승 확률(75%)을 곱한 금액이 게임의 '수학적 기댓값'mathematical expectation이 된다.[*]

---

[*] 네덜란드의 천문학자 크리스티안 하위헌스Christiaan Hyugens는 공정한 가격은 기댓값과 같다고 주장했다.

니콜라스가 편지에서 언급한 기댓값l'espérance의 개념이 바로 이것이다. 가령, 운에 따라 승부가 결정되며 100달러를 따게 될 가능성이 20%고 지면 아무것도 받지 못하는 게임을 하고 있다고 생각해보자. 이 게임을 여러 번 반복하면 80%의 경우에는 아무것도 받지 못한다. 나머지 20%의 경우에는 100달러의 돈을 딴다. 따라서 평균 20달러(다시 말해서 100달러의 20%)를 받는다. 이것이 바로 기댓값, 즉 실제로 게임을 하기 전에 매번 기대하는 상금이다. 물론 실제로는 열 번 중 여덟 번은 빈손 신세가 될 수밖에 없다.

## 상트페테르부르크의
## 역설이 시작되다

자, 다시 니콜라스 베르누이의 편지로 되돌아가 보자. 편지의 수신자인 레몽 드 몽모르도 베르누이 가문 출신만큼은 아니어도 명망 있는 수학자였다. 편지를 받기 5년 전, 몽모르는 카드 게임과 주사위 게임에서 등장하는 결합 문제를 다룬《운에 따라 결정되는 게임 분석에 대한 평론》Essay d'analyse sur les jeux de hazard이라는 유명한 책을 발표했다. 몽모르와 같은 시대를 살았던 사람들 대부분이 실제로 진행되지 않은 게임의 결과를 예측한다는 발상을 터무니없게 여겼다. 미래 사건 예측을 마법과 점성술의 영역이라고 생각하던 시대였다는 걸 감안하면 당시 발표된 몽모르의 저서는 가히 선구적이었다. 어떤 일이 일어날 가능성에 대한 정확한 정의조차 없던 시절이었으니 말이다. 따라서 수학이라는 도구를 이용해서 '미래에 어떤 사건이 벌어질 확률'이라는 새롭고 논란의 여지가 큰 개념을 정확하게 계산할 수 있다는 주장은 불경스러운 정도까지는 아니더라도 정통과는 확실히 거리가 멀었다. 상황이 그랬던 만큼 몽모르의 저서는 확률 이론에 관한 초창기 전문 서적 중 하나로 여겨졌다.

니콜라스가 이야기하는 '기댓값'이 무엇인지 정확하게 알고 있었던 몽모르는 그로부터 두 달이 흐른 1713년 11월 15일에 답신을 적었다.

"지난번 편지에 적어주신 다섯 가지 문제 중 마지막 두 문제는 전혀 어렵지 않습니다. 분자는 제곱, 세제곱 순으로 늘어나는 수열이고 분모는 등비수열인 급수의 합을 찾기만 하면 됩니다. 작고하신 그대의 백부께서 이런 급수의 합을 찾는 방법을 찾아내셨습니다."

몽모르는 니콜라스 베르누이 못지않게 기교 가득한 표현으로 10쪽짜리 편지를 마무리 지었다. 다만 이 모순적인 귀족은 우스갯소리를 덧붙였다는 차이가 있었을 뿐이다.

"어떤 저자들은 절대로 이야기를 끝맺지 않으며, 언제나 자신은 유용하다고 믿지만 다른 사람들은 그다지 필요로 하지 않는 1,000가지의 이야깃거리를 갖고 있습니다. 이런 덫을 피하고자 제가 당신을 깊이 존경할 뿐 아니라 온 마음을 다해 당신을 받드는 매우 미천하고 순종적인 하인이라는 점을 확실하게 언급하면서 이 편지를 마무리하겠습니다. R. D. M. 올림."

자신을 매우 미천하고 순종적인 하인이라고 묘사했던 몽모르는 별 생각 없이 니콜라스가 제시한 문제를 뭉개기보다 계산에 좀 더 공을 들였어야 한다. 1714년 2월 20일, 니콜라스는 "말씀하신 것처럼 제가 드린 마지막 두 문제는 전혀 어려울 게 없습니다."라고 적은 후 힐난조로 답장을 이어나갔다.

"그렇긴 하지만 해결 방안을 잘 찾아낼 수도 있었을 겁니다. 흥미로운 점을 발견할 기회가 될 수도 있는 문제였으니까요."

그런 다음 니콜라스는 수학자라면 매우 감탄할 만한 무언가를 설명하기 시작했다. 여기서는 주사위 던지기 문제를 좀 더 간단한 동전 던지기 문제로 재구성해 니콜라스 베르누이가 그토록 흥미롭게 여겼던 것이 무엇인지 살펴보자.

동전을 처음 던졌을 때 동전 앞면이 나오면 피터가 폴에게 1달러를 준다고 가정해보자. 처음에 동전 뒷면이 나오고 두 번째에 앞면이 나오면 폴은 2달러를 받는다. 첫 번째와 두 번째에 뒷면이 나오고 세 번째에 앞면이 나오면 폴은 4달러를 받는다. 세 번 연속으로 뒷면이 나온 다음 앞면이 나오면 폴은 8달러를 받게 되고, 이런 식으로 폴이 받게 되는 금액이 정해진다. 다시 말해서 연속해서 동전 뒷면이 나올 때마다 폴이 받는 금액이 두 배로 늘어난다. 그렇다면 이런 게임에서 기대되는 상금은 얼마일까?

파스칼과 페르마가 증명해 보였듯이 기대 상금은 다음과 같이 계산한다. 동전을 처음 던졌을 때 앞면이 나올 가능성은 1/2이다. 처음 던졌을 때 동전 뒷면이 나오고 두 번째에 동전 앞면이 나올 가능성은 1/4, 두 번 연속 동전 뒷면이 나온 후에 앞면이 나올 가능성은 1/8이다. 특정한 횟수만큼 연속해서 뒷면이 나온 후에 앞면이 나올 가능성을 계속해서 이런 식으로 계산해 나갈 수 있다. 만약 10번 연속 뒷면이 나온 다음 11번째에 앞면이 나오면 상금이 무려 1,024달러가 된다. 하지만 이런 식의 동전 던지기 수열이 나타날 확률, 즉 10회 연속 뒷면이 나온 다음 앞면이 나올 확률은 매우 낮다. 평균적으로 이런 수열은 2,048번의 게임당 한 번꼴로 나타난다.

개별 상금(1, 2, 4, 8, 16…) 금액에 확률(1/2, 1/4, 1/8, 1/16, 1/32…)을 곱하면 기대 상금이 된다. 따라서 기대 상금은 다음과 같다.

$$\text{기대 상금} = (1 \times \frac{1}{2}) + (2 \times \frac{1}{4}) + (4 \times \frac{1}{8}) + (8 \times \frac{1}{16}) + (16 \times \frac{1}{32}) +$$
$$\cdots + (1{,}024 \times \frac{1}{2{,}048}) + \cdots$$
$$= \frac{1}{2} + \frac{1}{2} + \frac{1}{2} + \frac{1}{2} + \frac{1}{2} + \cdots + \frac{1}{2} + \frac{1}{2} \cdots$$

놀랍지 않은가! 하지만 수열은 끝없이 계속되기 때문에(아주 미미하긴 하지만 동전의 앞면은 전혀 나오지 않고 뒷면이 연속해서 수없이 많이 나올 가능성이 있다) 1/2을 무한히 더해야 하고, 그렇게 되면 기대 상금은 무한대가 된다.

정말로 흥미로운 일이다. 매우, 매우 흥미로운 일이다. 그렇다면 이 게임을 시작한 폴은 무한대의 돈을 얻으리라고 기대해도 될까? 몽모르는 쉽사리 믿지 않았다. 그는 베르누이에게 보낸 이후의 편지에서 이렇게 썼다.

"누군가가 1, 2, 4, 8, 16, 32의 순으로 폴에게 돈을 줄 경우, 폴에게 돌아가는 이익이 무한대라는 것을 믿을 수가 없습니다."

그렇다면 이런 게임에 참여하기 위해 폴은 얼마만큼의 돈을 흔쾌히 판돈으로 내야 하는지 생각해볼 필요가 있다. 상식적인 판단을 통해 게임 참가비가 기대 상금을 넘어서지만 않는다면 도박꾼이 얼마든지 참가비를 낼 의향이 있으리라 생각할 수도 있다. 예를 들어 기대 상금이 20달러면 도박꾼은 19.5달러를 낼 각오를 한다는 것이다. 하지만 기대 상금이 무한대라면 어떻게 될까? 폴이 게임에 참여하기 위해 무한대의 돈을 흔쾌히 내놓을 각오를 해야 할까? 아니면 10만 달러? 그렇지 않으면 1만 달러? 만약 독자 여러분이라면 이런 게임을 위해 단돈 100달러라도 흔쾌히 내놓을 수 있겠는가?

이 질문에 대한 답은 틀림없이 '그럴 수 없다'일 것이다. 이런 게임에 참가하기 위해 몇 달러가 넘는 돈을 내놓을 사람은 없다. 하지만 니콜라스가 제시한 증거에는 반박의 여지가 없다. 기대 상금은 무한하다. 그러니 모두가 이런 게임에 참여하기 위해 흔쾌히 엄청난 돈을 내놓고, 벼락부자가 되리라고 기대하는 것이 마땅하다. 누구나 그래야 한다. 하지만 실제로 그런 선택을 할 사람은 아무도 없을 것이다. 이렇게 역설이 생겨났다.

매우 흥미를 느낀 몽모르는 니콜라스가 제안한 문제에 대해 진지하게 생각해보기로 마음먹었다. 하지만 머지않아 몽모르는 자신의 노력이 공개적으로 발표할 가치가 있는 무언가로 발전하지 못했다는 사실을 깨달았다.

"제게는 이토록 위대한 과업을 시작할 만한 힘이 없습니다. 이 일은 다음에 해결해보도록 하겠습니다."

니콜라스가 몽모르의 흥미를 자극했지만 그로부터 2년이 흐른 후에도 몽모르는 여전히 답을 찾지 못했다. 몽모르는 니콜라스에게 보내는 답신에 "제가 넋이 나간 데다 게으르기까지 한 탓에 약간의 시간을 주시면 좋겠습니다."라고 적었다. '약간의 시간'은 많은 시간이 되었고 몇 주는 몇 달이 되었으며 몇 달은 또 몇 년이 되었다. 이 문제가 다시 관심을 끌기까지 10년이 넘는 시간이 걸렸다. 물론, 관심을 보인 사람은 몽모르가 아닌 다른 사람이었다.

이 문제에 관심을 보인 사람은 가브리엘 크라메르라는 스물네 살의 수학자였다. 제네바 출신의 크라메르가 베르누이 가문 출신들과 같은 나라 사람이라고 생각할지도 모르겠다. 하지만 제네바 공화국은 19세기가 되어서야 스위스에 편입됐다.

몽모르는 1713년에《운에 따라 결정되는 게임 분석에 대한 평론. 제2판(여러 통의 편지가 추가된 개정판)》Analyse, revue et augmenté de plusieurs lettres 을 내놓았다. 몽모르는 니콜라스 베르누이와 주고받은 서신들을 이 책에 수록했다. 확률 이론을 주제로 하는 모든 출판물을 부지런히 읽었던 젊은 청년 크라메르는 니콜라스가 제시한 질문에 대해 잘 알고 있었다. 그는 이같이 역설적인 상황에 대한 기발한 설명을 떠올렸고 1728년 5월 21일, 니콜라스에게 서신을 보냈다. 서신에는 "귀하가 몽모르 님께 제시한 그 특이한 상황을 설명할 방법이 제게 있는 것 같습니다."라는 내용이 담겨 있었다.

하지만 크라메르는 여전히 제 생각을 피력하기를 약간 주저했다. 바

● 가브리엘 크라메르

출처: 위키미디어 커먼스

로 이런 이유로 "제가 제 자신을 속이고 있는 건지도 모르겠습니다." 라는 경고성 내용으로 설명을 시작했다. 크라메르는 누군가가 이런 게임에 참가하기 위해 무한대의 돈을 흔쾌히 내놓는 것은 터무니없다며 "분별 있는 사람이라면 단 20개의 금화도 내놓고 싶어 하지 않을 것"이라고 그 이유를 설명했다. 크라메르는 수학적 계산과 자신이 "천박한 추산"vulgar estimate이라고 이름 붙인 계산 방식이 서로 달라서 이 같은 차이가 발생한다고 지적했다. 그는 마지막으로 이렇게 적었다.

"수학자들은 '양'에 비례해 돈을 추산하고 분별 있는 사람은 돈이 만들어내는 '효용'에 비례해 돈을 추산합니다."

실로 엄청난 통찰력이었다. 매우 놀랍기도 했다. 어떻게 수학자인 크라메르는 하나의 숫자에 그 숫자가 나타내는 것과 다른 의미가 있다고 주장할 수 있었을까? 시인 거트루드 스타인Gertrude Stein이 썼듯, "장미는 장미가 장미인 것"A rose is a rose is a rose이다. 다시 말해서 사물은 보이는 그대로다. 그런데 왜 갑자기 1두카트가 더 이상 1두카트가 아니게 됐을까? 크라메르가 주장한 것이 바로 이 개념이다. 정말 엄청난 비약이었다. 나중에 크라메르가 제시한 개념이 매우 중대하다는 사실이 증명된다. 앞으로 이 책에서 차차 설명하겠지만, 이것이 바로 모든 경제 행위의 기초가 되는 개념이다.

크라메르는 자신의 의견을 예증하기 위해 2,000만 달러가 넘는 금액은 분별력 있는 사람에게 그 어떤 효용도 제공하지 못한다고 주장했다. 크라메르는 바로 이런 이유로 2,000만 1달러가 2,000만 달러보다 가치가 크다고 볼 수 없다고 주장했다.

어떤 면에서 보면 이는 우리의 일상적인 경험에 부합하는 주장이다. 제아무리 대식가라 하더라도 이미 10여 개의 쿠키를 먹고 난 후에는 쿠키 하나를 추가로 먹는다 한들 별다른 기쁨을 느낄 수 없듯이 백만장자의 은행 잔고가 1달러 늘어난다고 백만장자가 좀 더 행복해지지는 않는다. 극빈자가 느끼는 1달러의 가치와 부자가 느끼는 1달러의 가치는 완전히 다르다.

돈에 대한 사람들의 판단력을 둘러싼 크라메르의 추론을 받아들이면, 니콜라스 베르누이가 제시한 수수께끼를 쉽게 풀 수 있다. 이 수수께끼를 어떻게 풀 수 있을지 한번 살펴보자. 크라메르는 계산을 간소화하기 위해 2,000만에 가까운 숫자인 $2^{24}$을 넘는 금액은 돈 주인에게 추가로 효용을 주지 못한다고 가정했다. 마치 상금이 $2^{24}$에 머물러 있는 것과 다르지 않다는 것이다. 따라서 다음과 같이 계산할 수 있다.

최대 참가비 = 기대 상금
$$=(1 \times \frac{1}{2}) + (2 \times \frac{1}{4}) + (4 \times \frac{1}{8}) + \cdots + \frac{2^{24}}{2^{25}} + \frac{2^{24}}{2^{26}} + \frac{2^{24}}{2^{27}} \cdots$$
$$=(24 \times \frac{1}{2}) + (\frac{1}{2} + \frac{1}{4} + \frac{1}{8} + \cdots)$$

1/2+1/4+1/8+⋯=1이기 때문에 기대 상금은 12+1, 즉 13달러가 된다. 크라메르는 게임 참가비로 사람들이 지불할 의향이 있는 금액이 많아 봐야 13달러라고 주장했다. 있는 그대로 계산한 결과로 나온 무한대의 금액보다 훨씬 합리적인 금액이다. 물론 13달러도 다소 큰 금액이긴 하지만 사람들이 기꺼이 지불할 만한 액수에 어느 정도 부합하는 금액이다. 따라서 크라메르가 문제를 해결하기 위한 방향을 제대로 잡았다고 볼 수 있다.

하지만 크라메르는 머지않아 자신의 추론에 문제가 있다는 사실을 깨달았다. 2,000만 달러가 넘는 금액은 크건 작건 그 어떤 기쁨도 주지 못한다는 것은 한마디로 사실일 수가 없다. 백만장자조차도 10달러보다는 1억 달러를 얻었을 때 더욱 기쁠 수밖에 없다. 이런 이유로, 크라메르는 돈이 많은 사람이건 돈이 없는 사람이건 추가로 1달러를 얻었을 때 효용이 완전히 사라지지는 않는다는 사실을 깨달았다. 크라메르는 자신의 이론을 전반적으로 수정해야만 했다.

그는 재빨리 해결책을 찾아냈다. 추가로 1달러를 얻게 되면 이전에

1달러를 얻었을 때보다 효용이 줄어들긴 하지만 그렇다고 해서 효용이 완전히 사라지지는 않는다. 다시 말해서 추가로 얻는 1달러의 효용은 0보다 크지만 부의 규모가 커질수록 효용은 줄어든다. 따라서 크라메르는 부의 효용을 나타내는 지표로 '부의 제곱근'square root of wealth을 제안했다. 크라메르가 이 같은 제안을 한 것은 제곱근 함수 그래프가 x축을 향해 휘어진 곡선의 모양을 하고 있다는 기발한 발상 덕이었다. 그래프는 점점 위로 올라가지만, 증가 속도는 점차 줄어든다. 이것이 바로 크라메르가 찾는 것이었다. 1의 제곱근은 1이고 2의 제곱근은 1.4142이기 때문에 두 번째 1달러의 가치는 약 41센트가 된다. 따라서 1,000만 1달러의 가치는 첫 번째 1달러가 지닌 효용의 약 0.016%가 된다. 장미는 장미가…장미의 제곱근인 것이다.

새로운 방법을 찾아낸 크라메르는 도박에 참여하기 위해 사람들이 기꺼이 지불할 만한 금액이 어느 정도인지 다시 계산했다.[*]

최대 참가비 = 기대 상금

$$= \frac{1}{2} \times \sqrt{1} + \frac{1}{4} \times \sqrt{2} + \frac{1}{8} \times \sqrt{4} \cdots$$

$$= 2.91 \cdots$$

13달러는 게임 참가비로 기꺼이 지출하기에는 약간 큰 금액인 반면 3달러에 약간 못 미치는 금액은 아주 적은 돈일 수도 있다. 따라서

---

[*] 크라메르는 무한등비수열의 합을 알려주는 공식을 이용했다.

개개인의 선호도에 따라 크라메르가 제시한 수치가 다소 맞지 않을 수도 있지만, 전반적인 원리 자체는 옳았다. 제네바 출신 수학자 크라메르가 차후에 경제 행동economic behavior의 성배로 밝혀진 원리를 찾아낸 순간이었다.

## 같은 금액이라도 이익이 주는 기쁨은 손해가 주는 슬픔보다 적다

니콜라스 베르누이는 흥미를 갖고 크라메르의 편지를 읽었다. 하지만 야단법석을 떨 생각은 없었다. 니콜라스는 크라메르의 깊은 통찰력을 칭찬하는 대신 그의 제안을 일축했다.

"말씀하신 대로 보내주신 서신은 A가 B에게 무한대에 달하는 돈을 주어서는 안 된다는 것을 증명하기에 충분합니다. 하지만 기댓값과 일반적인 추정치가 다른 진짜 이유는 설명하지 못합니다."

과연 정말 그럴까! 서신의 모든 내용은 A가 B에게 무한대의 금액을 제시해서는 안 된다는 것을 증명하기 위한 것이었다. 그러므로 크라메르의 설명을 깎아내리는 것은 매우 부당했다. '진짜 이유'에 대해서 이야기를 해보자면, 크라메르의 설명은 왜 진짜 이유가 될 수 없는 것일까? 니콜라스가 설명하려는 이유가 크라메르의 이유보다 나은 이유는 무엇일까?

니콜라스의 그럴듯한 반응이 더욱더 부당하게 느껴지는 이유는 크라메르가 제안한 바로 그 아이디어가 니콜라스에게 이 질문의 답을 찾아내는 계기를 주었을 수도 있기 때문이다. 니콜라스는 계속해서 특정한 액수를 넘어선 거액의 돈이 도박꾼에게 거의, 혹은 전혀 효용을 주지 못해서가 아니라 도박꾼이 '극히 미미한 가능성을 무시해서' 이같은 역설이 생기는 것이라는 입장을 고수했다. 상금 액수가 매우 크더라도 돈을 딸 가능성이 극히 미미한 경우라면 돈을 딸 가능성을 무시해야 한다는 것이다. 따라서 니콜라스는 1/32보다 낮은 가능성은 모두 0으로 계산했다.[*]

최대 참가비 = 기대 상금

$$= (\frac{1}{2} \times 1) + (\frac{1}{4} \times 2) + (\frac{1}{8} \times 4) + (\frac{1}{16} \times 8) + (\frac{1}{32} \times 16)$$

$$+ (0 \times 32) + (0 \times 64) \cdots$$

$$= 2.5$$

요컨대 니콜라스는 5회 이상 뒷면이 나온 후에 앞면이 나오는 경우 (뒷면-뒷면-뒷면-뒷면-뒷면-앞면)가 매우 드물기 때문에 도박꾼이 이런 일이 일어날 가능성을 아예 무시한다고 주장했다. 두 설명의 차이는 크라메르는 금액이 $2^{24}$을 넘어서면 도박꾼이 느끼는 효용이 0이 된다고 주장한 반면, 니콜라스는 1/32보다 낮은 가능성을 0으로 가정했

---

[*] 한번은 이 뛰어난 수학자가 실수를 저질렀다. 니콜라스는 절단 급수truncated series의 합이 2.5가 아니라 2라고 적었다.

다는 것이다.

니콜라스의 설명이 크라메르의 설명보다 정확하다고 봐야 할 이유가 있을까? 니콜라스는 이 같은 단서를 입증해 보이는 대신 쉬운 길을 택했다.

"아마 이 문제에 대해서 할 말이 있을 수도 있겠지만 내 영혼 앞에 놓인 생각들을 정리하거나 발전시킬 만한 여유가 없는 탓에 그 생각들을 조용히 피해 가려 합니다."

어떤 저자들은 언제나 다른 사람들이 그다지 필요로 하지도 않는 1,000가지의 이야깃거리를 갖고 있다는 몽모르의 한탄이 기억나는가? 이번에는 왜 니콜라스가 젊은 수학자 크라메르의 제안을 잘난 체하며 무시한 이유를 100~200자 정도의 짧은 글로 설명하지 않았는지 애석하게 생각하는 사람들이 있을 것 같다. 크라메르가 매우 심오한 생각을 해냈다는 사실 자체를 깨닫지 못했거나 인정하고 싶지 않았던 것이 틀림없다.

당시 크라메르는 네덜란드에 있는 라이텐이라는 도시에 살고 있었다. 크라메르는 깊이 뉘우치는 듯한 어조로 답신을 적었다.

"무한대의 돈을 주지 않도록 다른 누군가를 설득할 이유를 알아냈다고 주장한 것은 아니었습니다. 무한대의 돈을 주지 않도록 저 자신을 설득할 이유를 찾고 싶었던 것뿐입니다."

크라메르는 가능성을 무시해야 할 지점을 결정하는 것보다 추가로 돈이 생겼을 때 효용이 0이 되는 부의 정도를 결정하기가 더욱 쉽다는 주장을 앞세워 자신이 택한 문제 해결 접근방식을 지지했다. 학문을 둘러싼 논쟁이 그렇듯, 좀 더 전문적인 방식으로 표현하기만 한다면 크라메르의 주장은 니콜라스의 주장 못지않게 타당하다.

크라메르를 납득시키지 못했다는 사실을 깨달은 니콜라스는 베르누이 가문의 또 다른 천재 다니엘 베르누이를 끌어들이기로 마음먹었다. 니콜라스는 자신보다 열세 살 어린 사촌에게 보내는 서신에 문제를 적고 제네바에 사는 크라메르 교수가 이미 해결 방안을 제시했다고 설명했다. 하지만 구체적인 내용은 알려주지 않았고 대신 다니엘의 의견을 구했다. 도전을 받아들인 다니엘은 아버지 요한과 함께 문제를 논의했다. 거의 3주쯤 지났을 때 다니엘은 역설의 존재를 인정했다. 사촌 형 니콜라스와 마찬가지로 다니엘도 동전을 20~30번 이상 던져야 할 정도로 게임이 오랫동안 이어질 가능성은 극도로 낮다는 데 이 같은 역설의 답이 있다고 믿었다.

하지만 시간이 갈수록 다니엘은 자신이 생각해낸 답이 그다지 만족스럽지 않았다. 지금은 사라진 다음 편지에서 다니엘은 또 다른 흥미로운 쟁점을 제기했다. 니콜라스의 못마땅한 대답에 미뤄보면 다니엘이 크라메르의 관점을 받아들였다고 추측할 수 있다. 다시 말해서 게임이 끝난 후에 B가 A에게 상금을 줘야 하고 25회 연속해서 뒷면이 나온 후에 처음으로 앞면이 나올 경우 B가 A에게 1,700만 개의 동전을 줘야 하지만 B가 그만큼의 돈을 줄 수 있을 만큼 부유하지 않을 수도 있다고 생각했던 것이다. 따라서 A가 $2^{24}$을 넘어서는 상금을 0으로 여기는 것도 전혀 놀라운 일이 아니다. B가 그만큼 많은 돈을 갖고 있지 않기 때문에 A는 어쨌든 그 이상의 돈을 결코 받아낼 수 없다.

니콜라스는 크라메르에게 그랬듯 다니엘의 주장도 묵살했다. 거의 1년 동안 다니엘은 아무런 반응도 보이지 않았다. 그러다 결국 1731년 1월에 한 통의 편지가 니콜라스의 책상 위에 당도한다. 다니엘은 상대가 엄청난 금액의 상금을 내놓을 능력이 없다는 사실이 역설을 이해하는 데 무엇보다 중요하다고 주장했다.

"상대방이 낼 수 있는 액수를 알아둘 필요가 있다는 사실을 믿을 수 없으시다면, 더 이상 형님께 드릴 말씀이 없습니다." 어쨌든 다니엘은 말을 좀 더 이어나갔다. "설사 무한히 낮은 가능성밖에 없다 하더라도, 게임의 판돈을 무한히 끌어올리려는 사람과 게임을 하고 싶어 하는 사람은 없을 겁니다."

이번에는 니콜라스가 몇 달 동안 침묵을 지켰다. 낙담한 다니엘은 자신의 생각을 원고에 옮긴 후 〈새로운 금융 결과 측정 이론에 대한 설명〉Specimen theoriae novae metiendi sortem pecuniariam 이라는 제목을 붙였다. 당시 다니엘은 러시아 상트페테르부르크에서 학생들을 가르치고 있었기 때문에 바젤에 있는 박식한 친구 레온하르트 오일러와 공동으로 바젤 과학 아카데미에서 이 논문을 발표했다. 그 후, 1731년 7월 4일에 니콜라스에게 원고를 보냈다.

니콜라스는 또다시 동요했다. 니콜라스는 "가장 기발하다."라고 콧방귀를 뀐 후 재빨리 의구심을 드러냈다.

"아우가 제안한 방법이 복잡한 문제를 푸는 데 전혀 도움이 되지 않는다고 말할 수밖에 없는 입장을 이해해주게나."

니콜라스는 다니엘이 제안한 방법이 문제 해결에 도움이 되지 않음을 보여주는 매우 복잡한 근거를 제시하며 크라메르와 다니엘이 제시한 중요한 의견을 묵살했다. 두 사람은 "상금을 땄을 때의 이익과 기쁨은 반대 경우의 슬픔이나 손해와 똑같지 않다."라는 주장을 앞세워 추가로 얻은 금화의 효용이 이전에 얻은 금화의 효용보다 낮다고 니콜라스를 설득하려고 했다. 현대적인 방식으로 설명해보면, 10달러의 이익이 주는 기쁨은 10달러의 손해가 주는 슬픔보다 적다. 다시 한 번 이야기하지만 다니엘과 크라메르가 제안했던(그리고 니콜라스는 받아들이지 않은) 것이 바로 모든 경제 행동의 토대가 되는 기본 원칙이다. 안타깝게도, 니콜라스는 단호했다.

하지만 도박꾼이 빚을 갚을 수 없을지도 모른다는 주장을 접한 니콜라스는 또다시 무언가를 떠올렸다. 뿐만 아니라 이 같은 주장은 니콜라스에게 주제를 바꿀 기회를 주었다. 동전 던지기 문제를 뒤로 미뤄두고 금융투자로 주제를 바꾼 니콜라스는 약속 이행을 위해서는 단 한 명의 채무자에게 모든 책임을 지우기보다 여러 사람이 나누어 책임지도록 하는 방법이 좋겠다고 제안했다.

"그렇기는 하지만 1,000개의 동전을 한 곳에 두는 것보다 500개씩 두 곳에 나눠 두는 것이 좋다네. 두 곳에 동전을 분산시켜두면 한 곳에 동전을 모아두었을 때보다 동전 1,000개를 모두 잃어버릴 위험이 낮기 때문이지."

니콜라스는 개별 채무자가 채무를 불이행할 가능성이 10%라고 가정하면 한 곳에 돈을 모아뒀을 때 모든 돈을 잃게 될 가능성은 10%이지만 두 채무자가 돈에 대한 책임을 나누면 모든 돈을 잃게 될 위험이

1%에 불과해진다고 설명한다.[*] 니콜라스는 자신의 주장을 뒷받침하기 위해 18세기에 바젤 시민들에게 이미 널리 알려진 "계란을 한 바구니에 담지 말라."는 익숙한 속담을 인용한다. 이리하여 니콜라스는 경제 이론의 기초가 될 주장은 외면하고, 금융 이론의 기초가 될 주장을 명확하게 언급하게 된다.

다니엘이 니콜라스에게 보낸 원고는 초안에 불과했다. 다니엘은 이후 7년 동안 쟁점을 더욱 명확히 하고, 문장을 다듬고, 원고를 새로 작성했다. 과학계 사람들에게 선보여도 좋을 정도로 원고가 명쾌해졌다고 판단한 다니엘은 상트페테르부르크에 있는 제정과학아카데미 회보Proceedings of the Imperial Academy of Sciences에 18쪽짜리 논문을 제출했다. 다니엘의 논문 〈새로운 위험 측정 이론에 대한 설명〉Specimen theoriae novae de mensura sortis은 1738년에 라틴어로 출판됐다. 이 논문은 오늘날까지도 가장 뛰어난 경제학 논문 중 하나로 꼽힌다. 너무도 뛰어나서 2세기도 넘게 흐른 1954년에 명망 있는 학술지《이코노메트리카》Econometrica가 자주 인용되긴 하지만 많이 읽히지는 않은 다니엘의 논문을 영어로 번역해서 출판했을 정도였다.

---

[*]   니콜라스는 절반의 돈을 잃을 확률을 무시한다. 뒤에서 살펴보겠지만, 다니엘 베르누이는 좀 더 나은 설명을 제시한다.

# 물건의 가치는 가격이 아닌
# 효용을 따른다

다니엘 베르누이는 자신이 발표한 소책자 1절의 제일 앞 부분에서부터 각 판에서 얻을 수 있는 상금에 돈을 딸 가능성을 곱한 다음 그 결과를 모두 더하는 방식으로 도박의 기댓값을 구해야 한다는 통념을 문제 삼았다. 다니엘은 이런 식으로 계산을 하는 것이 옳다면 모든 것이 너무 쉬워진다고 기술했다. 도박판에 참가하는 사람은 기댓값만큼의 돈을 기꺼이 지불해야 한다. 부자든 가난한 사람이든, 낙관적이든 비관적이든, 행복하든 슬프든 의사결정자의 개인적인 상황은 아무런 역할도 하지 않게 된다. 또한 수학 규칙이 의사결정 과정을 좌우해야 하고, 무엇이 올바른 결정인지 모두가 동의해야 한다. 그렇게 되면 "판단은 필요치 않고 오직 숙고가 필요할 뿐이다."[*]

하지만 현실은 분명히 그렇지가 않다. 다니엘 베르누이는 아무것도 얻지 못할 가능성이 50%, 2만 두카트를 얻을 가능성이 50%인 복권을 예로 들어 설명했다. 다니엘은 이런 상황에 놓였을 때 가난한 사람과 돈이 많은 사람은 각기 다른 선택을 할 것이라며 이야기를 이어나갔다. 다니엘은 기댓값이 1만 두카트이지만 가난한 사람은 9,000두카트에 복권을 파는 것이 현명하다고 설명한다. 반면, 부자는 그 복권을 9,000달러에 사는 것이 현명하다.

---

[*]  베르누이, 1738, 24: "새로운 위험 측정 이론에 대한 설명," 이코노메트리카, 1954.

"모든 사람이 이 도박을 평가할 때 동일한 규칙을 적용하지 않는 것이 분명해 보인다. 따라서 첫 번째 단락에서 언급한 명제는 버려야 마땅하다." 다니엘의 통찰력은 곧장 요점으로 이어졌다. 다니엘이 주장하는 요점은 다음과 같았다.

"가격에 따라 물품의 가치를 판단해서는 안 된다. 그보다는 해당 물품이 제공하는 효용이 가치 판단의 근거가 되어야 한다. 물품의 가격은 오직 물건 자체에 따라 결정되며 누구에게나 가격은 동일하다. 하지만 효용이라는 것은 효용을 추산하는 사람을 둘러싼 개별적인 상황에 따라 달라진다."[*]

다니엘은 자신의 주장을 여전히 이해하지 못하는 독자들을 위해 명확하게 설명한다. "1,000두카트라는 금액 자체는 동일하지만 1,000두카트라는 돈을 얻는 행위는 부자보다는 가난한 사람에게 훨씬 의미가 크다."

그러므로 그는 1절에서 언급한 내용을 정정해야만 했다. 베르누이는 기댓값에 확률을 곱할 것이 아니라 각 판에서 얻을 수 있는 '이윤의 효용'에 확률을 곱해야 한다고 설명한다. 이런 식으로 평균 효용mean utility을 구한 다음 그에 상응하는 금전적인 가치로 환산해야 한다. 이것이 바로 각 개인이 느끼는 복권의 가치다.

다음으로 던져야 할 질문은 사람이 부의 효용을 어떻게 결정하는가이다. 다니엘 베르누이는 합리적인 제안을 한다. "부가 약간 늘어날 때

---

[*]   베르누이, 1738, 24.

발생하는 효용은 이미 소유하고 있는 재화의 양에 반비례할 것이다."[*]
가진 것이 많을수록 추가로 얻는 부의 효용은 적어진다. 다니엘 베르
누이는 예외가 있다는 사실을 인정하면서도 이 같은 원칙 자체에는
문제가 없다고 설명한다.

수학적인 설명을 중요하게 여기는 독자를 위해 잠깐 본론에서 벗어
나 보자. 다니엘 베르누이는 A가 부($W$)를 갖고 있고, 그 부가 A에게
효용($U(W)$)을 제공한다면, 소액의 돈($dW$)이 추가로 A에게 주어졌을
때 A가 느끼는 추가적인 효용($dU(W)$)을 다음과 같이 구할 수 있다고
설명한다.

$$dU(W) = c \times dW/W$$

여기서 $c$는 사람마다 달라지는 매개 변수다. 따라서 다음과 같은 공
식이 성립한다.

$$dU(W)/dW = c/W$$

적분을 해보면 다음과 같은 결과가 나온다.

$$U(W) = c\text{로그}(W) + 상수$$

---

* 베르누이, 1738, 25.

따라서 다니엘 베르누이의 주장을 받아들이면 부의 효용은 로그 함수를 따르게 된다. 합리적인 제안이다. 사람들이 으레 부의 효용이 그럴 것이라고 기대하듯, 로그 함수 또한 항상 증가하기 때문이다. 하지만 추가로 얻는 1두카트는 항상 그전에 얻은 1두카트에 비해 효용이 적다. 하지만 다니엘 베르누이의 추론은 맹신을 요구한다. 추가로 얻는 효용이 실제로 현재 보유한 부에 반비례한다는 증거를 제시하지 않기 때문이다.

그럼에도 불구하고 다니엘 베르누이가 제안한 로그 효용함수는 크라메르가 제안한 제곱근 효용함수보다 상당히 발전된 것이라고 볼 수 있다. 크라메르가 제안한 제곱근 효용함수는 함수의 모양 자체를 제외하면 도움이 될 만한 것이 전혀 없었기 때문이다. 적어도 로그는 편리할 뿐 아니라 합리적이라는 근거가 있는 데다(물론 증명되지는 않았지만) 명쾌하다.

구체적인 사례를 통해 살펴보자. 이 사례는 조금 덜 복잡하다는 점에서 다니엘 베르누이가 논문에서 언급한 사례와 약간 차이가 있긴 하다. 투자자 핑포두 씨는 1,000두카트의 투자 자금을 갖고 있다. 핑포두 씨는 돈을 두 배로 돌려받을 가능성이 50%, 세 배로 돌려받을 가능성이 50%인 사업을 제안받는다. 만약 핑포두 씨가 제안을 받아들이면(누군들 거부할까) 최종적으로 돌려받게 될 금액이 2,000두카트나 3,000두카트가 된다. 이를 수학적으로 계산해보면 기대 수익이 1,500두카트(1,000두카트의 50% + 2,000두카트의 50%)가 된다. 이는 곧, 핑포두 씨가 합리적인 사람이라면 즉시 1,500두카트의 돈을 받는 대가로 얼마든지

이 사업에 투자할 권리를 기꺼이 포기해야 한다는 뜻이다.

그럼 다니엘 베르누이가 이 상황을 어떻게 분석하는지 살펴보자. 다니엘 베르누이는 반드시 고려해야 할 관련 변수가 두카트로 나타낸 최종적인 '부의 상태'가 아니라 이와 같은 부의 상태를 통해서 얻을 수 있는 '효용'(다시 말해서 두카트 값의 로그)이라고 지적한다. 2,000두카트의 로그값은 7.6이고 3,000두카트의 로그값은 8.0이기 때문에 핑포두 씨가 소유한 최종적인 부의 상태의 기대효용은 7.8(7.6의 50% + 8.0의 50%)이 된다. 그렇다면 얼마만큼의 부가 핑포두 씨에게 이만큼의 효용을 줄 수 있을까? 정답은 바로 2,440두카트다. 2,440두카트의 로그값이 7.8이기 때문이다.*

따라서 핑포두 씨는 자신이 소유한 기존의 1,000두카트에 1,440두카트가 추가로 더해지면 새로운 사업에 참여했을 때만큼 행복해질 것이다. 하지만 1,440두카트는 합리적인 사람이라면 받아들일 금액인 1,500두카트보다 적다. 어떻게 된 것일까? 다니엘 베르누이는 영리한 핑포두 씨는 효용을 따질 때 1,000두카트나 2,000두카트를 받게 될 불확실한 상황과 마주하는 것보다 1,440두카트를 확실하게 받는 방법을 더욱 선호할 것이라고 주장한다. 핑포두 씨는 사업에 투자했을 때의 기댓값과 비교했을 때 모자라는 금액인 60두카트(1,500-1,440)를 기꺼이 포기할 것이다. 이익이 약간 줄어들긴 하지만 1,440두

---

* 효용을 금전적 가치로 변환하려면, 로그 함수의 정반대, 즉 지수 함수. exp(7.8)=2,440을 이용해야 한다.

카트의 돈을 확실하게 받을 수 있기 때문이다. 그리하여 다니엘 베르누이는 별다른 야단법석 없이 300년이 흐른 지금까지도 여전히 우리와 함께하며 앞으로도 영원히 경제 행동의 본질을 규정하는 개념으로 남게 될 그 무엇보다 중요한 원리를 소개했다. 그것은 바로 "핑포두 씨가 위험을 싫어한다!"라는 것이었다. 핑포두 씨는 단순한 기대치 분석에 따라 행동하지 않는다. 하지만 그렇다고 해서 핑포두 씨가 비논리적인 것은 전혀 아니다. 핑포두 씨는 이미 쿠키를 10여 개쯤 먹고 난 후에는 추가로 쿠키를 먹더라도 효용이 떨어지며, 제아무리 대식가라 하더라도 이 같은 사실은 변하지 않는다는 완벽하게 논리적인 가정에 따라 행동한다.

여기에서 방금 묘사한 원리의 중요성은 아무리 강조해도 지나치지 않다. 똑같이 1두카트가 주어지더라도 가난한 사람이 느끼는 효용보다 부자가 느끼는 효용이 적다는 사실에는 사람들은 대개 위험을 싫어한다는 함의가 수반되어 있다.

나는 수학보다는 기하학을 더욱 좋아하는 사람으로서, 다니엘 베르누이가 그랬던 것처럼 그의 제안을 그래프로 표현해보고자 한다. 지금부터 $축이라고 표현할 가로축은 두카트 가치를 나타내며 U축이라고 부를 세로축은 효용을 나타낸다. 로그 함수 그래프를 나타내는 구부러진 곡선은 핑포두 씨가 어떤 식으로 돈과 효용을 바꿔 생각하는지 보여준다. 이 곡선은 항상 증가하지만 기울기가 점차 완만해진다. 이는 곧 동전이 하나씩 늘어날 때마다 이전에 동전을 얻었을 때보다 핑포두 씨가 느끼는 효용이 줄어든다는 뜻이다. 다시 말해서 똑같은 금액

● 부의 효용

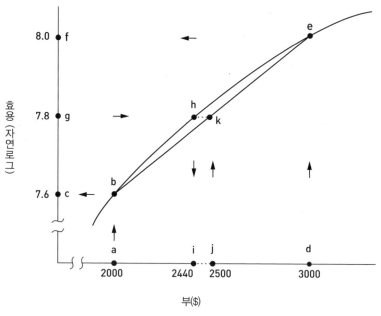

주: 점 b, h, e를 잇는 곡선은 자연로그이며, 점 b, k, e를 잇는 선은 단순한 직선이다

을 추가로 얻더라도 부자(A)가 얻는 효용이 가난한 사람(B)이 얻는 효용보다 적은 것이 틀림없다.

단계별로 이 시나리오를 살펴보자. 먼저 가로축에서 2,000두카트의 부(a)를 찾고 효용 곡선(b)에서 이 값의 위치를 찾은 다음 세로축을 살펴보면 해당하는 효용값은 7.6(c)이다. 마찬가지로, 가로축에서 3,000두카트(d)를 찾아낸 다음 효용 곡선(e)에서 이 값의 위치를 찾아 세로축에 표시된 효용값을 살펴보면 8.0(f)이다. 이제 세로축에 표시된 7.6과 8.0의 중간 지점[7.8(g)]에서 기댓값을 찾을 수 있다(가능성이 50대 50이기 때문에 중간 지점이 기댓값이 된다. 두 사건이 일어날 가능성이 달라지면 가능성을 나타내는 수치에 따라 세로축 상에서의 위치를 조정해야 한다). 이제는 몇 두카트가 7.8의 효용에 해당하는지 찾아내야 한다. 효용함수(h)에서 기대효용이 7.8이 되는 지점을 찾아보면 $축의 값은 2,440(i)이다. 하지만 수학적으로 계산한 도박의 금전적인 기댓값은 2,000두카트와 3,000두카트의 중간, 즉 2,500두카트(j)에 위치한다. 이제 끝났다. 2,440두카트라는 최종적이고 확실한 돈이 펑포두 씨에게 제공하는 효용은 펑포두 씨가 사업 제안에 돈을 걸었을 때 얻을 수 있을 것으로 기대되는 효용과 동일하다. i와 j 간의 금전적인 격차, 즉 60두카트는 펑포두 씨가 '모험을 피하기 위해서 지불해야 하는 금액'이다.

이제 추가로 1두카트를 얻었을 때 부자가 느끼는 효용이 가난한 사람이 느끼는 효용보다 적다는 사실이 위험 회피로 직결된다는 사실을 확인했다. 부의 효용을 보여주는 곡선은 우상향하지만 그와 동시에 기울기가 점차 완만해진다. 엄밀히 말하면 곡선은 오목한 모양이다. 이는 곧 이 효용함수의 주인이 위험을 피하기 위해 항상 더 많은 이익을 포기하고 싶어 한다는 뜻이다.

# 위험 회피와
# 보험의 탄생

우리가 이 단순한 그래프를 통해서 확인한 사실 속에 내포된 결과는 엄청나다. 다니엘 베르누이가 그중 두 가지를 언급한다. 첫 번째는 명료하다. 위험을 피하기 위해 돈을 포기하는 행위는 불확실성에 대비해 보험에 가입하는 것과 같다. 사실 다니엘 베르누이가 보험 산업의 존재 가치를 증명하는 행동 관련 근거를 제시하기 훨씬 전부터 세상에는 보험이 성행했다. 무려 기원전 3000년경에 활약했던 바빌로니아의 상인들에게는 효용과 로그의 개념을 설명할 필요조차 없었다. 그들은 불확실성을 피하기 위해 약간의 돈을 포기해야 한다는 사실을 본능적으로 알고 있었다.

하지만 곧장 이런 질문이 떠오른다. 과연 누가 보험을 팔고 싶어 할까? 핑포두 씨처럼 위험을 싫어하는 사람들이 운영하는 보험회사 역시도 불확실성을 싫어한다. 그렇다면 보험회사는 왜 핑포두 씨가 없애려고 하는 바로 그 위험을 기꺼이 감수하려 들까? 다니엘 베르누이는 개별 의사결정권자가 가진 부의 차이가 그 이유라고 설명한다. 보험회사는 각 개인보다 훨씬 돈이 많기 때문에 적은 액수의 위험 프리미엄risk premium(위험을 감수하는 대가로 받는 보상—옮긴이)을 요구한다. 가령, 보험회사가 10만 두카트의 자산을 갖고 있다고 해보자. 앞에서 설명한 계산 방식에 따라 두카트를 로그 효용함수로 변환하면 보험회사의 위험 프리미엄은 약 3두카트 정도에 불과하다. 따라서 핑포두 씨는 60두카트를 지불할 준비가 되어 있는 만큼 보험회사(혹은 이 사례에서는 아주 부유한 개인이 될 수도 있다)가 핑포두 씨와 합의를 볼 수도 있다. 물론, 훨씬 규모가 큰 보험회사가 작은 보험회사로부터 3두카트를 받고 위험을 대신 떠안을 수도 있다. 큰 보험회사가 요구하는 위험 프리미엄이 훨씬 적기 때문이다. 이런 과정을 통해 재보험 산업reinsurance business이 탄생한다.

다니엘 베르누이가 논문에서 언급한 두 번째 결과는 위험 프리미엄보다는 다각화diversification와 좀 더 관련이 있다. 한 상인이 한 척의 배에 모든 물건을 실어서 옮길 때 10척 중 한 척 꼴로 배가 침몰하면 전 재산이 사라질 가능성은 10%이다. 다니엘 베르누이는 물건을 두 척의 배에 똑같이 나눠 실으라고 권한다. 물건을 두 척에 나눠 실으면 두 척의 배가 모두 침몰해 상인이 모든 것을 잃을 가능성이 1%로 줄어든다(두 척의 배가 모두 가라앉을 가능성은 10% × 10% = 1%이다). 하지만 안타깝게도 배 두 척 중 한 척만 가라앉아 상인이 절반의 상품을 잃어버리게 될 또 다른 가능성도 있다. 이런 일이 벌어질 가능성은 18%[(선박 1호가 무사히 항해를 끝낼 가능성 90% × 선박 2호가 침몰할 가능성 10%) + (선박 2호가 무사히 항해를 끝낼 가능성 90% × 선박 1호가 침몰할 가능성 10%)]이다. 다니엘 베르누이는 이제 익숙하게 느껴지는 효용 계산 방식을 활용해 효용의 측면에서는 모든 물건을 잃어버릴 1%의 가능성과 절반만 잃어버릴 가능성 18%를 더하는 것이 모든 것을 잃어버릴 10%의 가능성보다 낫다는 것을 증명해 보였다. 6년 전에 다니엘의 사촌인 니콜라스 베르누이가 강력히 충고한 대로 또다시 "계란을 한 바구니에 담지 말라."고 목소리를 높인 것이다.

다니엘 베르누이의 논문에는 언급되어 있지 않지만 펑포두 씨 같은 사람들이 피하고 싶어 하는 위험을 보험회사들이 기꺼이 받아들이는 데에는 또 다른 이유가 있다. 대수의 법칙$_{law of large numbers}$(표본의 규모가 커질수록 통계 추정의 정확도가 높아지는 법칙－옮긴이)이 작용하기 때문이다. 상인의 물건이 모두 선적된 한 척의 배는 도착항에 도착할 수도 있고, 도착하지 못할 수도 있다. 하지만 관리하는 배의 수가 수십 척(혹은 수백 척)이 되면 성공적인 항해와 난파 사고의 비율에 대한 불확실성이 대폭 줄어든다. 이렇게 하여 보험회사는 훨씬 적은 나머지 위험을 감수하는 대가로 모든 상인이 기꺼이 내는 보험료$_{premium}$를 챙긴다.

다니엘은 니콜라스와 편지를 주고받았던 가브리엘 크라메르에게 바치는 헌사와 함께 논문을 끝맺었다. 다니엘은 다음과 같이 적었다.

> 가장 존경하는 사촌 형님 니콜라스는, 내가 이 논문을 쓰기 몇 년 전에 유명한 수학자 크라메르가 똑같은 주제에 대한 이론을 발전시켰다는 사실을 알려주었다. 사실 그의 이론이 필자의 이론과 너무도 비슷해서 우리가 개별적인 연구를 통해 이런 주제에 대해 이토록 비슷한 결론에 도달했다는 것이 기적적으로 느껴진다.[*]

그리고 나서 크라메르가 니콜라스에게 보낸 서신을 논문에 그대로

---

[*]  베르누이, 1738, 33.

옮겨 적었다. 그 덕에 크라메르의 편지는 후세에 전해질 수 있었다.


## 관건은 효용의 크기가 아닌
## 증가 속도

이제 이야기를 마무리해야 할 때가 된 것 같다. 크라메르는 한 사람이 얻는 부의 효용을 묘사하기 위해 제곱근 함수를 사용했다. 크라메르가 제곱근 함수를 택한 이유는 편의를 위해서였다. 다니엘 베르누이는 좀 더 이론적인 근거를 제시하기 위해 어떤 사람이 가진 부를 효용으로 변환시키는 로그 함수를 선택했다. 하지만 이 문제를 풀기 위한 함수가 반드시 제곱근 함수나 로그 함수여야 하는 것은 아니다. 우상향하지만 기울기가 점차 완만해지는 곡선이라면 무엇이든 괜찮다. 뒤에서 이 내용을 다시 살펴볼 것이다.

당대 최고의 수학자들이 이후에 상트페테르부르크의 역설이라고 알려진 문제를 풀기까지, 1713년에 쓰인 니콜라스 베르누이의 편지에서부터 1738년에 발표된 다니엘 베르누이의 논문에 이르기까지 총 25년이 걸렸다. 하지만 우리의 논의는 지금부터 시작이다.

이제 우리는 부의 효용이 증가하지만 증가 속도가 점점 둔화한다는 사실을 안다. 제2장에서부터 이 두 가지 현상에 대해 좀 더 자세히 살펴보도록 하자.

# 제2장

# 다다익선:
# 돈은 많을수록 좋다

우리는 이 같은 사실을 자명한 진리로 받아들인다. 즉, 모든 사람
은 평등하게 창조됐고 창조주는 몇 개의 양도할 수 없는 권리를 부
여했으며 그중에는 생명권과 자유권, 행복 추구권이 있다.

1776년 7월 4일에 제2차 대륙회의Second Continental Congress에서 서명이
이뤄진 미국 독립선언문American Declaration of Independence에는 위와 같은 내
용이 적혀 있다. 제2장에서는 생명과 자유라는 중요한 개념은 잠시 제
쳐두고 이 책의 주제와 관련이 있는 '행복 추구'에 관해서 이야기해
볼 생각이다. 정치학자들은 미국의 제3대 대통령이 된 토머스 제퍼슨

Thomas Jefferson이 영국 철학자 존 로크John Locke의 영향으로 이런 글을 쓴 것인지, 혹은 행복이라는 문제에 대한 제퍼슨의 생각을 제대로 이해하려면 고대 그리스까지 역사를 거슬러 올라가야 하는지를 두고 논쟁을 벌인다. 제퍼슨이 개인 비서 윌리엄 쇼트William Short에게 보낸 서신을 보면 그는 자신을 기원전 4세기에 활약한 철학자 에피쿠로스Epicurus의 추종자라고 밝혔다. 바로 여기에서부터 이야기를 시작해보자.


## 쾌락은 축복받은 삶의
## 시작이자 끝


이해를 돕기 위해 에피쿠로스보다 앞서 쾌락의 중요성을 강조했던 아리스티포스Aristippus에 대해서 살펴보자. 소크라테스의 제자였던 아리스티포스는 지금은 리비아가 된 북아프리카 해안에 위치한 고대 그리스 도시 키레네 출신이었다. 아리스티포스는 기원전 435년 경에 태어나 기원전 356년경에 세상을 떠났다. 아리스티포스의 삶에 관한 대부분의 내용은 아리스티포스와 에피쿠로스보다 200여 년 늦게 태어나 그리스 철학자들의 일대기를 기록한 디오게네스 라에르티오스 Diogenes Laertius의 글을 통해 알려진 것들이다.

소크라테스에 관한 이야기를 들은 후 그의 지혜에 감명받은 젊은 아리스티포스는 그의 제자가 되기 위해 아테네로 향했다. 고상하고 차분한 성격의 소유자였던 아리스티포스는 침착하고 카리스마 넘치는 분위기를 풍겼다고 한다. 이후 소크라테스로부터 충분히 배웠다고 느낀 아리스티포스는 직접 학생들을 가르치기 시작했다. 하지만 경악스럽게도 아리스티포스는 가르침을 주는 대가로 제자들에게 돈을 받았다. 아리스티포스는 수업료를 받는 자신의 방침이 문제될 것 없다고 말하며 소크라테스는 추종자들이 무엇이든 필요로 하는 것을 가져다주고 개인적으로 그의 요구를 모두 충족시켜주기 때문에 아무런 대가를 받지 않고 수업을 할 수 있었던 것이라고 지적했다. 반면, 아리스티포스는 직접 돈을 내고 식료품을 구입하고 집안일을 해줄 노예를 사야만 했다. 어느 날 한 학생의 아버지가 아리스티포스가 요구한 수준의 돈이면 아들을 가르칠 노예를 살 수도 있다고 이야기했다. 그러자 아리스티포스는 언제나처럼 냉정을 잃지 않은 채 이렇게 답했다.

"그렇게 하십시오. 그럼 두 명의 노예가 생길 겁니다."

아리스티포스가 가르친 것은 무엇이었을까? 아리스티포스 철학의 기본 교리는 매우 편리한 것이었다. 아리스티포스는 제자들에게 모든 사람이 추구해야 할 것은 바로 쾌락pleasure이라고 설파했다. 쾌락이 바로 인생의 목표라고 말이다. 모든 인간이 가질 수 있는 최고의 목표는 쾌락을 추구하고 고통을 회피해 순행복net happiness(쾌락의 합에서 고통의 합을 뺀 것)을 극대화하는 것이다. 정말이지 아주 느긋하고 태평한 원칙이다. 덕virtue, 정의, 중용moderation, 배움 같은 고결한 목표가 신을 기쁘게 하는 삶의 목적이 되어야 한다고 주장한 다른 철학자들의 가르침과 아리스티포스의 가르침을 비교해보면 이런 차이가 극명하게 드러난다. 아리스티포스는 이런 것들을 전혀 강조하지 않았다. 아리스티

● 아리스티포스

출처: 위키미디어 커먼스, 토머스 스탠리, 《철학사》(1655)

포스는 오로지 행복이 중요하다고 믿었다.

유능한 철학자 대부분이 그렇듯 아리스티포스는 자신이 설파한 가르침을 그대로 실천했다. 인생을 즐기며 사는 사람bon vivant이었던 아리스티포스는 사치스럽게 살며 다양한 쾌락을 탐닉했다. 특히 그는 아름답고 변덕스러운 창녀 라이스Laïs의 품에서 행복을 좇았다.* 한번은 그의 제자가 너무도 많은 옛 연인들에게 사랑을 베풀었던 이 악명 높은 여인을 정부로 두는 것을 비난했다. 그러자 아리스티포스는 자신은 많

---

* 전해진 바에 의하면 이 창녀의 미모는 끊임없이 영감을 불어넣었다. 1841년에 박사 논문을 쓰면서 에피쿠로스 철학을 카톨릭 교회의 교리에 맞추려는 시도의 모순을 표현하기 위한 비유를 찾던 칼 마르크스는 "라이스의 피어나는 몸에 수녀의 망토를 둘러놓은 것 같다."라고 표현했다.

은 사람이 탄 적이 있는 배를 타고 여행하는 것을 거절하지도 않을 테고 많은 사람이 살았던 집에 사는 것을 거부하지도 않을 것이라고 답했다. 어쨌든 그는 "가장 좋은 것은 쾌락을 자제하는 것이 아니라 쾌락에 패배당하는 일 없이 쾌락을 지배하는 것"이라고 답했다.[*]

아리스티포스가 가르쳤던 제자 중에는 그의 딸 아레테Arete도 있었다. 아레테는 아버지의 가르침을 동명의 아들 아리스티포스Aristippus the Younger에게 전했다. 손자 아리스티포스는 이후 쾌락주의hedonism라고 알려진 할아버지의 철학을 불멸케 했다. 하지만 아리스티포스의 후계자로 여겨지는 인물은 그가 세상을 떠난 지 약 20년 후인 기원전 341년에 태어난 에피쿠로스였다. 물론 어느 정도 반대되는 부분도 있긴 했다. 에피쿠로스 학파의 기본 교리는 "쾌락이 축복받은 삶의 시작이자 끝"이라는 것이었다.[**] 목가적인 환경에서 이런 교육이 이뤄졌다.

비슷한 취향과 공통된 교리에 대한 믿음을 바탕으로 우정을 나누는 소수의 남녀가 아테네 교외에 있는 정원을 거닐며 담소를 나누었다. 이들은 소박하고 자연스러운 생활을 하며 철학에 관한 이야기를 나누고 사교 생활을 즐겼다. (중략) 사랑하는 스승에 대한 존경심이 경쟁과 야망을 녹이고, 부당하다는 생각과 인류에 대한 고민으로 불타오르며 불안함을 조장하는 사람은 발을 들여놓을 수 없

---

[*]　디오게네스 라에르티오스, 《그리스 철학자 열전》, 제2권, 제8장.

[**]　디오게네스 라에르티오스, 《그리스 철학자 열전》, 제10권, 128.

는 작은 대학의 평온하고 한가한 나날이었다. 고풍스러운 품위와 교양 넘치는 태도로 더욱 기품 있어 보이는 조용하고 공상적이며 속세와 동떨어진 삶이었다.[*]

에피쿠로스는 전면적이고 즉각적인 탐닉을 추구하는 삶을 옹호한 아리스티포스보다 한층 품위 있는 세계관을 갖고 있었다. 에피쿠로스는 친구에게 보내는 서신에서 이렇게 설명했다.

> 쾌락이 목적과 목표라고 말할 때의 쾌락은 난봉꾼의 쾌락이나 호색의 쾌락을 의미하지 않는다네. 쾌락이란 즐거운 삶을 위해 끝없이 술을 마시고 흥청대며 놀거나 섹스에 빠져들거나 호화로운 식탁에 앉아 산해진미를 즐기는 것이 아니라네.[**]

즉, 냉철한 추론sober reasoning이 인생을 지배해야 한다는 말이었다. 에피쿠로스는 육체적인 쾌락과 정신적인 쾌락이 "모든 선택과 모든 혐오의 출발점"이긴 하지만 "신중함과 명예, 정의를 동시에 추구하지 않고서는 쾌락의 삶을 영위할 수 없다."라고 경고했다. 모든 쾌락을 추구해야 하는 것도 아니고 눈에 띄지 않는 곳에서 쾌락이 발견될 수도 있다. 특히, 폭음 후에 뒤따르는 숙취, 범죄를 저질렀을 때 따르는 처벌

---

[*]    왓슨Watson, 1895, 58.

[**]  디오게네스 라에르티오스, 《그리스 철학자 열전》, 제10권, 132.

● 에피쿠로스

등 나중에 해악害惡이 뒤따르는 쾌락을 추구해서는 안 된다. 사실 에피쿠로스는 화려한 정원을 소유하기는커녕 매우 소박한 삶을 살았다. 대개는 식빵과 물을 주식으로 삼았으며 이따금 치즈를 곁들였을 뿐이다. 에피쿠로스의 추종자들 역시 검소했다. 심지어 잔치가 열렸을 때조차 검소하게 굴었다. 디오게네스는 "그들은 행사가 열릴 때면 언제나 물과 섞은 와인 반 파인트에 만족했으며 그 외에는 철저히 물만 마셨다."라고 기술했다.[*] 쾌락을 삶의 목적으로 여기는 학파가 이런 관습을 갖고 있었다니 놀라울 뿐이다.

에피쿠로스의 말년은 끔찍했다. 평생 신장 결석으로 고통받았던 에

---

[*]   디오게네스 라에르티오스, 《그리스 철학자 열전》, 제10권, 11.

피쿠로스가 일흔한 살이 되던 해에 그의 요로는 완전히 막혀버렸다. 에피쿠로스는 힘겹게 2주를 버티며 끔찍한 고통을 견뎠다. 최후의 순간이 가까워졌다고 느낀 에피쿠로스는 절친한 친구에게 마지막 편지를 쓴 후 따뜻한 욕조에 들어가 와인 한 잔을 마시고 세상을 떠났다. 금욕주의가 쾌락주의와는 완전히 다른 학파이긴 하지만 대략 이야기하자면, 에피쿠로스가 금욕적으로 자신의 운명을 받아들였다고 이야기할 수 있다.

지금까지 쾌락주의와 에피쿠로스주의를 매우 피상적이며 다소 색다른 방식으로 설명해보았다. 여기서 강조하고 싶은 점은 아리스티포스와 에피쿠로스의 교리에 따르면 인생의 목표가 '쾌락의 극대화'라는 것이다. 다시 말해서 쾌락은 늘어날수록 좋다. 에피쿠로스는 행복에는 두 종류가 있으며, 그중 하나는 "신이 향유하는 것 같이 가장 차원이 높아 더 이상 늘릴 수 없는 행복"이며 나머지 하나는 "쾌락을 더 하거나 뺄 수 있는 행복"이라고 생각했다.[*] 우리 모두가 누리는 후자의 행복은 언제든지 더욱 늘어날 수 있다. 동시대인들에게 "이미 충분한데도 부족하다고 느끼는 사람에게는 그 무엇도 충분하지 않다."라며 검소하게 살라고 충고했던 에피쿠로스는 대부분의 사람이 좀 더 많은 부를 갈망한다는 사실을 잘 알고 있었다. 바로 이 같은 에피쿠로스의 철학에서 독립선언문에 명시되어 있는 개념, 즉 빈부를 떠나 모든 시민에게는 쾌락을 극대화하고 불편을 최소화해 행복을 추구할 권리가

---

[*]   디오게네스 라에르티오스, 《그리스 철학자 열전》, 제10권, 121.

있다는 개념이 생겨났다.

하지만 한 가지 문제가 있다. 사실 쿠키를 하나 먹으면 대개는 쾌락이 늘어난다. 하지만 이미 10여 개를 먹은 후라면 쿠키를 하나 더 먹더라도 쾌락이 증가하지 않을 수도 있다. 어쩔 때는 오히려 쾌락이 줄어들기도 한다. 따라서 바람직한 전략은 새 쿠키를 곧장 먹는 것이 아니라 쿠키가 또다시 쾌락으로 이어지는 순간이 될 때까지 쿠키를 먹지 않고 두는 것이다. 하지만 안타깝게도 아이스크림, 생선, 고기, 우유, 그 외에 쉽게 상하는 제품에는 이런 전략이 통하지 않는다.

그래서 돈이 필요하다. 상하기 쉬운 물품을 소유한 사람은 해당 물품을 돈과 교환할 수 있으며 적당한 때에 쾌락을 늘리는 데 도움이 되는 물품과 돈을 다시 교환할 수 있다. 바로 이런 이유로, 돈은 많을수록 좋은 것이다. 물론 속담에도 있듯이 돈으로 행복을 살 수는 없다. 하지만 돈이 행복해지는 데 도움은 된다. 돈으로 모든 것을 살 수는 없지만 추가적인 쾌락을 살 수는 있다. 돈이 많으면 더 많은 쾌락을 살 수 있다. 돈의 역할에 대해 숙고한 최초의 사상가 중 한 사람이 바로 17세기의 의사 존 로크였다.


## 존 로크:
## 재화는 많을수록 좋다

베르누이 가문의 사촌들이 차후에 '상트페테르부르크 역

● 존 로크

출처: 위키미디어 커먼스

설'이라는 이름으로 알려진 문제에 대해 논의할 무렵으로부터 100년 전이었던 1632년, 부유한 가문에서 태어난 로크는 오늘날까지도 영국에서 가장 뛰어난 중등학교 중 하나로 여겨지는 런던의 웨스트민스터 스쿨에 입학했다. 중학교를 졸업한 로크는 옥스퍼드에서 고전어와 논리학, 형이상학을 공부했다. 하지만 플라톤과 아리스토텔레스의 철학보다 르네 데카르트 같은 현대 사상가들을 연구하기 좋아했던 로크에게는 커리큘럼이 지루하게 느껴졌다. 하지만 로크는 인내심을 갖고 학업을 이어나가 1656년에 학사 학위를 따고 1658년에 석사 학위를 땄다. 그리고 그로부터 16년이 흐른 후에야 오랫동안 관심을 가져왔던 학문인 의학 공부를 한 끝에 의학 학사 학위를 땄다. 1668년, 로크는 왕립 협회 선임 연구원Fellow to the Royal Society이 됐으며, 그로부터 4년 후에 아이작 뉴턴도 왕립 협회 회원이 됐다. 아버지로부터 유산을 물려받은 로크는 거의 평생 동안 그다지 돈에 구애받지 않고 살았다.

사실 로크는 진작에 의학 학위를 땄어야 마땅했다. 학생 시절에 이미 차후에 새프츠베리 백작Earl of Shaftesbury 작위를 받고 대법관이 된 앤서니 애슐리-쿠퍼 경Sir Anthony Ashley-Cooper이 앓고 있었던 치명적인 간 질환을 성공적으로 치료한 전력이 있었기 때문이다. 로크의 뛰어난 실력에 매우 감명받은 앤서니 경은 로크에게 자신의 주치의 겸 비서로 일해줄 것을 제안했다. 자신의 후원자인 앤서니 경의 성쇠에 따라 로크의 처지 역시 달라졌다. 1683년에 국왕 찰스 2세를 몰아내려는 음모를 꾸몄다는 혐의를 받게 된 로크는 네덜란드로 피신할 수밖에 없었다. 그로부터 6년이 흐른 후, 로크는 네덜란드 총독 오렌지공 윌리엄과 결혼해 이후 왕위를 계승한 메리 2세와 함께 영국으로 돌아왔다. 로크는 독일에서 외교관으로 활동하고, 프랑스를 여행하고, 네덜란드에서 망명 생활을 하고, 교역 식민 위원회Board of Trade and Plantations 위원 (1673~1674년) 및 교역 위원회Board of Trade 위원(1696~1700년)을 지내는 동안 정치, 통치, 경제, 상업, 행정, 국제 무역 분야에서 직접적인 지식을 습득하고 폭넓은 경험을 쌓았다.

로크는 평생 동안 정치 이론과 종교, 경제, 교육, 의식에 관한 글을 썼다. 그는 찰스 2세가 전제정치를 펼치던 암울한 시대에 정치 철학에 대한 자신의 가장 중요한 논문 〈통치론〉Two Treatises of Government을 집필했으며, 네덜란드에서 영국으로 돌아온 직후인 1689년에 이를 익명의 책으로 발표했다. 이 획기적인 저서는 로크 생전에 여러 차례 재인쇄됐다. 현대 학자들은 로크의 《통치론》이 진보주의의 토대가 되는 글이라고 생각한다. 여기서 로크는 정당한 정부와 정당하지 않은 정부를 구별하기 위해 자연법natural law과 자연권natural rights(천부의 권리) 이론을 제안했다. 전제군주는 정당하지 않은 정부에 해당한다고 믿었던 로크는 폭군에 저항할 권리를 지지했다.

항상 조심스럽게 굴던 로크는 자신이 이 책의 저자라는 사실을 감추기 위해 많은 노력을 기울였다. 사실 그럴 법도 했다. 비슷한 정치 이론을 지지했던 정치인 앨저넌 시드니Algernon Sidney는 출판되지도 않았던 원고 〈정부에 대한 담론〉Discourses Concerning Government을 근거로 반역죄가 인정되어 처형당했기 때문이다.* 가장 신뢰할 만한 몇몇 지인에게만 이 같은 사실을 털어놓은 로크는 모든 원고를 없애고 자신이 저자임을 시사하는 모든 내용을 삭제하기에 이른다. 인쇄소 및 출판사와의 협상 또한 제삼자를 통해서 진행했다. 이런 노력들에도 불구하고, 머지않아 영국 지식인들 사이에서 확신에 찬 소식까지는 아니라 하더라도 로크가 저자라는 소문이 떠돌았다.

나는 이 책에서 로크가 정부에 대해서 어떤 말을 했는지 파헤칠 생각은 없다. 그보다는 사유 재산, 축재, 돈에 대해서 로크가 어떤 생각을 갖

---

* 법에 따라 유죄를 인정하려면 두 명의 증인이 필요했다. 시드니의 유죄를 인정하는 사람은 에스크릭Escrick의 하워드 경Lord Howard이라는 사람뿐이었기 때문에 조지 제프리스George Jeffreys(교수형 판결을 내리기로 악명이 높았던 판사)는 시드니의 원고(당시에는 시드니의 글이 원고에 불과했으며, 시드니가 처형당한 후에 책으로 출판됐다)가 두 번째 증인의 역할을 할 수 있다고 판결했다. 제프리스는 "글을 쓰는 행위는 행동하는 것과 같다."고 판결했다.

고 있었는지 살펴볼 생각이다. 로크의 기본 교리는 각 개인은 적어도 자기 자신을 소유한다는 것이다. 이는 곧 신체는 개개인의 것이며 개개인이 행하는 모든 노동 또한 본인의 것이라는 뜻이다. 반면, 땅에서 나는 농작물은 신이 인류에게 나눠준 것이다. 다시 말해서 특정한 개인에게 귀속되지 않는다. 누군가가 천연자원에 자신의 노동력을 추가하면 그제야 비로소 자신의 소유가 된다.

예를 들어 한 여자가 나무에서 사과를 따면 그 사과는 그 여자의 것이 된다. 여자의 노동이 없다면 사과 자체에는 그 어떤 가치도 없다. 땅이 인류에게 준 천연 재료에 인간의 노동력이 더해져서 음식과 옷, 집이 생겨난다(이렇게 해서 개인 재산이 생긴다). 로크는 아무런 제약 없이 재산을 취득하고 축재하는 것이 노동의 공정한 결실이라고 여겼으며, 이를 정당한 노력으로 여겼다. 사실 로크는 "시민 사회의 주된 목표는 재산 보존"이라고 주장했다.*

하지만 문제가 있다. 천연자원은 대개 희귀하다. 또한 많은 천연자원이 쉽게 상한다. 로크는 축적한 재산을 쓸모없게 만들어서는 안 된다고 충고한다. 그는 이렇게 서술했다.

"동물을 사냥하거나 식물을 채집한 사람은 "상하기 전에 축적한 재산을 모두 사용해야 하며, 그렇지 않다면 자신의 몫보다 더 많은 것을 취하고 다른 사람의 것을 훔친 셈이 된다."

상하기 전에 먹을 수 있는 것보다 많은 양의 사과를 따거나 도토리

---

*   로크, 1690, 제7장, 78절.

를 채집하는 것은 다른 사람에 대한 범죄라는 얘기다. 어쨌든 다른 사람에게도 해당 자원이 상하기 전에 공동으로 소유할 수 있는 권리가 있기 때문이다. 개개인의 입장에서 보면 "사용할 수 있는 것보다 많은 양을 비축하는 것은 멍청하고 정직하지 못한 일이다."[*]

지금까지의 결론을 한마디로 정리하면 개인적 소비personal consumption 용도로 사용 가능한 양은 축적할 수 있지만 그 이상은 안 된다는 것이다. 하지만 가족 전체가 가진 시간의 일부만 사용해도 자신과 가족이 먹기에 충분한 양의 고기를 사냥하고, 충분한 농작물을 채집하고, 충분한 곡식을 수확할 수 있을지도 모른다. 이런 경우라면 좀 더 많은 노동력을 쏟아 부어 추가로 재산을 확보할 수 있는 능력을 어떻게 활용해야 할까? 로크가 이 질문에 대한 대답을 제시한다.

"바로 여기서 돈의 용도가 생겨난다. 돈은 상할 걱정 없이 영속적으로 보관할 수 있으며, 상호 동의하에 진정으로 유용하지만 쉽게 상하는 생활용품을 주는 대가로 돈을 받을 수도 있다."

이렇게 하여 축재를 가능케 하고 정당화시키는 돈이 생겨난 것이다. "일주일 내에 썩어버릴 자두를 주고 1년 동안 먹을 수 있는 견과류를 얻었다면 그것 역시 아무런 문제가 없다. 공공재산을 전혀 낭비하지 않았다고 볼 수 있다. (중략) 견과류를 주고 마음에 드는 색깔의 금속을 얻거나, 양을 주고 조개껍질을 얻거나, 양모를 주고 반짝이는 조약돌이나 다이아몬드를 얻은 다음 이런 것들을 평생 간직한다면, 이번에

---

[*]   로크, 제5장, 46절.

도 역시 타인의 권리를 침해했다고 볼 수 없다."[*]

로크는 돈이 생겨나자 인간의 본성에 따라 사람들이 부를 늘릴 기회를 잡고자 애쓰게 됐다는 사실을 인정했다. "이웃들 사이에서 용도와 가치가 있는 것을 찾아낸 사람은 머지않아 소유물을 늘려나가기 시작할 것이다." 욕심과 소유욕, 심지어 탐욕도 정상적인 현상에 불과했다. 모든 사람이 "내구성 있는 것들을 원하는 만큼 쌓아둘 수도 있기 때문이다." 로크는 "근면성의 정도에 따라 인간이 갖는 부의 양이 달라지는 만큼 화폐의 발명은 사람들에게 부를 존속시키고 늘릴 기회를 주기" 때문에 소득과 부의 차이는 완전히 정당화된다고 생각했다. 로크는 다음과 같이 요약한다.

"인간이 불균형하고 불공평한 땅 소유에 동의했다는 점은 명백하다. 인간은 암묵적이고 자발적인 동의를 통해, 그 어떤 타인에게도 피해를 주지 않고 축적 가능한 여분의 금과 은을 받는 대신 자신이 직접 모두 소비하는 것이 불가능할 정도로 많은 양의 산물을 생산해낼 정도로 많은 땅을 정당하게 소유하는 방식을 찾아냈다."[**]

따라서 로크도 아리스티포스와 에피쿠로스가 그랬듯 재화가 적은 것보다는 많은 것이 좋다고 생각했다(재화가 쉽게 상하는 것이라면, '돈은 많을수록 좋다'라고 바꿔 말할 수 있다).

돈의 개념을 이용해 재화의 부패 문제에 대한 답을 찾은 로크는 도

---

[*]  로크, 제5장, 47절.

[**]  로크, 제5장, 46, 48, 49, 50절.

둑, 협잡꾼, 사기꾼들로부터 돈과 그 외의 재산을 보호할 방법을 찾아 내고 그 방법이 타당함을 증명해 보여야 했다. 요즘 우리는 사법제도 와 법 집행 기관이 모든 사람의 재산권을 보장하는 것을 당연하게 여 긴다. 하지만 로크는 사회가 어떤 식으로 돌아가는 것이 바람직한지 맨 처음부터<sub>ab initio</sub> 파헤쳤다. 로크는 《통치론》에서 정부가 존재하기 이 전에는 인간이 "자신이 맞다고 생각하는 방식에 따라 자신의 행동을 결정하고, 자신이 소유한 재화와 인간을 맘대로 처리할 수 있는 완벽 한 자유의 상태"에 놓여 있었다고 설명했다.<sup>*</sup>

하지만 이 같은 주장은 난제로 이어진다. 만약 사람들이 완전히 자 유롭고, 사람들에게 이 같은 자유에 대한 자연권이 있다면, 기꺼이 정 부에 복종하고 자유를 일부분 포기할 이유가 있을까? 로크가 제안한 답변은 돈과 부의 중요성을 강조한다. 로크는 사람이 재산을 소유할 수 있을지는 모르지만, 고약한 사람과 관행 탓에 재산 향유를 위협받 게 될 위험이 항상 존재한다고 설명했다. 따라서 로크는 사람들이 "생 명, 자유, 재산의 상호 보존을 위해서" 기꺼이 다른 사람들과 함께 사 회에 참여하게 된다고 결론 내렸다. 생명과 자유의 보장만이 정부 역 할의 전부가 아니다. 정부의 또 다른 중요한 역할은 바로 재산을 보호 하는 것이다. "따라서 인간이 사회의 일원이 되고 정부의 통치를 받고 자 하는 위대하고 주된 목적은 자신의 재산을 보호하기 위해서다."<sup>**</sup>

---

<sup>*</sup>  로크, 제2장, 4절.

<sup>**</sup>  로크, 제9장, 123, 124절.

# 섀프츠베리:
## 공리주의의 기틀을 다지다

1671년, 섀프츠베리 경의 주치의였던 존 로크는 섀프츠베리 경 손자의 탄생을 도왔다. 섀프츠베리 경의 손자는 아버지와 할아버지의 이름을 따 앤서니 애슐리-쿠퍼Anthony Ashley-Cooper라는 이름을 갖게 됐다. 이후 섀프츠베리 경의 손자는 아버지가 사망한 후 제3대 섀프츠베리 백작이 됐다.

제1대 백작이 가장 신뢰한 인물이었던 로크가 제3대 백작인 앤서니의 교육을 담당하게 됐다. 로크는 그를 위한 커리큘럼을 고안했고, 당시로서는 매우 드물게도 고대 그리스어와 라틴어에 완벽하게 능통한 엘리자베스 버치Elizabeth Birch라는 여성 가정교사에게 학습 지도를 맡겼다. 버치의 가르침을 받았던 앤서니 애슐리-쿠퍼는 열한 살의 나이에 이런 고어를 완벽하게 구사할 수 있었다.

2년 동안의 유럽 순회 여행을 끝내고 1699년에 아버지가 세상을 떠난 후, 제3대 섀프츠베리 백작은 가업을 물려받게 됐다. 그가 처리해야 할 일들에는 남자 형제들의 학업을 지휘하고, 여자 형제들의 혼인을 주선하고, 가문의 투자 현황을 감독하고, 가문의 토지를 관리하고, 소작인 간의 분쟁에 대한 판결을 내리는 일 등이 포함되어 있었다. 뿐만 아니라 제3대 섀프츠베리 백작은 선조들이 걸어온 길을 따라 정치인이 됐으며 스물네 살에 의회에 입성했다. 그러나 평생 천식과 결핵으로 고통받았던 그는 3년 후 의원 자리를 내놓고 대기오염이 심각한 런던을 떠나야만 했다. 그러고는 한동안 네덜란드에서 생활했다.

제3대 섀프츠베리 백작은 제1대 백작과 마찬가지로 (하지만 제2대 섀프츠베리 백작과는 달리) 철학자이기도 했다. 그는 작품의 가독성을 매우 중요시했으며 독자들이 좀 더 쉽게 글을 읽을 수 있도록 다양한 문학 형식을 실험하고 심지어 삽화도 활용했다. 1711년에 처음 출판된 그의 세 권짜리 저서《인간과 예절, 의견, 시간의 특징》Characteristicks of Men, Manners, Opinions, Times은 로크가 발표한《통치론》의 뒤를 이어 18세기 영국에서 두 번째로 많이 재인쇄된 책이었다. 하지만 그는 자신의 저서가 인기를 끄는 모습을 직접 확인할 수 있을 정도로 오래 살지 못했다. 제3대 섀프츠베리 백작 앤서니는 초판이 발행된 지 2년이 채 되지 않아 마흔둘의 나이로 세상을 떠났다.

제3대 섀프츠베리 백작은 자신의 글에서 덕이 있는 사람virtuous person은 행동을 통해서 공동체의 선善에 이바지해야 한다고 강조했다. 따라서 누군가의 행동이 옳고 그른지는 그의 행동이 인류의 전반적인 복지에 도움이 되는지에 달려 있다. 그런 이유로 인간은 자신이 공동체에 어떤 영향을 미치는지 살펴봐야 한다고 섀프츠베리는 주장했다. 물론 요즘에는 섀프츠베리가 가장 잘 알려진 사상가에 포함되지 않지만 그의 글은 후대의 철학자들에게 커다란 영향을 미쳤다. 섀프츠베리의 글은 프랜시스 허치슨Francis Hutcheson(1694~1748년)에게 특히 커다란 영향을 미쳤으며 허치슨은 제러미 벤담Jeremy Bentham에게 영감을 불어넣어 공리주의utilitarianism라고 알려진 철학 학파의 탄생에 이바지했다.

# 제러미 벤담:
## 이기주의와 이타주의의 조화

　　　　런던의 동업조합에서 일하는 부유한 서기의 아들이었던 벤담은 1748년에 태어났다. 어렸을 때 아버지의 책상에 앉아 여러 권으로 이뤄진 영국 역사책을 읽곤 했던 벤담은 일찍부터 영재로 이름을 날렸다. 벤담은 세 살의 나이에 라틴어를 공부하기 시작했으며 로크가 30년 전에 그랬던 것처럼 웨스트민스터 스쿨에 입학해 열두 살의 나이에 옥스퍼드대학교에 진학했다.

　벤담은 웨스트민스터에서도, 옥스퍼드에서도 불행했다. 작고 허약한 소년이었던 그는 웨스트민스터에서 괴롭힘을 당했으며 엄격한 규제와 매질을 앞세운 웨스트민스터의 끊임없는 체벌의 위협을 혐오했다. 옥스퍼드 시절, 벤담은 자신과 함께 퀸스칼리지에 진학한 지주와 귀족의 아들들로부터 경멸 섞인 어조로 "철학자"라고 놀림당했다. 그들 중 몸집이 건장한 아이들은 벤담을 거꾸로 들고서 육체적인 힘을 과시하며 희열을 느꼈다. 한번은 벤담을 괴롭히던 일당 중 하나가 그를 거꾸로 드는 바람에 주머니에서 0.5기니가 떨어져 용돈을 통째로 날린 적도 있었다. 하지만 벤담이 더 불행했던 이유는 대학 생활을 하는 동안 겪었던 시련 때문이 아니라 옥스퍼드에서 받았던 형편없는 교육 때문이었다. 벤담은 어쩔 수 없이 들어야만 하는 교수들의 "바보 같은 강의"를 경멸했다(그로부터 10년이 흐른 후, 벤담이 옹호했던 교육 개혁은 그의 동생 사무엘Samuel에게 커다란 도움이 됐다. 벤담은 동생 사무엘이

● 제러미 벤담

출처: 위키미디어 커먼스, 헨리 윌리엄 피커스길

자신보다 1년 앞서 세상을 떠날 때까지 사무엘과 친하게 지냈다. 사무엘은 유명한 엔지니어 겸 조선 기사가 됐다).

다정하지만 거만하고 야심 찬 사람이었던 벤담의 아버지는 벤담이 변호사가 되기를 바랐다. 어린 벤담 역시 언젠가 자신이 대법관이 되리라 생각했지만 머지않아 영국의 법률 시스템에 환멸을 느꼈다. 소송을 통해서 얻어낼 수 있는 돈보다 소송에 드는 비용이 더 클 수밖에 없는 사건을 의뢰한 잠재 고객과 상담을 하게 된 벤담은 결국 법정 변호사의 길을 일찌감치 접고 말았다. 벤담은 변호사로 사는 대신 법을 개혁하기 시작했다.

그렇게 벤담은 여든네 살에 세상을 떠날 때까지 법률체계와 정치

체계의 모든 측면에 대해 방대한 글을 썼다. 매일 평균 15쪽의 글을 손으로 직접 써 내려갔다. 비록 이 노동의 산물을 출판하기를 꺼렸지만 벤담은 자신이 쓴 글과 자기 자신의 중요성을 절대 의심하지 않았다. 자신의 단점을 털어놓을 때조차도 벤담은 소심함, 어색함, 당혹감, 겉치레는 "실력 있고 고독한 천재의 가장 잔인한 적"이라고 주장하며 은밀히 자신을 칭찬했다.* 하지만 벤담이 느낀 스스로에 대한 회의감과 양심의 가책은 거짓이 아니었다. 벤담은 친구들이 부추긴 후에야 자신의 작품을 출판하는 데 동의했다. 심지어 출판을 결정한 후에도 익명으로 출판해야 한다는 조건을 내걸었다. 적어도 기쁨을 주체하지 못한 벤담의 아버지가 비밀을 폭로할 때까지는 벤담이 저자임이 밝혀지지 않았다.

벤담은 평생 여러 차례 사랑에 빠졌지만 결혼은 하지 않았다. 무엇보다 벤담은 그의 유서에 담긴 기이한 내용을 통해 확인할 수 있듯이 자기 자신과 사랑에 빠졌던 것 같다. 벤담은 자신이 죽으면 시신은 해부 수업에 쓰고, 그 후 유골에 자신의 옷을 입혀 보존해달라는 내용의 유서를 남겼다. 오늘날까지도 벤담의 '오토 아이콘'auto-icon(시신을 보존해 마치 살아 있는 사람처럼 꾸며서 전시한 것–옮긴이)은 그의 정신이 깃든 유니버시티칼리지 런던University College London, UCL의 목제 보관함에 전시되어 있다. 유니버시티칼리지 학생들이 몇 차례 무례한 장난을 친 이후, 미라로 만들어진 벤담의 머리만 밀랍으로 만든 복제 두상으로

---

* 벤담, 1800, 50.

교체됐다.

멀게는 아리스티포스까지 거슬러 올라가 많은 선구자들을 본보기로 삼은 벤담은 고통과 쾌락이라는 두 가지 개념이 인간의 행동을 지배한다고 보았다. 다시 말해 인간은 고통을 회피하려고 애쓰고 쾌락을 늘리려고 노력한다는 것이다. 사회 개혁을 지지했던 벤담은 노골적인 사리 추구가 사회의 공익에 보탬이 되는 행동으로 바뀔 수 있도록 이런 이기주의와 이타주의를 조화시킬 방법을 찾고자 했다. 쾌락의 총합에서 고통을 뺀 것이 행복이라고 정의했던 벤담은 이후 '최대 행복의 원리'greatest happiness principle라고 알려진 개념을 제안했다. 벤담은《정부론 단편》A Fragment on Government의 서문에서 "옳고 그름의 척도는 최대 다수의 최대 행복"greatest happiness of the greatest number이라고 기술했다.[*] 따라서 자기 자신의 행복뿐 아니라 공동체에서 함께 살아가는 모든 구성원의 행복도 고려해야 한다. 어떤 행동이 옳고 그른지 판단할 때는 정의나 공정성, 평등 같은 의도의 적절성을 따지기보다 그 행동의 결과가 최대 다수의 사람들에게 어떤 효용을 주는가를 도덕의 잣대로 삼아야 한다. 이렇게 해서 공리주의가 탄생했다.[**]

"최대 다수의 최대 행복"이라는 격언은 정의나 개인의 자연권 개념과는 반대다. 벤담이 주장하는 공리주의에 의하면, 거짓말, 속임수, 도

---

[*]    벤담, 1776, 서문.

[**]  "벤담이 《도덕과 입법의 원리 서설》Principles of Morals and Legislation을 출판하기 전 한 세대가 넘는 세월 동안 공리주의의 기운이 틀림없이 감돌았기 때문에 그는 그 사실을 이용해 상당한 돈을 벌 수밖에 없었다"(올비, 1902, 167).

둑질 같은 행동도 공동체의 전체 행복을 증진하는 데 도움이 되기만 한다면 얼마든지 정당화된다. 그는 이렇게 기술했다.

"자연권은 한마디로 말도 안 되는 것이다. 인간이 태어나는 순간 자연적으로 갖게 되는 불가침의 권리라는 것은 수사적으로 말이 되지 않는 허튼소리다."[*]

공리주의에서 정의가 만연하고 정의에 보상이 뒤따라야 하는 유일한 이유는 장기적으로 보면 정의가 공동체에 이롭기 때문이다. 벤담은 독립선언문에 언급된 이른바 '자명하고 양도할 수 없는 권리'에 반대했다. 벤담은 자신의 생각을 매우 직설적으로 표현했다. "정부에 대한 현대 미국인들의 의견은 그들의 선량한 선조들이 갖고 있었던 마법에 대한 의견과 마찬가지로, 너무도 터무니없어서 그 어떤 관심도 보일 만한 가치가 없다."[**]

독립선언문, 그것도 서문에 이토록 신랄한 표현을 쏟아낸 이유가 무엇일까? 벤담은 정부라는 기관이 '양도할 수 없는 자연권'이라는 개념에 부합하지 않는다고 주장했다. "현대 미국인들은 이런 권리를 지키기 위해 정부가 도입돼야 한다는 데 동의한다. 하지만 그들은 정부가 설립됐을 때 이런 권리 중 상당수가 사실상 양도된다는 사실을 인지

---

[*]  벤담, 1816.

[**]  스탠퍼드 심리학 백과사전Stanford Encyclopedia of Philosophy에 의하면 벤담은 1763년부터 1764년 사이에 윌리엄 블랙스톤William Blackstone의 강의를 들으면서 이 같은 표현을 만들어냈다. "제러미 벤담" 참조. http://plato.stanford.edu/entries/bentham/(2019년 7월 19일 접속).

하지 못한다."[*]

물론, 정부는 시민들에게 법을 따를 것을 강요한다. 어쨌든 법이 모든 시민의 이익을 위해 도입됐다는 점만은 사실이다. 설사 개인의 자유가 줄어들더라도 공공의 이익을 위해 정의가 승리해야 한다면, 법률 준수와 세금 납부에 대해서도 똑같이 이야기할 수 있다. 이런 제약은 시민의 생명권과 자유권을 저해하지 않으며 행복 추구권을 약화시키지도 않는다.[**]


## '행복 계산법'이라는
## 이름의 알고리즘


독립선언문에 대한 벤담의 불만에서 확인할 수 있듯이, "최대 다수의 최대 행복"이라는 원칙과 관련된 문제는 너무 많아서 모두 나열할 수 없을 정도다. 예를 들면 어떤 행동의 의도치 않은 결과가 행복을 증대시킬지 감소시킬지 항상 미리 알 수는 없다. 그렇다면 좀 더 많은 사람에게 좀 더 큰 행복을 안겨주기 위해 비도덕적인 수단을

---

[*]    이것이 아마도 벤담이 존 린드John Lind의 《미국 의회의 독립선언에 대한 대답》Answer to the Declaration of the American Congress, 1776에 기여한 바 중 하나일 것이다.

[**]    의무복무 제도에 관한 문제가 등장할 수도 있다. 시민의 절대적인 권리인 생존권이 어떻게 목숨을 걸어야 하는 전쟁터로 시민을 내보낼 정부의 권한과 공존할 수 있을까? 국가의 공익이라는 측면을 강조하는 주장을 펼칠 수도 있고, 용병제나 모병제의 측면에서 주장을 펼칠 수도 있다.

써도 되는 것일까? 좀 더 많은 사람은 얼마나 많은 사람이어야 할까? 무엇보다도 이 책의 뒷부분에서 좀 더 자세히 살펴볼 문제가 하나 있다. 사람은 어떻게 자신의 행복을 다른 사람의 행복과 '비교'할 수 있을까? 집주인이 정원에 나무를 심는 경우를 생각해보자. 나무 그늘이 생겨 집주인의 쾌락은 늘어나는 반면 떨어지는 나뭇잎 때문에 이웃의 고통이 늘어난다면 집주인은 자신의 정원에 나무를 심어도 될까? 좀 더 심층적으로 들어가서, 행복에 이바지하는 요소는 무엇이며 행복을 감소시키는 요소는 무엇일까? 벤담은 이 질문에 대해 깊이 고민한 다음 행복의 양을 수량화하기 위해 '행복 계산법'felicific calculus이라는 알고리즘을 제안했다. 행복 계산법이란 어떤 행동이 바람직한지 그렇지 않은지 판단하기 위해 수학적으로 효용을 측정하는 것이다.

벤담은 행복이 14종류의 기본적인 쾌락(감각, 부, 기술, 권력 등이 주는 쾌락)과 12종류의 고통(궁핍, 적대감, 어색함, 나쁜 평판 등)으로 이뤄진 복합적인 감정이라고 규정했다. 벤담은 일곱 가지 척도를 따라 이런 감정의 측정 방법을 제안했다. 가장 먼저 생각해봐야 할 네 가지 척도인 강도, 지속성, 발생 가능성, 근접성(얼마나 가까운 시간 내에 쾌락이 발생할 것인가?)은 개인이 경험하는 쾌락이나 고통 자체의 감각과 관련이 있다. 그다음으로 따져봐야 할 두 가지 척도는 쾌락의 생산성(더욱 많은 양의 동일한 감각이 뒤따를 것인가?)과 순수성(반대되는 감각이 뒤따를 것인가?)이다. 이와 같은 두 척도는 행동의 결과를 측정한다. 마지막 척도인 범위는 그 행동의 결과가 공동체 내에서 얼마나 확산되는지 측정하기 위한 것이다. 다시 말해서 그 행동이 얼마나 많은 사람들이 행동에 영향을 미치는지 측정한다.

《도덕과 입법의 원리 서설》과 19세기 말에 프랑스의 역사가 겸 철학자 엘리 알레비Élie Halévy가 유니버시티칼리지에서 발견한 미출판 원고에서 벤담은 요즘 우리가 알고리즘algorithm이라고 부르는 것을 묘사했다. 벤담이 제시한 알고리즘은 총행복total felicity을 계산하기 위한 것이었다. 쾌락이나 고통의 강도는 인간이 느낄 수 있는 가장 미약한 감각, 즉 때때로 헤돈hedon(쾌락주의를 뜻하는 영어 단어 hedonism에서 따온 말로 쾌락의 단위)이나 도울러dolor(고통을 뜻하는 스페인어)라고 불리는 감각의 배수로 측정된다. 지속성은 분 같은 시간 단위로 측정된다. 발생 가능성은 0과 1 사이에 존재하는 분수로 표현되며 1이 확실성을 나타낸다. 근접성 역시 0과 1 사이의 분수로 나타낼 수 있으며 1은 머지않아 발생한다는 뜻이고 0은 생生의 끝을 뜻한다. 이제 계산을 시작해보자. 헤돈의 개수에 지속 시간(분 단위)을 곱한 다음, 그 값에 발생 가능성과 임박성을 나타내는 2개의 분수를 곱한다. 도울러 역시 같은 방식으로 계산할 수 있다. 하지만 계산을 통해 찾아낸 수치 앞에 마이너스 표시를 붙여야 한다. 행동의 결과로 나타나는 모든 쾌락과 고통(즉, 행동의 생산성과 순수성)에 대해 이 같은 과정을 반복해야 한다. 그 결과의 총합이 한 사람의 총행복, 혹은 총효용이 된다.

바로 알고리즘의 이 지점에서 문제가 발생한다. 모든 사람이 똑같다면, 방금 찾아낸 결과에 특정한 행동의 영향을 받는 사람의 수를 곱하기만 하면 된다. 하지만 벤담은 지속성, 발생 가능성, 근접성, 생산성, 순수성은 거의 객관적인 요소지만 모든 개인individual이 쾌락이나 고통을 경험하는 '강도'가 같지 않다는 사실을 깨달았다.[*] 그러므로 개개인에게 적합한 혜돈과 도울러의 수를 고려해 개인별로 따로 계산해야 한다. 그리고 그 결과를 모두 더한다. 이렇게 우리에게는 결정을 위한 도구가 생겼다. 서로 다른 행동 방안 가운데 하나를 선택해야 하는 정부는 어떤 판단을 내릴까? 당연하게도 가장 큰 값을 제공하는 결과를 택할 것이다.

행복 계산법이 등장하자 판도라의 상자가 열렸다. 다른 행동보다 결과의 강도는 세지만 지속성은 짧은 행동은 어떻게 비교할 수 있을까? 6분 동안 지속되는 5혜돈은 5분 동안 지속되는 6혜돈과 같을까(일반적인 곱셈에서처럼 말이다)? 이 정도의 쾌락이면 7분 동안 지속되는 4도울러에 대한 보상이 될까? 특히, 피터의 혜돈이 메리의 혜돈과 같을까? 그렇지 않다면 피터의 혜돈과 메리의 혜돈을 더하는 것은 사과와 오렌지를 뒤섞는 것이나 다름없다. 이런 이유 때문에 행복 계산법은 실용적인 절차practical procedure라기보다 개념 증명proof of concept에 불과했다.

벤담은 행복 계산법이라는 알고리즘이 얼마나 현실성이 있건 없건 간에 행복이 모든 것의 척도라고 생각했다. 그렇다면 돈은 어떨까? 돈의 역할은 무엇이었을까? 예를 들면 벤담은 1801년에 《시민법의 원리》Principles of the Civil Code에서 돈을 언급했다. 이 책의 제1부 제6장에는

---

[*]  결국 바로 이런 이유로 인간이 '호모제니알'homogenial(동일한 성질을 가진 존재라는 의미)이 아닌 '개인'이라고 불리는 것이다.

부와 행복을 연결하는 여러 공리公理가 등장한다. 그중 가장 먼저 등장하는 두 가지 공리는 다음과 같다.

- 첫 번째 공리: 부의 각 부분은 그만큼의 행복과 관계가 있다.
- 두 번째 공리: 각기 다른 재산을 소유한 두 사람 중 더 많은 부를 소유한 사람이 더욱 큰 행복을 누리게 될 것이다.

첫 번째 공리는 돈과 행복이 같다고 설명한다. 처음에는 너무 뻔하게 들릴 수도 있다. 하지만 물론 그렇지 않다. 속담에도 있듯이 돈으로는 행복을 살 수 없다. 그러나 다시 한 번 말하지만 돈으로 행복을 살 수는 없어도 돈은 행복해지는 데 도움이 된다. 심각할 정도로 불행한 사람이라 하더라도 1달러를 얻고 나면 아주 조금이나마 더 행복해진다. 벤담은 계속해서 1달러씩 늘어날 때마다 행복이 늘어난다고 주장한다. 그리고 두 번째 공리에서 돈이 많을수록 행복해진다는 요점을 명확하게 짚고 넘어간다. 물론 그로부터 반세기가 흐른 후 칼 마르크스는 그중 어떤 것도 인정하지 않는다. 마르크스는 벤담을 "부르주아 특유의 어리석음이 돋보이는 천재"genius in the way of bourgeois stupidity라고 불렀다.*

---

\* 마르크스, 1867, 432.

## 2,500년에 걸쳐 내려온 진리,
## 돈은 많을수록 좋다

　　이미 부유한 사람들을 포함한 모든 사람에게는 끝없이 끈질기게 행복을 추구할 권리가 있다는 벤담의 주장은 인간 본성에 내재한 절실한 욕망에 응답하고 이런 욕망을 정당화하는 것으로 보인다. 몇 달 뒤에 초안이 작성된 독립선언문의 본보기가 된 버지니아 권리장전<sub></sub>Virginia Declaration of Rights은 좀 더 구체적이었다. 버지니아 권리장전에는 모든 인간은 몇 가지 자연권을 갖고 태어나지만, 그 같은 권리가 생명, 자유, 행복 추구에 국한되지는 않는다고 적혀 있다. 존 로크와 같은 생각을 갖고 있었던 "선량한 버지니아 주민들의 대표들은" 로크보다 한 걸음 더 나아갔다. 그들은 첫 번째 문단에서 모든 사람이 갖고 태어나는 자연권 중 "재산을 취득하고 소유하기 위한 수단"에 대해서도 언급하고 이를 인정했다. 독립선언문 초안을 작성할 당시, 토머스 제퍼슨은 재산에 대한 언급을 생략하고 재산을 '행복'happiness으로 대체했다. 제퍼슨은 단순한 재산권을 좀 더 광범위한 개념으로 대체해 유형재산tangible property을 갖고 있지 않거나 유형재산을 보유하는 데 관심이 없을 수도 있는 사람들에게까지 권리를 확대하려 했던 것이다. 따라서 모든 사람이 재산이든 다른 것이든 자신이 원하는 방식대로 '행복'을 해석할 수 있게 됐다. 하지만 제퍼슨은 결코 사유재산에 대한 권리를 과소평가하거나 부인하지는 않았다. 실상은 그 반대에 가까웠다. 제퍼슨이 프랑스에서 망명한 경제학자 피에르 사무엘 뒤 퐁 드 느무르<sub>Pierre Samuel du Pont de Nemours</sub>에게 보내는 서신에서 "저는 재산에 대한 권리가 우리의 천부적인 욕구와 이런 욕구를 충족시키기 위해 우리가 갖고 태어난 수단을 기반으로 한다고 믿습니다."라고 단언한 것만 봐도 알 수 있다.[*]

여기서 하나 주의해야 할 점이 있다. 독립선언문에 따르면 모든 인간에게는 행복을 '얻을'<sub>attain</sub> 권리가 아니라 행복을 '추구할'<sub>pursue</sub> 권리가 있다는 사실이다. 전자는 도달해야 할 절대적인 수준이 있다는 의미지만 후자는 행복은 달성하기 어려운 목표이며 도달하고자 하는 행복의 수준이 점차 높아질 수도 있다는 의미다. 즉, 얼마나 행복하거나 부유하건 모든 사람에게는 추가적인 행복을 추구할 권리가 있다는 얘기다. 벤담의 두 번째 공리에 따르면 이는 곧 더 많은 돈과 부를 추구하는 것과 마찬가지다. 이를 유엔이 채택한 최소주의 견해<sub>minimalist view</sub>와 비교해보자. 유엔 세계 인권 선언<sub>Universal Declaration of Human Rights</sub>은 "모든 사람에게는 자신과 가족의 건강과 안녕에 적합한 생활 수준을 누릴 권리가 있다."고 단언할 뿐이다.[**] 또한 경제적·사회적 및 문화적 권리에 관한 국제규약<sub>International Covenant on Economic, Social, and Cultural Rights</sub>은 "모든 노동자에게 최소한 가족과 함께 괜찮은 삶을 누릴 수 있을 정도의 보상"을 제공하라고 요구할 뿐이다.[***] 이 같은 문구는 최저임금 이

---

[*]  제퍼슨, 1816. 뒤 퐁의 아들 엘뢰테르 이레네 뒤 퐁 드 느무르<sub>Éleuthère Irénée du Pont de Nemours</sub>가 E.I. 듀폰 E.I. Du Pont이라는 대기업을 설립했다.

[**]  유엔 세계 인권 선언(1948), 제25항.

[***] 경제적·사회적 및 문화적 권리에 관한 국제규약(1966), 제7항.

상을 받게 될 가능성은 열어두지만, 좀 더 많은 급여를 받을 권리는 부여하지 않는다.

결국, 고귀한 이상을 좇기보단 달성 가능한 목표를 이루려고 노력할 뿐인 유엔은 논외로 하자. 돈과 부에 대해서 깊이 고민했던 과거와 현재의 철학자들은 아리스티포스와 에피쿠로스에서부터 로크, 벤담, 제퍼슨 등에 이르기까지 많은 학자들이 분명하게 언급한 자명한 결론에 도달했다. 그들이 내린 결론은 바로 '돈은 많을수록 좋다'는 것이다. 이 격언은 인간 본성에 너무 깊이 뿌리를 내리고 있어서 추가로 다시 설명할 필요가 없을 정도다.

이를 수학적으로 설명을 해보자면 이는 돈 혹은 부가 x축에 위치하고, y축에는 그에 상응하는 효용이 위치하는 그래프에서 그래프선이 항상 상향 이동한다는 뜻이다. 좀 더 수학적인 방식으로 표현하자면, 부의 효용함수를 한 번 미분하면 항상 양수이다.

# 제3장

# 둔화하는
# 효용의 속도

무엇이 됐건 모든 재화는(물론 돈도 그중 하나) 많을수록 좋다는 제2장의 주제는 정말이지 자명해 보인다.[*] 하지만 이처럼 너무도 당연하게 들리는 주장이 이야기의 전부는 아니다. 숱하게 많은 심오한 질문들이 그렇듯 이 문제에 대한 논의 역시 고대에서부터 시작됐다. 가장 영향력 있는 그리스 철학자 아리스토텔레스도 논의에 뛰어들었다.

---

[*]  결국 이것이 바로 재화가 'bads'가 아닌 'goods'로 불리는 이유다('bads'는 나쁘다는 뜻의 영어 단어 'bad'를 복수형으로 만든 것인 반면 'goods'는 좋다는 의미의 영어 단어 'good'을 복수형으로 만든 것이다—옮긴이).

# 위대한 철학자가 말하는
# 부의 상대성

많은 사람들이 심리학의 아버지라고 여기는 아리스토텔레스는 인간의 본성과 행동에 대해 깊은 통찰력을 갖고 있었다. 그는 부와 사람들이 부를 바라보는 방식에 대해 많은 이야기를 했다. 예를 들어 아리스토텔레스는 자신의 유명한 저서《니코마코스 윤리학》 Nicomachean Ethics (니코마코스라는 이름을 갖고 있었던 그의 아버지 혹은 아들의 이름을 따서 지어진 책)에서 영광스럽고, 올바르며, 행복한 삶을 살려면 어떻게 해야 하는지 설명했다. 아리스토텔레스가《니코마코스 윤리학》제4권에서 묘사한 덕이 있는 사람이 가져야 할 바람직한 특징 중 하나가 관대함generosity이다. 도량이 넓은 사람은 적당한 대상에게 적당한 정도의 부를 내주어야 한다. 아리스토텔레스가 언급한 자비롭고 사회적으로 이익이 되는 행동으로는 신전을 건설하거나, 신에게 제물을 바치거나, 성가대에 참가하거나, 전함에 필요한 장비를 제공하거나, 주민들에게 연회를 베푸는 것 등이 있었다. 덕이 있는 사람은 기꺼이 그리고 행복한 마음으로 기부를 해야 한다. 덕이 있는 행동 자체가 사람을 행복하게 만들기 때문이다. 마지못해 기부하거나 윤리적 동기가 아닌 다른 이유로 기부하는 사람은 관대한 사람이라고 볼 수 없다. 고귀한 것이라기보다는 돈을 중요하게 여기는 행동이기 때문이다.

다른 한편으로는 과유불급, 즉 지나쳐서도 안 된다. 맨 먼저 찾아오는 사람에게 맹목적으로 기부해서도 안 되며, 받을 자격이 없는 사람

● 아리스토텔레스

출처: 위키미디어 커먼스, 루도비시 콜렉션

에게 줘서도 안 되고, 적절하지 않은 때에 나눠줘서도 안 된다. 여기서 끝이 아니다. 또 아리스토텔레스는 사람이 자신의 부를 내버려둬서도 안 된다고 경고한다. 부에 신경을 쓰지 않고 내버려두면 계속해서 궁핍한 사람들에게 도움을 주고 고귀한 명분에 이바지할 능력이 약해지기 때문이다. 부를 박애주의적인 명분에 낭비하는 사람도 관대하다고 볼 수 없다. 이런 사람들은 오히려 헤프다고 말하는 편이 옳다. 이쯤 되면 "고귀하고 관대하다고 보기에 적당한 기부 금액은 얼마일까?"라는 질문을 던질 수밖에 없다.

이 문제와 관련해 아리스토텔레스는 참신한 아이디어를 내놓았다. 아리스토텔레스는 숫자를 파고드는 대신 다른 각도로 이 질문에 접근해 박애주의적인 인물의 계층을 네 단계로 나누었다. 먼저 도량이 큰 magnanimous 사람들이 있다. 이 부류에 해당하는 사람들은 오직 부자만이 감당할 수 있는(또 그래야만 하는) 값이 나가는 선물을 이용해 공명을 세운다. 그다지 부유하지 않은 사람이 분수에 넘치는 기부를 통해 돈이 많은 시민들을 모방하려 들면 파산하게 되어 미래에 더 많은 선행을 베풀지 못하게 된다. 그다음은 자기 자신을 위해서 고귀한 명분을 지지하는 관대한generous 부류다. 이 부류에 해당하는 사람들은 돈 자체를 가치 있게 여기는 것이 아니라 좋은 일을 하는 돈의 능력을 가치 있게 여긴다. 세 번째, 완전히 바닥은 아니지만 거의 바닥에 있는 부류는 구두쇠stingy다. 가격을 흥정하고, 원칙을 무시하며, 높은 비용에 대한 불만을 멈추지 않고, 고귀한 행사를 준비할 때조차 이런 행태를 보이는 인색한 사람들이다. 이런 태도 때문에 늠름한 행동의 아름다움이 퇴색된다. 구두쇠보다 더욱 아래에 있는 부류는 마치 결혼 피로연처럼 보일 정도로 호화로운 만찬을 친구들에게 대접하는 허세 가득한 허풍쟁이boastful braggart다. 관대해 보이는 이들의 행동은 겉치레에 불과하다. 이들은 친절한 마음이나 시민으로서의 책임감 때문에 이런 행동을 하는 것이 아니라 그저 지인들로부터 칭찬을 받기 위해 부를 과시할 뿐이다.

아리스토텔레스가 자선 행위 분류체계에서 돈의 액수, 즉 수치를 결코 언급하지 않았다는 사실이 매우 중요하다. 아리스토텔레스는 기부금의 규모는 상대적인 개념이라고 강조했다. 예를 들면 3단 노가 달린 갤리선 전체를 무장시킬 의무를 지닌 사령관의 지출은 종교 행사에 자금을 대는 아키테오로스<sub>Architheoros</sub>(고대 그리스의 신성한 종교 사절단)의 지출과는 다르다. 누군가의 기부가 적당한지 판단할 때는 전함, 신전, 시민을 위한 연회 등 기부하는 물건이나 행사의 비용을 고려해야 할 뿐 아니라 무엇보다도 기부자의 경제적인 상황을 고려하는 것이 중요하다. 기부자가 자유롭게 활용할 수 있는 수단이 무엇인가에 따라 올바른 행동이 결정되기 때문이다. 이런 이유로 부자가 신전을 짓거나, 제물을 바치거나, 스포츠 경기를 주최하기 위해 돈을 내는 것은 적절하지만 상대적으로 덜 부유한 사람이 같은 선택을 하는 것은 부적절할 수 있다. 아리스토텔레스는 도량이 넓은지 판단할 때 절대적인 기준을 적용해서는 안 된다는 것이 핵심이라고 설명했다. 아리스토텔레스는 다음과 같이 적었다.

"관대함을 평가할 때는 어떤 사람이 가진 전체 부의 규모와 비교해야 한다. 기부자가 제공한 기증품의 규모가 아니라 기부자의 환경을 고려해야 한다. 관대한 사람은 자신의 부와 비례해 기부한다. 설사 기부금의 액수 자체는 적더라도 상대적으로 부의 규모가 적은 사람이 내놓은 것이라면 오히려 더욱 관대하다고 볼 수 있다."<sup>*</sup>

금액 자체를 절대적인 판단의 기준으로 삼아서는 안 되며 그보다는 개인이 보유한 부의 규모에 비례해서 판단해야 한다는 관점은 아리스토텔레스의 또 다른 매우 중요한 저서에 좀 더 명확하게 명시되어 있다. 《정치학》<sub>Politika</sub>은 정치 철학에 관한 책이다. 경제학은 이 분야에 없

---

* 아리스토텔레스, 《니코마코스 윤리학》, 제4권, 제1장.

어서는 안 될 부분이기 때문에 책에서 매우 중요하게 다뤄진다. 아리스토텔레스는《정치학》제7권에서 만족감에는 세 가지 원천이 있으며,[*] 외적인 선(세속적인 소유물), 육체적인 선(신체적 행복), 정신적인 선(용기, 절제, 강인한 성격)이 인간에게 만족감을 준다고 기술했다. 정신적인 선은 항상 다다익선이며 상한선도 없다.[**] 육체적인 선 역시 아마도 많을수록 좋을 것이다. 그중에서도 아리스토텔레스가 외적인 선, 즉 우리가 금이나 부동산, 소처럼 부와 동일시하는 것들에 관해서 언급한 부분이 가장 흥미롭다.

"다른 수단들과 마찬가지로 외적인 선에도 제약이 있다. 세상의 모든 유용한 것들은 이런 성질을 갖고 있어서 지나치게 많아지면 소유자에게 해를 끼칠 수 있으며 그렇지 않더라도 적어도 소유자에게 아무런 효용도 주지 못한다."[***]

어디선가 들어본 적 있는 말 같지 않은가? 쿠키나 아이스크림을 너무 많이 먹으면 어떤 일이 벌어지는지 기억나는가? 아리스토텔레스의 설명에 따르면 포만감이나 메스꺼움이 효용의 증가 속도가 둔화하는 유일한 이유가 아니다(물론 조금이라도 증가한다면 말이다). 밭, 소, 쟁기 같은 수많은 외적인 선은 소유주의 부를 증가시키는 도구일 뿐이

---

[*] '재화의 종류'classes of goods라고 번역되는 경우도 많지만, 나는 '만족감의 원천'sources of contentment이라는 표현이 아리스토텔레스가 의미하는 바를 전달하기에 더욱 적절하다고 생각한다.

[**] 아리스토텔레스는 사실상 육체적인 선에 대해서는 아무 말도 하지 않았다. 하지만 아리스토텔레스는 누군가가 얼마나 건강해지고 싶어 하는가에 대해서는 그 어떤 제약도 두지 않을 듯하다.

[***] 아리스토텔레스, 《정치학》, 제7권, 제1장.

다. 일정한 수준을 넘어서면 지나치게 부가 늘어난 탓에 유지와 관리에 대한 염려가 유용성을 넘어서게 된다. 아리스토텔레스는 이유가 무엇이건 일정한 지점을 넘어서면 추가로 부가 늘어나더라도 효용이 추가로 늘어나지 않는다고 명확하게 명시한다.


## 가난한 자의 부와
## 부자의 부는 어떻게 다른가

그리스 철학을 간략하게 살펴보았으니 다시 제러미 벤담으로 돌아가 보자. 벤담은 필자가 제2장에서 설명한 것보다 부의 효용에 대해서 훨씬 많은 말을 남겼다. 특히 그는 보편적인 법률을 제정하기 위해 제2장에서 살펴본 두 가지 공리 외에도 여러 개의 공리를 추가로 규정했다. 첫 번째 공리는 돈과 행복을 동일시하며, 두 번째 공리는 돈은 다다익선이라고 공언한다. 《완전한 법체계의 단편》Pannomial Fragments에 기술된 세 번째 공리와 네 번째 공리는 부가 증가할 때 어떤 식으로 효용이 늘어나는지 설명한다. 벤담은 1801년에 《시민법의 원리》를 출판했고 《완전한 법체계의 단편》은 평생에 걸쳐 여러 시기에 집필했다. 《완전한 법체계의 단편》에 수록된 내용 중 가장 나중에 작성된 부분은 1831년경에 쓰였다. 벤담이 다니엘 베르누이가 1733년에 발표한 상트페테르부르크 역설에 대한 해결책을 잘 알거나 인지하고 있었는지 여부는 알려진 바 없지만, 그는 비슷한 방안을 책에서 제안했다. 다만 수학적인 내용이 빠져 있었을 뿐이다. 벤담은 인간의 본성 때문에 추가로 한 단위의 부를 얻었을 때 이전에 한 단위를 부를 얻었을 때보다 효용을 덜 느끼게 된다는 사실은 깨달았다. 그리고 이 같은 통찰력이 근본적으로 매우 중요하기 때문에 여러 개의 공리를 만들어낼 필요가 있다고 생각했다.《완전한 법체계의 단편》에서 벤담이 명시한 세 번째 공리와 네 번째 공리는 다음과 같다.

- 세 번째 공리: 하지만 행복의 양은 부의 양에 비례해서 증가하지 않는다. 한마디로 부가 1만 배 늘어난다고 해서 행복 역시 1만 배 늘어나지는 않는다. 부가 1만 배 늘어났을 때 행복이 곱절로 늘어날 것이라고는 더더군다나 믿기 어렵다.

- 네 번째 공리: 어떤 사람이 가진 부가 다른 사람이 가진 부를 초과하는 정도가 계속해서 증가하면 부가 행복의 생성에 미치는 영향이 줄어든다. 다시 말해서 하나의 부 입자가(각 입자의 크기는 같다) 생성하는 행복의 양은 점차 줄어든다. 즉, 두 번째 입자가 생성하는 행복의 양은 첫 번째 입자가 생성하는 행복의 양보다 적고 세 번째 입자가 생성하는 행복의 양은 두 번째 입자가 생성하는 행복의 양보다 적은 식이다.[*]

공리체계에 따르면 이와 같은 두 주장은 약간 지나치다. 유클리드

---

[*] 벤담, 1834, Vol.3: 229.

Euclid의 공리를 비롯한 공리체계는 짧고 간결하고 정확해야 한다. 해당 공리체계가 주제로 삼고 있는 모든 내용을 설명하는 데 필요한 최소한의 정보보다 많은 것을 담고 있어서는 안 되며 어떤 모순도 허용하지 않아야 한다. 중요한 사실은 공리가 반복적이어서는 안 된다는 것이다. 단어 선택이 달라지면 혼란이 생기거나 모순이 발생할 수도 있기 때문이다. 벤담이 세 번째 공리와 네 번째 공리를 제시한 것처럼 똑같은 개념을 표현하기 위해 두 가지 공리를 추가하는 일은 절대로 해서는 안 되는 행동이다. 하지만 비록 증가 속도가 둔화하더라도 효용은 계속 늘어난다는 통찰력이 벤담에게는 무척 놀라웠을 수도 있고, 심지어 반직관적으로 느껴졌을 수도 있다. 그런 탓에 벤담이 간결함은 제쳐두고 하나 이상의 공리를 이용해 요점을 명확하게 전달하고자 했을 수도 있다.

벤담은 이 같은 통찰력과 관련된 실용적인 결과를 덧붙였다. "가장 덜 가진 사람의 부에 부의 입자 하나가 더해지면 가장 많이 가진 사람의 부에 같은 크기의 부가 더해졌을 때보다 좀 더 많은 양의 행복이 생성되기" 때문에 부의 총합계라는 관점에서 보면 부유한 사람이 가진 부를 가난한 사람에게 주는 것이 이롭다. 벤담은 이 같은 통찰력을 알아듣기 어려운 다음과 같은 말로 표현했다.

"연간 10만 파운드에 달하는 좀 더 부유한 손실자_loser의 소득… 연간 10파운드라는 덜 부유한 획득자_gainer의 소득… 더 부유한 사람이 잃게 될 부, 덜 부유한 사람이 얻게 될 부, 연간 1파운드… 행복의 총합에 미치는 영향은 늘어나는 쪽이다. 더 부유한 손실자가 잃는 행복보다 덜 부유한 획득자가 얻는 행복이 더 크다. 가장 덜 가진 사람의 부에 부의 입자 하나만큼이 더해지면 가장 많이 가진 사람의 부에 같은 크기의 부가 더해졌을 때보다 좀 더 많은 양의 행복이 생성된다."[*]

《완전한 법체계의 단편》이 단편이라 불리는 이유가 바로 이것이다. 이처럼 복잡하고 어렵게 쓰인 말을 좀 더 보편적인 방식으로 다시 표현해보면 다음과 같다.

"부자로부터 1파운드를 받아내 가난한 사람에게 주면 행복의 총합이 늘어난다."

효용이나 행복이 늘어나는 속도가 점점 둔화한다는 공리에서 비롯된 이 결론이 바로 누진 과세progressive taxation의 근원이라 할 수 있다.

벤담은 이 공리의 또 다른 결과를 인용했다. 가령 어느 의원에게 자기 재량껏 나눠줄 수 있는 1만 파운드의 돈이 있다고 생각해보자. 한 걸음 더 나아가 가난한 사람이 1파운드를 받았을 때 체감하는 가치는 부자가 1만 파운드를 받았을 때의 절반 수준이라고 가정해보자. 이런 경우, 의원이 1만 명의 가난한 사람들에게 각각 1파운드를 나눠주면 1만 파운드 전부를 한 명의 부자에게 줬을 때보다 무려 5,000배나 많은 행복이 생성되는 것이다. 의원이 펜대를 한 차례 휘둘러서 얼마나 많은 양의 행복을 생성할 수 있는지 생각해보면 실로 놀랍다. 하지만 벤담이 상정한 가정은 솔직히 지나치게 극단적인 면이 있다. 현대적인 상황에 맞춰서 이를 좀 더 합리적으로 수정하면, 중산층이 추가로 얻는 1달러

---

\* 　벤담, 1834 3: 230.

의 가치는 억만장자보다 100배 높다고 가정할 수 있다. 그러면 1만 명의 중산층 사람들에게 1만 달러를 나눠주더라도 1만 달러 전체를 억만장자에게 줬을 때보다 100배나 많은 행복이 생성된다.

세 번째 예시 역시 한 단위의 통화를 한 사람에게서 다른 사람에게로 옮기는 일과 관련된 것이다. 벤담은 부수적인 이익에 관해서 짚고 넘어가기 위해 이 예시를 도박의 유해성에 적용했다. 들쑥날쑥하게 쓰인 《완전한 법체계의 단편》에 등장하는 관련 내용은 다음과 같다.

> 예를 들어 좀 더 부유한 사람의 소득은 연간 10만 파운드이고 덜 부유한 사람의 연간 소득은 9만 9,999파운드라고 해보자. 첫 번째 사람에게서 연간 1파운드의 돈을 받아내 덜 부유한 사람에게 주면 행복의 총합은 줄어든다. (…) 더 부유한 사람이 잃는 행복이 덜 부유한 사람이 얻는 행복보다 크다. 도박이라고 불리는 관행 때문에 나쁜 것이 더 많이 생성되는 한 가지 원인이 바로 이것이다.[*]

안타깝게도 벤담은 실수를 했다. 물론 원칙 자체가 틀리지는 않았다. 하지만 세부적인 사항에 오류가 있었다. 벤담은 연간 소득이 10만 파운드인 사람이 연간 소득이 9만 9,999파운드인 사람에게 1파운드를 잃게 되면, 돈을 잃은 사람이 잃는 행복이 돈을 얻은 사람이 얻는 행복보다 크다고 설명했다. 하지만 실제로는 도박이 끝난 후에도 상황

---

[*] 벤담, 1834 3: 230.

은 도박을 하기 전과 정확하게 똑같다. 다만 입장이 바뀔 뿐이다. 처음에는 더 가난했던 사람이 이제는 10만 파운드를 벌게 된 반면 처음에는 더 부유했던 사람이 이제는 9만 9,999파운드를 벌게 됐다. 따라서 부의 총합은 맨 처음과 완전히 똑같다.

만약 벤담이 더 부유한 사람이 10만 1파운드를 벌고, 그가 9만 9,999파운드의 연간 소득을 버는 도박 파트너에게 1파운드를 잃는다고 얘기했다면, 두 사람 모두 각각 10만 달러를 갖게 된다. 오직 이 경우에만 총행복total happiness이 실제로 증가한다. 이 경우에는 좀 더 가난한 사람이 1파운드를 얻었을 때 얻게 되는 행복이 좀 더 부유한 사람이 1파운드를 잃었을 때 잃는 행복보다 크다. 따라서 도박에 대한 반대를 표명하기 위한 설득력 있는 논거가 될 수 없다. 벤담이 정말로 하고 싶었던 말은 좀 더 가난한 사람이 좀 더 부유한 사람에게 1파운드를 잃게 되면, 바로 그때 총행복이 줄어든다는 것이었을지도 모른다. 차라리 똑같은 부를 가진 두 사람이 1파운드를 놓고 도박하는 예를 이용하면 좀 더 쉽게 이 같은 주장을 펼칠 수 있었을 텐데, 벤담 같은 저명한 철학자조차도 가끔은 실수를 한다는 사실이 제법 통쾌하다.

이는 벤담을 또 다른 결론으로 이끌었다. 부유한 사람에게서 덜 부유한 사람에게로 돈이 이동하면 총행복이 증가하기 때문에 모든 사람이 똑같은 금액의 돈을 갖게 될 때까지 이 과정을 반복해야 한다는 결론이 나온다. 벤담은 《시민법의 원리》에서 "실제 비율이 거의 평등에 가까울수록 행복의 총질량이 커진다."라고 명시했다. 《완전한 법체계의 단편》에서는 심지어 의사결정권자들이 이런 식의 부의 재분배를 적극적으로 장려해야 한다고 조언한다. "최대 다수의 최대 행복을 목표로 하는 새로운 헌법이 제정된다고 가정하면, 모든 사람의 부가 평등해질 때까지 가장 부유한 사람에게서 덜 부유한 사람에게로 부를 이동시킬 방법을 논의해야 할 이유가 충분하다."[*] 칼 마르크스라면 틀림없이 이 같은 주장에 동의할 것이다. 하지만 마르크스가 벤담을 "부르주아 특유의 어리석음이 돋보이는 천재"라고 부른 것을 보면 벤담의 글에서 해당 부분을 간과한 것으로 보인다.[**]

어쨌든 부자에게서 돈을 걷어서 가난한 사람에게 주어야 하며, 도박은 안 되고, 평등이 중요하다는 취지의 이 모든 선언은 추가로 한 단위의 부를 얻었을 때 생성되는 행복의 양이 직전에 한 단위의 부를 얻었을 때 생성되는 행복의 양보다 적다는 공리에서 나온 것이다.[***] 하지만 벤담의 선언은 사람들이 돈의 결과라고 여기는 효용이나 행복을 서로 비교할 수 있으며, 사실은 효용과 행복이 서로 동일하다는 가정을 바탕으로 한다. 그러나 안타깝게도 개개인이 느끼는 효용을 직접 비교하기란 불가능하다. 그런 이유로 설사 벤담이 주장한 내용이 옳다 하더라도 수리경제학자들의 엄격한 기준을 충족시키려면 벤담의 주장이 옳다는 사실을 증명해 보일 필요가 있다. 이 책의 뒷부분에서 이와 관련된 내용을 다시 살펴볼 것이다.

---

[*] 벤담, 1834 1: 305; 3: 230.

[**] 마르크스, 1867, 432.

[***] 제1장에서 살펴보았듯이 보험은 세 번째 공리와 네 번째 공리의 또 다른 결과이다.

# 라플라스와
# 효용 이론의 탄생

벤담은 효용이 증가하는 속도가 둔화한다는 사실을 공리로 명시함으로써 무려 2,000년이나 앞서 그 같은 사실을 추정한 아리스토텔레스는 말할 것도 없고 70년 전에 베르누이가 발견한 인간 행동에 대한 기본 원리를 있는 그대로 언급했다. 물론 베르누이와 벤담이 이 원리를 표현하는 방식에는 차이가 있었다. 정치학자였던 벤담은 질적인 방식으로 이 원리를 표현한 반면, 수학자인 베르누이는 수학적인 표현을 택했다. 두 사람의 뒤를 이은 사상가들은 쉽게 이해하기 힘든 개념인 '효용'에 정확한 숫자를 부여할 방법을 찾아야 했다.

베르누이가 중단한 지점에서 다시 시작한 최초의 인물은 피에르-시몽 라플라스Pierre-Simon Laplace라는 프랑스 사람이었다. 벤담보다 1년이 늦은 1749년에 태어난 라플라스는 베르누이 가문이 17세기에 그랬던 것처럼 18세기에 가장 유명했던 수학자, 물리학자, 천문학자 중 한 사람이었다. 또한 라플라스는 150여 년 동안 막연한 기초에 머물러 있었던 확률 이론이 좀 더 견실한 이론적 기반 위에 올라서도록 발전시킨 최초의 학자 중 한 사람이었다.[*]

---

[*] 하지만 라플라스의 연구는 이후 수 세기 동안 등장한 이론가들을 만족시키기에 충분치 않았다. 구소련의 수학자 안드레이 콜모고로프Andrei Kolmogorov가 확률 이론을 건실한 공리의 토대 위에 올려놓은 후에야 충분히 엄격한 이론으로 여겨지게 됐다. 이와 관련해 좀 더 자세한 내용이 알고 싶다면 '슈피로, 2011, 제10장', 라플라스와 그의 연구 전반에 대해서 좀 더 자세한 내용이 궁금하다면 '슈피로, 2010, 제7장'을 참고하기 바란다.

● 피에르-시몽 라플라스

Fig. 5. — Laplace.

라플라스는 아리스토텔레스, 베르누이, 벤담을 비롯한 몇몇 사람들이 자신보다 앞서 그랬듯《확률에 대한 철학적 시론》Essai philosophique sur les probabilités에서 효용이 증가하는 속도가 둔화한다고 명시했다.

"한 단위의 돈이 안겨주는 효용은 그 돈에 비례하지 않는다. 돈의 효용은 어떤 상황에 놓여 있느냐에 따라 달라진다. 돈의 효용에 영향을 미치는 상황을 정의하기 힘들 때도 있다. 그중 가장 보편적이고 중요한 것은 바로 부다."[*]

그러면서 라플라스는 "백만장자보다는 100프랑도 채 되지 않는 돈

---

[*] 라플라스, 1814. 27.

을 가진 사람에게 1프랑이 훨씬 더 큰 가치를 안겨주는 것이 틀림없다."라고 설명을 이어나갔다.

1812년 초판 인쇄 후 13년 동안 다섯 번이나 재발행된 권위 있는 저서 《확률해석론》Théorie analytique des probabilités에서 라플라스는 기대효용expected utility에 관한 설명에 한 장을 통째로 할애했다. 니콜라스 베르누이가 처음 문제를 제기한 지 99년, 니콜라스의 사촌인 다니엘 베르누이가 해결 방안을 제안한 지 81년이 흐른 후에 라플라스는 자신의 발견을 모두 다니엘 베르누이의 공으로 돌리며 효용 이론utility theory의 수학적인 측면을 전적으로 수용했다. 라플라스는 제10장에서 자신이 진행한 힘든 계산 과정을 독자들에게 그대로 소개했다. 라플라스는 로그함수에 의해 돈의 효용이 결정되는 상황이라면, 맨 처음에 100프랑의 돈을 갖고 있는 사람은 상트페테르부르크 역설에 등장하는 게임에 참여하기 위해 7.89프랑 이상을 내지 않을 것이라고 계산했다. 만약 맨 처음에 200프랑을 갖고 있다면 그는 판돈을 89상팀(프랑스의 화폐 단위, 1상팀은 1/100 프랑-옮긴이) 이상 늘리지 않을 것이다. 즉, 그가 지불 가능한 최대의 판돈은 8.78프랑이다.

그런 다음, 라플라스는 새로 발견한 이 기법을 동전 던지기 게임에 걸 판돈을 결정하는 문제보다 좀 더 진지한 도전 과제에 적용했다. 그가 선택한 주제는 당시 많은 사람이 관심을 보였던 노령연금 문제였다. 프랑스 혁명 이전에는 나이 많은 조합원들이 길드guild(기능인들이 의무적으로 가입했던 조합)의 보살핌을 받았다. 하지만 정부는 1791년에 상업과 산업을 자유화하고 자유 경쟁을 촉진하기 위해 길드 폐지를 선언했다. 그 이후 사람들은 무엇이든 원하는 직업을 가질 수 있게 됐다. 하지만 이 법령이 시행되자 달갑지 않은 부작용이 나타났다. 그 전까지 활발하게 활동하던 길드 구성원들과 은퇴한 구성원들 사이에 존재했던 유대가 깨지면서 나이 많은 은퇴자들이 스스로 살길을 찾아야 하는 신세가 되어버린 것이다. 그러자 민간에서 운영하는 상호 지원 단체들이 등장해 이 빈자리를 메웠다. 회비를 내고 이런 조합에 가입한 회원들은 자신이 늙고 병들었을 때 재정적으로 지원을 해주겠다는 단체의 약속을 받았다. 하지만 이런 조직들이 짜임새 없이 조직되어 있었다는 게 문제였다. 따라서 이 조합이 먼 미래까지, 그러니까 조합의 재무 건전성이 회원들에게 정말로 중요해질 시점까지 계속해서 존재할지가 매우 불확실했다. 1835년이 되어서야 이런 단체의 업무를 규제하는 새로운 법이 제정됐다.

《확률해석론》이 처음 등장한 1812년에는 노령연금보다 생명보험에 사람들이 더 많은 관심을 보였다. 효용 이론의 유용성을 강조하기 위해 라플라스가 던진 구체적인 질문은 "부부가 생명보험에 함께 가입하는 것이 이롭고 효용이 큰 방법일까, 따로 보험에 드는 것이 좋은 방법일까?"라는 것이었다. 라플라스는 당시 모든 사람과 관련이 있었던 문제에 신비로운 수학적 도구를 적용해 독자들의 관심을 사로잡았다. 라플라스는 다음과 같은 방식으로 문제를 표현했다. 공동 보험에 가입하면 두 사람이 모두 생존해 있는 동안에는 각 배우자가 연금의 절반씩을 받게 되며 둘 중 한 사람이 사망한 후에는 전액을 받게 된다. 반면 각자 따로 보험에 가입하는 경우에는 피보험자가 사망하면 각 연금은 종료된다. 라플라스가 연금 지급에 적용한 한 가지 조건(생명 보험회사가 주장할 조건)은 두 경우에 할인된 기대 수령액이 같아야 한다는 것이다. 사망률표와 금리, 할인 계수를 활용하고 두 배우자가 모두 부의 로그효용logarithmic utility을 갖는다고 가정한 라플라스는 부부가 함께 보험에 드는 것이 유익하다는 결론에 도달했다.[*]

그렇게 딱딱한 수학 문제를 해결한 라플라스는 놀랍게도 돌연 몽상가적인 태도를 보였다. 이론적인 계산을 넘어서서 배우자가 사망하고 나면 공동 보험에 가입한 생존 배우자가 더 많은 연금을 받게 된다고 언급하며, 배우자가 사망하고 나면 생존 배우자의 나이가 아마도 많을 테고, 노년기는 돈이 가장 많이 필요한 시기라고 설명했다. 부부간의 애정(이 지점에서 냉철한 수학이 확실하게 낭만적으로 변해버린다)을 생각하면 임종을 앞둔 사람은 생존 배우자와 가족의 지속적인 행복을 그 무엇보다 간절하게 바라게 된다고 하면서 말이다.

일반적으로 한 사람의 책에서 '금융기관'과 '도덕성', '달콤한 욕망'이라는 단어들이 한 문장에 동시에 언급되는 경우는 많지 않기 때문에(생각해보라, 게다가 그는 수학자다) 라플라스의 이 인상적인 문장을 통째로 인용해보고자 한다.

---

[*] 이자율이 0보다 크기만 하다면 정확한 이자율은 아무런 상관이 없고, 나이가 들수록 생존 확률이 줄어들기만 한다면 정확한 생존 확률은 아무런 상관이 없다는 사실이 드러났다. 흥미롭게도, 라플라스는 먼저 로그효용을, 그다음에는 c로 어림한 $\log(1+c)$를 사용했다. 여기에서 1은 부의 총합을 뜻하며 c는 부의 총합 중 일부를 의미한다. 이는 사실상 부의 효용이 선형임을 시사한다. 따라서 효용의 증가 속도가 둔화한다는 베르누이의 주된 신조와 자신의 저서에서 주장한 같은 내용의 주된 신조(적어도 부분적으로는)를 사실상 부인한 셈이다.

약간의 소득을 희생해 자본을 내놓으면 가족의 요구를 충족시킬 수 없을 것이라는 두려움을 느낄 수밖에 없는 시기에 가족의 지속적인 존속을 보장해주는 금융기관은 도덕성에 안성맞춤이며, 인간 본성에 내재한 가장 달콤한 욕망에 알맞다.[*]

라플라스는 금융기관들이 이러한 도덕성과 다정함을 더욱 발전시키는 만큼 정부가 금융기관의 발전을 장려해야 한다고 권고했다. 금융기관들이 상징하는 먼 미래에 대한 희망을 고려해보면 금융기관들은 그들의 지속적인 존속에 대한 우려가 사라져야만 번성할 수 있기 때문이다.

## 베버의 감각 연구와
## 부의 효용 가설

지금까지 수학자 베르누이에서부터 정치학자 벤담을 거쳐 확률론자 라플라스까지 살펴보았다. 이제 인간의 신체와 마음을 탐구한 사람들에게 배턴을 넘겨줘야 할 때가 됐다. 지금부터 두 명의 독일인을 집중적으로 조명해보자. 그중 한 사람은 의사 에른스트 하인리히 베버Ernst Heinrich Weber이고 다른 한 사람은 라이프치히 출신의 심리학

---

[*]    라플라스, 1812, vol.2, 10: 488.

● 에른스트 하인리히 베버

출처: 위키미디어 커먼스

자 구스타프 테오도어 페히너Gustav Theodor Fechner다.

설교가였다가 교리 신학 교수가 된 마이클 베버Michael Weber의 아들로 1795년에 태어난 에른스트 하인리히 베버는 13남매 중 셋째로 태어났는데 그들 중 살아남은 아이는 일곱 명뿐이었다. 학교에서 뛰어난 학생으로 알려진 데다 레슬링 선수로도 유명했던 조숙한 소년 에른스트 하인리히는 열여섯 살의 나이에 비텐베르크에 있는 대학에서 의학 공부를 시작했다. 종교 개혁자 마르틴 루터Martin Luther가 3세기 전에 카톨릭 교회에 반기를 드는 내용이 담긴 95개의 논제를 발표한 곳도 바로 비텐베르크였다. 비텐베르크는 모래가 얇게 깔린 금속판에서 소리가 만들어내는 진동으로 생겨나는 클라드니 도형Chladni figures을 발견한 물리학자 에른스트 클라드니Ernst Chladni의 고향이기도 했다. 클라드니 도형은 놀라울 정도의 아름다움을 자랑했을 뿐 아니라 바이올린, 기타, 첼로의 디자인에도 커다란 영향을 미쳤다. 클라드니는 베버의 집을 자주 방문했으며 두 사람의 우정은 클라드니가 세상을 떠나는 날까지 이어졌다.

학업을 시작한 지 3년이 되던 해인 1814년, 베버는 전쟁의 소용돌이 때문에 어쩔 수 없이 계획을 변경해야만 했다. 당시 프로이센 군대가 그동안 나폴레옹을 지지하는 작센주 왕의 지배 아래에 있었던 비텐베르크를 탈환했다. 전쟁의 폭격으로 비텐베르크는 대거 파괴됐고 베버 집안 사람들은 프랑스 포병대의 공격으로 화염에 휩싸인 집에서 도망칠 수밖에 없었다. 비텐베르크의 피해가 너무도 심각해 베버가 재학 중이던 대학은 인근의 작은 마을로 이전했다. 결국 그의 아버지는 가족을 모두 데리고 할레로 이주하기에 이른다.

클라드니의 추천에 힘입어 라이프치히대학교로 옮긴 베버는 인간과 동물의 해부학을 파고들었다. 베버는 특정한 동물의 몸속에 있는 장기의 구조와 해당 동물의 생활양식을 연결해 장기의 기능과 여러 장기 간의 상호작용을 이해하고자 했다. 다양한 동물 표본들을 직접 수집하기 위해 사냥과 낚시를 하기도 했다. 학교를 옮기고 난 다음해인 1815년, 베버는 비교해부학에 대한 논문을 발표하고 의학 학위를 받았다.

학교를 졸업한 후에는 곧장 성공 가도를 달렸다. 베버는 의사로 일하면서도 해부학 연구를 이어나갔다. 어류의 청각기관에 관한 획기적인 연구는 특히 뛰어났는데 이러한 연구들을 바탕으로 그는 1821년에 해부학 정교수로 임명되기에 이른다. 불과 스물여섯 살의 나이에 독일 학계의 정점에 도달하게 된 것이다. 통념에 따라 가정을 꾸릴 나이가 된 베버는 어린 시절 친구의 여동생이었던 프리데리케 슈미트 Friederike Schmidt와 결혼했다. 이후 베버는 프리데리케 슈미트와 50년 이상 결혼생활의 축복을 함께했다.

가정을 꾸리느라 지출이 많았지만, 베버는 해부학 실험을 위해 당시 분비샘 질환 치료제로 여겨졌던 수은 한 통을 사는 데 상당한 돈을 썼다. 베버가 맨 처음에 계획한 실험은 부분적인 성공에 그쳤지만 베버의 수은 구매는 과학계에 커다란 영향을 미쳤다. 어느 날, 수은의 먼지와 불순물을 제거하던 베버는 수은의 점성액 표면에 나타난 움직임을 포착하게 된다. 그 모습을 본 베버는 클라드니 도형을 떠올렸다. 베버는 당시 고등학생이었던 동생 빌헤름을 끌어들여 파동의 발생과 움직임에 관해서 연구하기 시작했고 분자의 진동까지 파고들기에 이르렀다. 대학 실험실이 너무 좁았던 탓에 두 사람은 아버지의 집에서 실험을 진행했다. 아버지의 집이 있는 할레와 베버가 사는 라이프치히를 잇는 버스나 기차가 없었기 때문에 총 4년에 걸쳐 실험을 진행하는 동안 베버는 계속해서 라이프치히에서 할레까지 38킬로미터를 걸어다녔다. 형제는 합동 실험 결과를 토대로《실험에 기반한 파동 연구》 Wellenlehre auf Experimente gegründet를 발표했다. 두 사람은 이 책을 두 사람의 친구인 에른스트 클라드니에게 바쳤다. 너무도 빈틈없이 쓰인 책이라 두 형제는 물리학계의 유명인사가 됐다.

하지만 에른스트 하인리히 베버의 역작 중 하나를 선택하라면 단연 《일반 인체 해부 설명서》Handbuch der allgemeinen Anatomie des menschlichen Körpers 를 꼽을 수 있겠다. 초판이 발행된 후 재발행된 횟수가 해당 도서의 중요도를 나타내는 척도라면 베버의 《일반 인체 해부 설명서》는 성공적인 책이 아니었다. 재발행이 전혀 이뤄지지 않았기 때문이다. 이런 일이 벌어진 이유는 사실 시장에 해적판이 너무 많이 등장해 다시 책을 인쇄할 필요가 없었기 때문이다. 하지만 그렇다고 베버가 집필한 책이 후세의 저자들에게 미친 영향이 줄어든 것은 전혀 아니었다.

여러 장기의 형태와 기능에 관한 내용을 연계해서 가르치는 것이 좋다고 생각한 베버는 해부학을 가르치면서 생리학도 함께 가르쳤다. 베버가 학생들에게 해부 실습을 가르칠 당시, 이후 해부학 교수가 된 동생 에두아르트 프리드리히Eduard Friedrich가 능숙하게 실습을 도왔다고 한다. 그 시기 라이프치히대학 해부 연구소의 전반적인 상태는 매우 암울했는데 베버가 쓴 글을 보면 해부 연구소의 암울한 실상을 알 수 있다.

1개 층과 하나의 다락이 있는 작은 건물에 난방이 되지 않는 커다란 강의용 홀이 있고, 이곳에 해부를 위한 수집물이 일부 보관되어 있다. 난방이 들어오는 또 다른 강의실은 추운 겨울에 사용할 수 있는 곳이다. 이 공간에서는 강의를 하기도 하고 해부 실습을 하기도 한다. (중략) 그동안 수집해온 표본은 여러 공간에 흩어져 있다. (중략) 연구소에는 수도가 들어오지 않고 배수 시설도 없다. (중략)

악취가 나는 액체는 통에 담아서 건물 밖에서 처리해야 한다. 그런 탓에 해부 작업을 하기가 힘들고 해부 연구소는 이웃들에게 견디기 힘든 존재가 되어버렸다. (중략) 협소한 강의용 공간에서 시체가 준비되고 실습이 진행된다. 이 공간에는 창문이 겨우 3개밖에 없다. (중략) 실습에 참여하는 학생 중 충분히 해가 들어오는 공간에서 실습할 수 있는 학생은 절반에 불과하다. (중략) 강의를 진행하는 동안 많은 학생들이 테이블 위에 올라서지만 그럼에도 불구하고 여전히 아무것도 볼 수가 없다.[*]

라이프치히대학 해부 연구소에 비단 건축학적인 문제만 있었던 것이 아니었다. 시체 부족 문제가 해부학 강의를 위협할 때도 있었고, 해부 시연을 위한 시체가 없어서 강의를 중단해야 할 때도 있었다. 라이프치히대학교는 대개 자살한 사람이나 사망한 재소자, 극빈자, 가족이나 친척이 없는 무연고 사망자들의 시체를 이용했다. 그런데 동쪽으로 약 110킬로미터 떨어진 드레스덴대학교와 시체를 차지하기 위한 경쟁을 해야만 했다는 것이 문제였다. 드레스덴 의대가 문을 닫으면서 상황이 다소 나아지는 듯 했으나 인근 마을 주민들이 자살자나 극빈자도 적절하게 장례를 치러주는 방안을 채택하면서 시체 부족 문제가 새롭게 대두됐다. 베버는 이 방안이 채택되는 것을 막기 위해 격렬하게 항의했고 이런 결정이 내려지면 라이프치히대학교가 돌이킬 수 없

***

[*]     라블Rabl, 1909, 86.

는 손해를 입게 될 것이라고 담당 부처를 설득하기도 했다.

일흔여섯 살이 된 베버는 은퇴를 요청했다. 여전히 대학에서 교수직을 수행할 수 있었지만 베버는 후임자가 자신만의 방식대로 연구소를 이끌어나갈 수 있도록 자리를 내주고자 했다. 오랫동안 걸출한 경력을 쌓아가는 동안 베버는 남편과 아버지로서의 역할을 다하고, 지역 의회에서 시민의 대표자로 활동하고, 학교 관리자로 일하고, 연구소에서 학생들을 가르치면서도, 과학자로서 쉬지 않고 새로운 업적을 추구했다.

지금쯤 독자 여러분들은 대체 이 해부학 교수 이야기를 왜 이렇게 길게 늘어놓는지, 그가 우리 이야기에서 뭐가 중요한지 궁금해하고 있을지 모르겠다. 정답을 바로 이야기하자면 에른스트 하인리히 베버가 관심을 가진 분야 중 하나가 인간의 감각이었고, 우리 이야기에 지대한 영향을 미치는 것이 바로 인간의 감각이기 때문이다. 나중에 밝혀졌듯이 실험을 기반으로 한 베버의 연구는 베르누이가 주장한 '부의 효용 가설'에 신빙성을 더해주었다!


## 중요한 것은 '증가한 양'이 아니라 '증가한 비율'이다


해부학·생리학 교수였던 베버는 일찍이 어류의 청각을 연구한 이후로 항상 감각 기관sensory organ에 관심을 가졌다. 이미 쉰을 넘긴 나이였던 1846년, 베버는 《촉각과 공통된 감각력》Der Tastsinn und das Gemeingefühl이라는 저서를 발표했다. 촉각과 다른 감각에 관한 내용을 담은 이 책은 오늘날 베버의 작품 중 최고로 꼽힌다. 이 책의 제목을 번역하기는 쉽지 않은데 '공통 감각'이라는 뜻의 독일어 단어 'Gemeingefühl'을 대체할 만한 영어 단어가 없기 때문이다. 어쩌면 베버가 이 책을 위해 이런 표현을 새로 만들어낸 것일 수도 있다. 그는 개별적인 감각 인식과 반대되는 신체 인식body awareness(동시에 느끼는 모든 감각의 합) 감각에 대해서 설명하고자 했다. 베버는 전신 감각 coenaesthesis('공통된'이라는 뜻의 그리스어 'kainos'와 '감각'이라는 뜻의 그리스어 'aesthesis'에서 따온 표현)이라고 번역할 것을 제안했다. 하지만 '촉각과 공통된 감각력'The sense of touch and the common sensibility이라고 번역하는 것이 좀 더 좋을 것 같다. 이처럼 어려워 보이는 책 제목은 내용의 난해함을 알리는 서막일 뿐이다. 내용으로 들어가면 가독성은 더 떨어진다. 80개가 넘는 단어로 구성된 문장이 허다했을 뿐 아니라, 여러 개의 연속된 표현을 하나의 단어로 만들 수 있는 독일어의 특성 때문에 글을 읽기가 몹시 까다로웠다. 사실 베버는 《촉각과 공통된 감각력》을 출판하기에 앞서 1834년에 라틴어로 책을 출판했다. 라틴어로 쓰인 《촉각의 정확도에 대하여》De subtilitate tactus 역시 촉각에 관한 내용을 담고 있었다.

베버는 두 저서에서 피부의 신경계가 어떻게 공간 지각과 연결되고, 인간이 근육과 신경, 피부를 통해서 어떻게 무게나 온도의 차이를 인식하는지 파헤쳤다. 베버가 인간 피험자의 피부에 컴퍼스의 양쪽 끝을 갖다 대고 그들의 감각을 확인한 실험은 매우 잘 알려져 있다. 그는 실험을 진행하기에 앞서 실험 참가자가 다치지 않도록 컴퍼스 양쪽 다리의 뾰족한 끝부분을 잘라냈다. 그러고 나서 피험자들에게 컴퍼스를 쳐다보지 않은 상태에서 피부에 닿는 컴퍼스의 자극이 1개로 느껴지는지 그렇지 않으면 2개로 느껴지는지 알려달라고 요청했다. 첫 번째 실험에서는 컴퍼스의 두 다리가 서로 너무 가까워 2개의 느낌이 하나로 통합됐다. 베버는 실험 참가자가 자신의 피부 위에 놓인 컴퍼스 두 다리의 위치를 따로 느낄 때까지 컴퍼스 다리의 간격을 벌렸다. 실험 결과, 각 신체 부위가 보이는 자극에 대한 반응response to stimulation이 매우 다르다는 사실이 밝혀졌다. 컴퍼스 다리의 간격이 가까울 때 손가락 끝과 혀끝은 허벅지나 위팔보다 2개의 느낌을 훨씬 더 잘 구분할 수 있었고, 이마와 손등의 식별 능력은 그 중간쯤이었다. 혀와 입술은 컴퍼스의 두 다리가 불과 2밀리미터 떨어져 있을 때도 이를 식별할 수 있었지만, 허벅지 피부는 두 다리가 5센티미터는 떨어져야 비로소 따로 인식할 수 있었다. 베버는 인체 각 부위의 신경 종말nerve ending 밀도가 달라서 이런 일이 생긴다고 설명했다. 베버의 가설은 옳았다. 최근 신경 과학자들은 뇌의 좀 더 많은 부분이 인간의 피부 중 기계적 수용기mechanoreceptors(오늘날 '신경 종말'을 일컫는 표현)의 밀도가 높은 부분과 연결되어 있다는 사실을 발견했다. 베버는 또한 인간이 어떤 식으로 무게의 차이를 인식하는지 알아내기 위한 실험도 진행했다.

　에른스트 하인리히 베버가 우리 이야기에 중요한 이유는 바로 이런 실험들 때문이다. 좀 더 구체적으로 이야기하면, 비록 이론적인 수준

에 불과하고 맥락이 완전히 다르긴 했지만 한 세기 전에 다니엘 베르
누이가 추측한 내용에 베버의 실험이 신빙성을 부여했다.

베버는 수많은 실험을 진행했다. 신체의 여러 부위에 추를 달아 손
가락과 이마, 아래팔이 어떻게 반응하는지 살폈으며, 각 신체 부위에
추를 다는 동안 실험 참가자들에게 손을 테이블에 올려두거나 위로
들고 있으라고 요청하기도 했고, 뜨거운 추와 차가운 추를 이용했으
며, 동시에 비교한 적도 있었고, 15~100초의 경과 시간을 두고 연속
적으로 비교한 적도 있었다. 베버는 무게를 인식하는 부분이 근육인지
신경인지 확인할 방법도 고안했다. 베버는 근육의 영향을 배제하기 위
해 실험 참가자의 손을 테이블 위에 올려둔 다음 손가락의 마지막 두
마디에 추를 올렸다. 반면, 오직 근육의 역할만을 확인하기 위해서는
한 손에 천 조각을 쥔 실험 참가자에게 손을 앞으로 쭉 뻗으라고 시킨
다음 천에 추를 집어넣었다.

베버는 오직 근육의 힘만 사용하는 경우에는 대부분의 사람들이
80온스(약 2.48킬로그램)와 78온스(약 2.41킬로그램)를 구분할 수 있다
는 사실을 발견했다.* 손가락을 테이블 위에 반듯하게 올려놓아 오직
촉각만 사용한 경우에는 14.5온스(0.5킬로그램에 약간 못 미치는 무게)
와 15온스를 구분할 수 있었다. 이 같은 차이를 발견한 베버는 자신이
"최소 식별 차이"kleinste Verschiedenheit, just noticeable difference, JND(이하JND)라고
이름 붙인 현상을 연구하기에 이르렀다. 우리 이야기와 가장 관련 있

---

* 베버가 살았던 시대에는 1온스(독일어로는 Unze)가 31그램으로 현재의 28그램과 차이가 있었다.

는 장의 제목은 "우리가 촉각으로 구분할 수 있는 무게, 시각으로 구분할 수 있는 길이, 청각으로 구분할 수 있는 음색의 최소한의 차이에 대하여"였다.[*] 베버는 거기에서 멈추지 않았다. 베버는 빛의 밝기, 표면의 거칠기, 물질의 경도와 온도의 차이를 인지하는 인간의 능력에 관해서도 연구했다.[**] 뿐만 아니라 서로 다른 냄새를 하나의 기준에 따라 수량화할 방법이 없음에도 불구하고 냄새에 대해서도 언급했다.

베버는 신체의 어떤 부위를 택하느냐에 따라 무게 차이weight difference를 구별하는 인간의 능력이 좋을 수도 있고 나쁠 수도 있다는 사실을 발견했다. 그가 연구한 인체 부위 중 좀 더 민감한 곳인 손가락은 3~4%의 무게 차이를 식별할 수 있었다. 이마에 추를 올려두면 실험 참가자들은 약 6.5%의 무게 차이를 인지할 수 있었다. 하지만 팔 중간에 추를 올려두면 실험 참가자들은 10% 미만의 무게 변화를 인지하지 못했다. 종이에 그려진 선의 길이를 인식하는 실험에서는 실험 간의 경과 시간이 중요한 변수가 됐다. 실험 간격이 3초 이내면 참가자들은 약 2.5%의 차이를 알아챌 수 있었다. 실험 간격이 30초로 늘어나면 길이의 차이가 최소 5%는 되어야 참가자들이 차이를 알아차릴 수 있었다. 실험 간격이 70초를 넘어가면 길이가 10% 이상 차이가 나도

---

[*]   베버, 1846, 115.

[**] 이는 일본의 어느 도검 장인에 관한 전설을 떠올리게 한다. 견고한 검을 만드는 장인의 비결은 제작 중인 검을 벼릴 때 정확한 온도의 물에 담그는 것이었다. 어느 날, 장인의 경쟁자가 작업장을 방문했다. 장인이 작업장을 소개하던 중, 경쟁자는 물 온도를 확인하려고 미끄러지는 척하면서 물속에 손을 담갔다. 장인은 번개같이 검을 휘둘러 온도에 대한 감각이 그 경쟁자의 뇌에 도달하기 전에 그의 손을 잘라버렸다고 한다.

참가자들은 이를 알아차리지 못했다.

하지만 우리가 서로 다른 추를 양손에 동시에 올리는지, 같은 손에 순서대로 올리는지, 금속 막대가 똑같은 온도의 나무 막대보다 차갑게 느껴지는지 등 셀 수 없이 많이 진행된 실험의 복잡한 내용이나 실질적인 수치 결과에 관심을 가질 필요는 없다. 우리에게는 베버가 JND를 그램이나 온스, 밀리미터나 인치, 섭씨나 화씨로 표현해서는 안 된다는 사실을 깨달았다는 것이 훨씬 더 중요하다.* 중요한 것은 추가된 무게나 길이, 늘어난 강도의 절대값absolute value이 아니라 맨 처음에 존재했던 것에 비례한 상대적인relative 변화다. 초깃값initial value이 더 무겁거나, 더 길거나, 더 높을수록 누군가가 JND를 감지하기 위해서는 좀 더 무겁게 만들거나, 좀 더 길게 만들거나, 음색을 좀 더 높여야 한다. 따라서 JND를 제대로 묘사할 수 있는 유일한 방법은 JND를 '비율'로 표현하는 것이다.

베버는 차이를 판단하려면 정확한 숫자로 표현한 수치가 아니라 비율이 필요하다는 사실을 "매우 흥미로운 심리학적 현상"extremely interesting psychological phenomenon이라고 여겼다. 베버는 다음과 같이 기술했다.

"나는 온스를 사용하건 로트lot를 사용하건 무게를 성공적으로 판단하는 것이 결국 같다는 사실을 증명해 보였다. 여기서 중요한 것은 추가된 무게의 절대적 그램 수가 아니다. 추가된 무게가 이전 무게와 비교해서 1/30인지 1/50인지이다. 두 선의 길이나 두 음색의 높이를 비

---

* 사실 베버는 어는점이 0도, 끓는점이 80도인 레오뮈르Réaumur 온도 체계에 따라 온도를 표현했다.

교하는 것도 마찬가지다."*

자, 노숙자는 1달러를 주면 너무나도 고마워하겠지만 억만장자가 부의 변화를 알아차리려면 1달러의 10만 배에 달하는 금액이 필요할 수도 있다는 사실을 기억해보자. 맥락이 완전히 다르긴 했지만 베버는 다니엘 베르누이가, 그리고 그에 앞서 가브리엘 크라메르가 옳았다는 '실험적 증거'를 제시했다. 따라서 우리는 추가된 무게를 인식하는 문제가 그렇듯 늘어난 부를 인식하는 것 역시 처음에 얼마를 갖고 있었는가에 좌우된다고 규정할 수 있다.


## 감각 자극과
## 부의 효용의 상관관계

결국 라이프치히대학교의 구스타프 테오도어 페히너가 베버의 생각을 이어나갔다. 페히너는 베버의 제자로 인연을 시작해 그의 동료가 된 인물로, 베버보다 여섯 살이 어렸으며 가난한 환경에서 성장했다. 목사였던 페히너의 아버지는 그가 겨우 다섯 살이었을 때 세상을 떠났다. 홀로 남은 어머니는 마찬가지로 목사였던 오빠의 도움을 받아 페히너와 나머지 네 자녀를 키웠다. 고등학교에서 두각을 나타냈던 페히너는 의대 진학을 결정한 후 먼저 드레스덴에서 학업을

---

* 중세 이후 유럽에서 사용된 로트$_{lot}$는 1파운드의 1/30에 해당하는 무게 단위이다.

시작했다. 드레스덴에서 한 학기를 마친 후 라이프치히로 옮긴 그는 70년 후에 세상을 떠날 때까지 라이프치히를 떠나지 않았다.

페히너는 공부가 즐겁지 않았다. 오직 대수학 수업과 베버의 생리학 수업만이 그의 관심을 사로잡았다. 페히너가 강의나 실습에는 전혀 참여하지 않은 채 오직 책만 보고 공부해 병리학 시험과 치료 시험에 통과했다는 사실은 19세기 독일의 의학 교육이 얼마나 개탄스러운 상황이었는지 여실히 보여준다. 페히너는 자신이 의사가 될 운명이 아니라는 사실을 잘 알고 있었다. 항상 돈에 쪼들렸던 그는 빠듯한 소득을 늘리기 위해 개인 과외를 하고 화학과 물리학에 관한 교과서를 집필하고 번역했으며, 대학 강의도 하고, 전기 역학 연구도 했다. 페히너가 공개한 여러 실험 결과, 특히 옴의 법칙Ohm's law에 관한 그의 연구는 19세기 물리학에 큰 영향을 미쳤다. 1831년, 그는 물리학 교수가 됐다.

페히너는 대학에서 학생들을 가르치는 동안 실험 물리학을 주제로 하는 세 권짜리 교과서《실험 물리학 자료》Repertorium der Experimentalphysik 를 저술했다. 또한 독일, 프랑스, 영국, 이탈리아, 네덜란드에서 격주로 발행되어 약리학자와 약사들이 새로 나온 연구 결과를 놓치지 않도록 도와주는 저널《제약 센트럴블라트》Pharmaceutisches Centralblatt의 편집자로 일하기도 했다. 하지만 이런 발행물들은 특수한 독자층을 겨냥한 것이어서 큰돈을 벌 수는 없었다. 페히너는 일반 대중을 겨냥한 책을 써야 좀 더 돈을 벌 수 있겠다는 기대를 품고《가정용 사전》Das Hauslexikon이라는 여덟 권짜리 백과사전을 편집했다. 그는 초인적인 노력으로 백과사

● 구스타프 테오도어 페히너

출처: 위키미디어 커먼스

전에 들어갈 내용의 1/3을 직접 저술했다. 하지만 또다시 좌절을 맛보고 말았다. 대대적으로 선전하기에는 백과사전의 내용 자체가 그다지 특별할 것이 없었던 탓에 페히너와 출판사는 구전 광고에 의존했고, 그에 걸맞은 결과가 나왔다. 페히너의 백과사전은 틈새 제품으로 남고 말았다.

　수익은 별로 없었던 데 비해 업무량은 지나치게 많았다. 그는 쉴 새 없이 책을 쓰고 과학 기사를 발표했다. 몇 년 동안 끊임없이 일에 매진한 끝에 그는 결국 스트레스에 발목을 잡히고 말았다. 이미 안과 질환을 겪고 있었던 페히너는 과도한 스트레스로 신경 쇠약에 걸렸다. 실명할지도 모른다는 두려움에 사로잡힌 그는 심각한 우울감에 사로잡혀 식사도 거부하고 모든 사회적 접촉을 피했다. 페히너가 그나마 절망의 나락에서 벗어날 수 있었던 것은 대부분 아내 클라라의 애정 어린 보살핌 덕이었다.

페히너는 건강이 좋았을 때 항상 친구들과 어울렸다. 처음에는 수상쩍은 명성을 지닌 젊은 사람들과 어울렸고 나중에는 자기와 비슷한 지식인들과 자주 만남을 가지며 철학, 과학, 시사를 논했다.

겉모습만 보면 페히너는 사교 모임을 좋아하는 사람처럼 보이지 않았다. 훤히 벗겨진 정수리와 다르게 길게 늘어트린 뒷머리, 아래로 축 처진 앙다문 입술하며 금속 테가 둘러진 안경이 코에 걸쳐져 있는 그의 외모만 보면 다른 사람들을 재미있게 해주는 사람처럼 보이지 않는다.

하지만 보이는 것이 전부가 아니다. 시큰둥한 얼굴의 교수 페히너는 매우 훌륭한 유머 감각을 갖고 있었다. 페히너가 '미제스 박사'Dr. Mises라는 가명으로 출판한 여러 권의 소책자를 보면 그의 유머 감각을 확인할 수 있다. 언뜻 보기에는 과학 논문처럼 보이는 이 글에서 페히너의 유머와 통렬한 풍자 감각이 빛난다. 그럼에도 불구하고, 페히너가 가명으로 출판한 소책자들은 가욋돈을 벌기 위한 수단이나 친구들을 재미있게 해주기 위한 취미 그 이상이었다. 이 책자들에는 다소 놀라운 세계관이 담겨 있었기 때문이다.

놀랍게도, 의학과 물리학을 공부하는 학생이었던 페히너는 18~19세기에 이미 당대 과학자들이 완전히 의심을 품고 있었던 어느 철학 학파를 한동안 지지했다. 페히너는 어떻게 논란의 여지가 있는 이런 주장을 믿게 됐는지 다음과 같이 설명했다.

"의학 공부를 하는 동안 나는 완전히 종교적인 관념에서 멀어진 무신론자가 됐다. 나는 이 세상이 기계적인 집합mechanical assembly에 불과하다고 생각한다."*

그러던 중, 페히너는 어디에나 생명이 있으며 모든 것에 생명이 깃들어 있다고 제안하는 낭만적이고 사색적인 독일의 자연주의자 로렌츠 오켄Lorenz Oken의 자연철학Naturphilosophie을 접하게 된다. 오켄을 비롯해 자연철학을 제안하는 사람들은 이 세상과 세상을 구성하는 모든 부분이 살아 있으며 의식을 가졌다고 생각했다. 이들은 인간뿐 아니라 식물과 동물, 심지어 행성과 우주도 영적인 삶을 즐기며 영혼을 갖고 있다고 주장했다.

이처럼 원대하고 통합적인 세계관은 페히너의 마음을 사로잡았다. 하지만 이 같은 세계관은 당시 유행했던 기계적 세계관과 극명하게 대비됐다. 아마도 페히너가 해학적인 글에서만 애매하게 관련 내용을 언급했을 뿐 자신의 신념을 감춘 것도 이런 이유 때문으로 보인다. 하지만 독서를 거듭할수록 페히너는 점차 환멸을 느꼈다. 페히너는 오켄의 견해가 과학 법칙의 발견을 용납할지 자문했다. 그는 질문에 대한 답이 '아니요'라는 사실을 인정해야만 했다. 오켄의 접근 방법은 과학 지식을 얻는 데 도움이 되는 방법이 아니었다. 이 같은 깨달음을 얻은 후 페히너는 더 이상 자연철학에 시간을 낭비하지 않았다.

---

* 쿤츠Kuntze, 1892, 39.

하지만 인간의 신체와 영혼의 관계에 대한 그의 관심은 전혀 시들해지지 않았다. 아직 학생이었던 시절, 자신이 재학 중이었던 라이프치히 대학교에서 저명한 생리학자 에른스트 하인리히 베버가 진행하는 실험 이야기를 들은 페히너는 즉각 마음을 빼앗기고 말았다. 페히너가 베버의 연구에 커다란 매력을 느낀 이유 중 하나는 양적인 관계가 감각을 인식하는 방식을 좌우해, 결국 신체와 마음을 연결한다는 개념이었다. 신체적인 감각과 의식적인 감각 인식 사이에 수학적인 관계가 존재한다는 사실이 밝혀지자 몸과 정신의 문제를 과학적인 연구의 주제로 삼을 수 있게 됐다. 브라이트코프 운트 헤르텔 출판사를 운영하는 페히너의 친구 헤르만 헤르텔Hermann Härtel은 1860년에 페히너가 쓴《정신물리학 원론》Elemente der Psychophysik을 인쇄·유통했다. 이 책의 출판을 계기로 심리학은 과학으로 발전했다.* 이때부터 심리학은 더 이상 단순히 철학적인 견해를 한데 모아놓은 것쯤으로 치부되지 않았다.

페히너는 이 획기적인 책의 서문에서 정신물리학을 "신체와 영혼의 관계에 관한 정확한 이론"이라고 정의했다. 페히너는 '정확하다'exact라는 용어에는 이 이론이 실질적인 실험을 바탕으로 한다는 의미가 담겨 있다고 설명했다. 그저 책상 앞에 앉아 사상가의 귀에 그럴듯하게 들리는 '통찰력'aperçus으로 이뤄진 이론이 아님을 천명한 것이다. 페히너는 훌륭한 예로 자신이 '정신물리학의 아버지'라고 칭하는 베버가

---

* 1719년에 라이프치히에 설립된 브라이트코프 운트 헤르텔 출판사는 세계에서 가장 오래된 음악 출판사로 알려져 있으며, 지금까지도 명맥을 이어가고 있다. 이 출판사의 고객으로는 루트비히 판 베토벤, 프란츠 리스트, 리하르트 바그너, 프레데리크 쇼팽, 요하네스 브람스 등이 있었다.

진행한 실험을 언급했다.[*] 하지만 그는 이론의 수학적인 토대 역시 마찬가지로 중요하다고 설명했다.

페히너는 빛의 밝기, 선의 길이, 짐의 무게, 소리의 크기, 음색의 높낮이, 온도 차이, 그 외의 다른 자극의 실제 강도와 인간이 인식하는 강도 간의 차이를 주제로 하는 베버를 비롯한 여러 과학자들과 자신의 실험 내용을 모두 검토했다. 하지만 베버의 법칙은 자극의 JND와 관련이 있었던 반면 페히너의 연구는 모든 범주의 자극에 대한 실제 모델을 제시했다. 가령, 베버는 무게가 20온스일 경우 JND는 1온스이고, 무게가 40온스일 경우 JND가 2온스라는 사실을 알아냈다.

$$\text{JND} = \frac{1}{20} = \frac{2}{40} = \cdots = \text{상수}$$

페히너는 베버가 발견한 내용을 수학 모델로 나타냈다. 그는 무게 인식weight-perception의 JND값을 $dP(W)$, 무게 자체는 $Q$, 추가로 늘어난 무게를 $dQ$로 표시해 다음과 같은 수식을 만들어냈다.

$$dP(W) = k \times dQ/Q$$

또한 양변을 모두 적분해 다음과 같은 무게 인식 등식을 찾아냈다.

---

[*]  페히너, 1860, v, ix.

$$P(Q) = k\times\text{로그 }(Q) + 상수$$

베버와 페히너는 실험과 모델을 기반으로 인간이 인식하는 자극의 강도가 물리적인 강도의 로그에 비례한다는 사실을 밝혀냈다. 이를 베르누이가 제안한 추가적인 부의 효용 $dU(W)$ 공식(제1장 참조)과 비교해보자.

$$dU(W) = c\times dW/W$$

따라서 부의 효용은 다음과 같다.

$$U(W) = c\times\text{로그}(W) + 상수$$

그렇게 하여 페히너는 다니엘 베르누이가 130년 전에 부의 효용을 계산하기 위해 했던 것과 같은 과정을 거쳐 감각 자극<sub>sensory stimuli</sub>을 계산해냈다. 페히너는 베르누이가 이 분야에서 과거에 어떤 업적을 세웠는지 잘 알고 있었다. 사실 페히너가 모델을 발전시킨 다음 베르누이에 대해 알게 됐는지, 혹은 그 반대인지 명확하게 알려진 바는 없다. 어느 쪽이건 그는 《정신물리학 원론》에서 이러한 등식을 만들어낼 수 있었던 것은 모두 베르누이와 라플라스의 덕이라고 언급했다. 어쩌면 베버와 페히너는 자신들이 찾아낸 법칙이 부에 대한 인식에도 적용되는지 확인하고 싶었을 수도 있다. 하지만 실험에 참가할 백만장자가

없으면 유의미한 실험이 불가능하니 어쩔 수 없었던 게 아닐까 싶다.[*]

　제3장을 마무리하기 전에 제2장에서 내가 설명한 내용, 즉 x축에 부를 표시하고 y축에 그에 상응하는 효용을 표시한 그래프에서 그래프 값이 항상 증가한다는 내용을 떠올려보자. 따라서 부의 효용함수를 한 번 미분하면 항상 양수다. 제3장에서는 효용함수의 기울기가 점차 완만해진다는 사실을 확인했다. 이는 부의 효용함수를 두 번 미분하면 항상 음수라는 의미다.

---

[*]　신경 과학자 스타니슬라스 드안Stanislas Dehaene과 연구 팀이 현대 수학에 대해 거의 아는 바가 없는 브라질 토착민을 상대로 진행한 연구에 의하면 인간이 타고난 수에 대한 개념은 선형이 아니라 로그다.

제2부

과학의 여왕이 된 수학

# 제4장

# 한계주의
# 삼인방의 등장

수학자 피에르-시몽 라플라스와 시메옹-드니 푸아송Siméon-Denis Poisson(1781~1840년), 수학적인 방식을 선호했던 심리학자 구스타프 페히너를 제외하면 다니엘 베르누이의 연구에 주목하는 사람은 거의 없었다. 사실 없는 정도가 아니라 다니엘 베르누이의 획기적인 논문은 150년 동안 거의 알려지지 않았다. 전혀 놀라운 일이 아니었다. 다니엘 베르누이의 논문이 설명하고자 했던 상트페테르부르크 역설은 도박꾼에 관한 문제이자 수학자들의 오락거리에 불과한 듯 보였기 때문이다. 누구도 그 문제가 실제로는 경제학의 영역에 속한다는 사실을 알아채지 못했던 것 같다.

당시 경제학 분야에서는 양적 추론quantitative reasoning보다는 간단한 계산, 즉흥적인 관찰, 일화적 근거가 우세했다. 1870년대 중반이 되기 전에는 경제적인 문제를 풀기 위해 수학을 적용하는 경우가 없었다. 하지만 1870년대 중반이 되자 갑자기 다행스럽게도 서로를 전혀 알지 못하며 각기 다른 언어를 사용하는 세 나라 출신의 세 남성이 같은 생각을 떠올렸다. 이들은 모든 경제적인 결정의 토대가 되는 것은 돈이 아니라 그 돈이 제공하는 효용이며, 따라서 수학적인 계산이 필요하다고 생각했다. 그 세 사람은 바로 영국의 윌리엄 스탠리 제번스와 스위스의 레옹 발라, 오스트리아의 카를 멩거였다.

당시 사람들이 궁금해했던 근본적인 질문은 상품이나 제품의 가격이 결정되는 방식이었다. 어떤 요인이 가치를 결정할까? 오늘날의 관점에서는 이것이 문젯거리라는 게 놀랍다. 공동으로 가격을 결정하는 데 가장 큰 영향을 미치는 요인이 바로 우리, 사람들이기 때문이다. 고전 경제학자 애덤 스미스와 데이비드 리카도David Ricardo가 믿었던 것처럼 생산에 투입된 노동량이 재화의 가격을 결정할까? 그렇지 않다. 예를 들면 물을 생산할 때는 노동이 필요하지 않다. 하지만 그럼에도 불구하고 가뭄일 때는 물이 다이아몬드보다 더욱 가치가 크다. 그렇다면 희소성이 가격을 결정하는 요인일까? 어쩌면 그럴 수도 있다. 다이아몬드의 매력과 아름다움이 제한적인 공급을 넘어설 만한 수요를 만들어내지 못한다면 누구도 많은 돈을 주고 다이아몬드를 구매하지 않을 테니 말이다.

18세기 말에 구체화되기 시작한 답은 크라메르와 베르누이가 추측

했던 대로 '효용'이 가격을 결정하는 요인이라는 것이었다. 당시로서 이는 이해하기 어려운 개념이었다. 노동만이 명백한 요인처럼 보였기 때문이다. 하지만 효용은 어땠을까? 당시의 상황을 생각해보면 중력이 사과를 땅으로 끌어당긴다고 주장한 아이작 뉴턴이 맞닥뜨렸을 어려움이 떠오른다. 사람들은 줄에 묶인 당나귀가 끌려가는 모습은 쉽게 상상할 수 있었다. 하지만 중력이 무언가를 끌어당기는 모습은 어땠을까? 비유하자면 당시에 효용은 모든 것을 끌어당기는 보이지 않는 줄과 같았다.

## 윌리엄 스탠리 제번스:
## 경제학을 과학의 반열에 올려놓다

삼인방 중 가장 잘 알려진 인물은 아마도 제번스일 것이다. 제번스가 프랑스어나 독일어보다 널리 사용되는 영어로 글을 썼기 때문이다. 제번스는 1835년 영국 리버풀에서 공학과 경제학, 법학에 관심이 많은 철강 상인의 아들로 태어났다. 제번스의 아버지는 1815년에 물 위에서 항해할 수 있는 최초의 철제 배를 만든 인물로 알려져 있다. 뿐만 아니라 그는 대단한 명성을 얻지는 못했어도 법에 관한 소책자와 경제학 소논문을 집필하는 등 작가로도 활동했다. 하지만 안타깝게도 스태퍼드셔의 못 제조업체로 출발한 제번스 아버지의 회사는 결국 재정적인 어려움을 겪게 된다.

출처: 위키미디어 커먼스

 아버지 회사에만 문제가 있었던 것이 아니었다. 아홉째였던 제번스
가 열 살이 되던 해에 그의 어머니가 세상을 떠났다. 제번스의 어머니
는 리버풀의 걸출한 가문 출신으로 재능이 뛰어난 시인이었다. 제번스
의 외할아버지 윌리엄 로스코William Roscoe는 변호사 겸 은행가였다.[*] 사
회 개혁가이기도 했던 로스코는 노예매매 폐지를 지지했다. 안타깝게
도 로스코 가문 못지않게 정직하고 흠잡을 데 없었던 제번스의 할아

---

[*]  로스코 역시 직접 글을 쓴 적이 있는 작가였다. 역사에 관한 논문을 집필했을 뿐 아니라 자녀들을 즐
    겁게 해줄 생각으로 동화 《나비의 무도회와 메뚜기의 연회》The Butterfly's Ball and the Grasshopper's Feast(1808)
    를 집필하기도 했다. 이 책은 출판 첫해에 최소한 4만 부가 팔렸으며, 그 후 수십 년 동안 계속해서
    인기를 끌었다.

버지와 아버지는 모두 파산을 겪고 말았다. 할아버지는 1816년에 뱅크런 사태가 벌어졌을 때 파산했고, 아버지는 1848년에 금융위기가 닥쳤을 때 파산했다. 아버지의 사업과 관련된 여러 문제와 이런 불운들로 제번스는 어린 나이부터 예측할 수 없는 시장과 경제의 변화를 민감하게 받아들이게 됐다.

제번스의 어머니는 제번스가 어렸을 때 더블린 대주교 리처드 웨이틀리Richard Whately가 아이들을 위해서 쓴《돈 문제에 관한 쉬운 가르침》Easy Lessons on Money Matters이라는 책을 읽어주었다(웨이틀리는 대주교가 되기 전 옥스퍼드대학교의 정치경제학 교수였다). 아마도 제번스는 그 책을 통해서 처음으로 경제학을 접했던 듯하다. 그의 부모는 법과 경제, 시, 역사를 좋아했지만 제번스는 학교에서 수학, 생물학, 화학, 금속학 등을 공부했다. 제번스는 불과 열다섯 살의 나이에 유니버시티칼리지 런던(이하 UCL)에 진학한다. 하지만 학교에서 무언가를 배워보려던 그의 첫 번째 시도는 그리 오래가지 못했다. 집안이 기울면서 취직해 돈을 벌어야만 했던 것이다. 제번스는 아버지의 재촉에 못 이겨 학업을 중단하고 호주 시드니에 있는 조폐국에서 금속 검사를 담당하는 일자리를 수락했다. 당시 시드니는 22캐럿짜리 금에 은과 구리가 약간 섞인 금화를 주조할 수 있는 권한을 막 승인받은 상태였고, 금화에 각 성분이 정량만큼 들어가도록 감정할 수 있는 사람이 필요했다. 유니버시티칼리지 런던에서 화학을 가르치던 강사를 통해 시드니 조폐국 금속감정사 자리를 제안받은 제번스는 배를 타고 호주로 가는 3개월 동안자신의 결정을 깊이 후회했다.

하지만 급여도 좋았고 조폐국에서 일하는 동안 생각을 정리할 시간
도 충분했다. 그렇게 시드니 조폐국에서 4년 동안 일을 한 제번스는
충분한 돈을 모아 영국으로 돌아갔다. 제번스의 아버지는 그가 호주에
서 지내는 동안 세상을 떠났고, 런던으로 돌아온 제번스는 형제들과
함께 살았다. 스물네 살이 된 그는 UCL로 돌아가 5년 전에 중단했던
공부를 다시 시작해 1년 만에 무려 11과목의 학사 학위를 땄다. 그로
부터 2년 후에는 논리학, 철학, 정치경제, 수학 석사 학위를 따면서 학
문적인 성공을 거둔다.

그러나 이 같은 학문적 성과와는 별개로 그가 1863년에 처음으로
발표한 저서 《2개의 도표로 살펴본 심각한 금값 하락과 사회적 여파》A
Serious Fall in the Value of Gold ascertained, and its Social effects set forth, with two Diagrams는 그
리 잘 팔리지 않았다. 제번스는 지인에게 보내는 편지에서 실망감을
감추지 않으며 이렇게 적었다.

좀 전에 금에 관한 소논문 청구서를 받았습니다. 인쇄와 광고 등
에 들어간 총비용은 43파운드이고 판매를 통해 상쇄된 금액은 10파
운드에 불과합니다. 지금까지 겨우 74부만 팔린 것 같습니다. 아주
적은 숫자지요.*

제번스는 일기장에도 회의적인 감정을 기록했다.

---

* 콜리슨 블랙Collison Black, 1977a, vol.3, 33.

금에 대한 글을 발표했지만 아직 누이를 제외하면 그 글에 대해서 좋은 말을 해준 사람이 단 한 사람도 없어서 기분이 그다지 좋지 않다. 물론, 누이도 내 누이라서 좋은 말을 해준 것뿐이다. 내가 하는 모든 일이 이런 식으로 이어진다면 어찌 될까? 처음에는 자기 자신에 관한 신념이 단순한 망상에 불과할지도 모른다고 의심하게 될지도 모른다. 두 번째로, 제아무리 훌륭한 글을 쓰더라도 결국 대중의 폭넓은 지지와 칭찬을 받지 못할 수도 있다는 사실을 깨닫게 될수도 있다.[*]

그럼에도 그는 곧바로 다음 저서를 발표하는데, 1865년에 출간된 《석탄 문제: 국가의 발전과 탄광이 고갈될 가능성에 대한 조사》The Coal Question: An Inquiry concerning the Progress of the Nation and the Probable Exhaustion of our Coal Mines가 그것이다. 이 책에서 그는 영국이 계속해서 번성하고 전 세계의 산업을 이끌어가기 위해서는 석탄 수요가 기하급수적으로 증가해야 한다고 주장했다. 매우 훌륭하고 매력적으로 쓰이긴 했지만, 후세의 유명한 경제학자 존 메이너드 케인스John Maynard Keynes가 지적한 것처럼 제번스의 주장에는 오류가 있었고 그의 예언은 실현되지 않았으며 글은 너무 애를 써서 과장되게 쓰인 듯 보였다. 하지만 이 소책자 덕에 그는 경제와 통계에 대한 글을 쓰는 진짜 작가로 자리매김했다. 그가 발견한 현상 중 하나는 '제번스의 역설'Jevons Paradox이라는 이름으로 알

---

[*] 콜리슨 블랙과 코엔캠프Konekamp, 1972, vol. 1, 191.

려졌다.

기술이 발전하면 에너지 효율성이 높아져 똑같은 재화를 만들어내기 위해 필요한 에너지의 양이 줄어든다. 그러면 에너지 수요가 줄어들 것이라고 가정할 수도 있다. 하지만 제번스는 그 반대라고 추정한다. 에너지(이 경우에는 석탄)가 좀 더 풍부해지면 가격이 줄어들면서 실제로 수요가 증가할 수도 있기 때문이다.

사실 제번스는 자기 회의감에 빠져 자신을 괴롭힐 필요가 없었다. 그 무렵 그는 이미 확고한 명성을 얻은 상태였기 때문이다. 그는 1866년에 맨체스터대학교의 전신인 오웬스칼리지의 논리학, 철학, 정치경제학 교수로 뽑혔고 그로부터 몇 년 후에는 논리학과 통계학에 중요한 기여를 한 자신의 첫 번째 베스트셀러 《과학의 원리》The Principles of Science를 발표했다. 그리고 1876년에는 자신의 모교인 UCL의 정치경제학 교수로 임명됐다.

제번스는 뉴질랜드 뉴사우스웨일스은행에서 근무 중이던 병약한 형 허버트에게 쓴 편지에서 효용의 개념을 가장 먼저 언급했다. 사실 경제학에 관한 글을 쓰며 제번스가 제시한 이론은 원론적으로 완전히 수학에 가까웠다. 기하학 문제를 풀 때처럼 엄격한 방식으로 정의와 공리, 법칙을 찾아낼 수 있을 정도였으니 말이다. 제번스는 가장 중요한 공리를 다음과 같이 설명했다.

"무엇이 됐건 인간이 소비해야만 하는 상품의 양이 늘어난다고 생각해보자. 상품의 양이 늘어날수록 소비를 통해서 얻을 수 있는 효용이나 편익의 정도는 줄어든다. 식사를 시작할 때에 비해 식사가 끝날 때 먹는 기쁨이 줄어드는 것을 하나의 예로 생각해볼 수 있다."[*]

제번스는 1862년에 영국과학진흥협회British Association for the Advancement of Science에 제출한 논문 〈정치경제학의 일반수학론〉A General Mathematical Theory of Political Economy에서 이 개념을 다시 언급했다. 제번스는 효용이 "소비된 대상의 총량을 기준으로 삼았을 때 전반적으로 감소하는 함수"라는 것이 자신이 제안한 이론 전체에서 가장 중요한 법칙이라고 기술했다.[**]

하지만 실망스럽게도 제번스의 논문은 맨 처음 영국과학진흥협회에 제출했을 때도, 4년 후에《통계학회지》Journal of the Statistical Society에 기고했을 때도 많은 관심을 끌지 못했다. 1871년에 제번스의 대표작《정치경제학 이론》The Theory of Political Economy이 출판되고 나서야 제번스의 발상이 주목을 받기 시작했다. 그때부터 경제학은 변화를 거듭했고 다시는 이전과 같은 모습으로 되돌아갈 수 없게 됐다. 이 책은 제번스 생전에 첫 번째 판과 두 번째 판이 출판됐으며 홀로 남은 제번스의 아내가 세 번째 판 출판을 감독했고 네 번째 판은 제번스의 아들이 관리했다. 그 후에도 여러 판이 출판됐으며 지금도 계속해서 책이 출판되고 있다. 그만큼 제번스의《정치경제학 이론》은 경제학 분야에서 매우 영향력이 큰 저서 중 하나다.

제번스는 제1장 도입부에서 이론을 발전시키는 내내 자신을 인도해준 두 가지 원칙을 소개한다. 물론 첫 번째 원칙은 효용의 개념이었다.

---

[*]   콜리슨 블랙, 1973, vol.2, 410.

[**]  제번스, 1866, 283.

"반복되는 생각과 질문을 통해 재화의 가치가 전적으로 효용에 따라 결정된다는 다소 새로운 의견에 도달하게 됐다."[*]

제번스의 주장이 참신했던 이유는 당시에는 특정한 물품을 생산하기 위해 필요한 '노동'이 물건의 가치를 결정한다는 생각이 지배적이었기 때문이다. 제번스는 당시 4년 전에 출판된 칼 마르크스의《자본론》을 콕 집어 "노동이 가치가 생겨나는 원인이라고 명확하게 주장하는 사람들도 있다."라고 지적했다. 하지만 "보편적인 수요와 공급의 법칙이 필수적인 결과로 뒤따를 수밖에 없는 만족스러운 교환 이론에 도달하려면" 인간이 소유한 상품이 늘어나거나 줄어들 때 효용이 어떻게 달라지는지 세심하게 분석하기만 하면 된다. 제번스는 성급하거나 무분별하게 이런 결론을 내린 것이 아니라는 점을 독자들에게 강조했다. 사실 그는 10년 동안 이 문제에 대해 고민했으며 자신이 생각해낸 개념의 진실에 대해 수없이 의문을 제기했다. 그럼에도 자신이 제안한 개념의 근본적인 정확성에 의문을 가질 만한 이유를 찾지 못했다.

두 번째 원칙은 경제학의 전반적인 특징에 관한 것으로, 이 원칙이 효용에 관한 내용보다 더욱 획기적이라고 볼 수도 있다. 제번스의 두 번째 원칙은 많은 사람들이 갖고 있었던 경제학 공부 방식에 관한 생각을 바꿔놓았다. 당시에는 서술, 타당성 주장, 일화, 사례를 기반으로 한 증거를 활용하는 방식이 일반적이었다. 그러나 제번스는 경제

---

[*]    따로 언급이 없다면, 이후의 인용문은 모두 '제번스, 1871, 1'에서 따온 것이다.

학을 물리학과 천문학 같은 제대로 된 학문 분야로 발전시키려면 다른 접근 방법이 필요하다는 사실을 깨달았다. "경제학이 하나의 학문이라면 수학적인 학문이 되어야 하는 것이 틀림없다." 제번스는 명백한 사실을 다시 한 번 짚고 넘어가기 위해 "우리의 학문은 수학적이어야 한다."라며 "이 학문이 '양'에 관한 내용을 다루기 때문이다."라고 덧붙였다.

제번스가 이야기한 수학은 더하기, 빼기, 나누기, 곱하기 같은 단순 연산이 아니라 좀 더 복잡한 도구, 즉 미분학이었다. 제번스는 "미분학의 도움 없이는 경제학에 관한 진짜 이야기를 할 수 없다."라고 단호하게 명시했다. 그는 당시 경제학자들의 행태를 조롱하기도 했는데, 수학적인 기호와 주장을 거부하는 전통 경제학자들을 비꼬며 "어쩌면 그들은 빨간불이 파랗다고 주장해 빨간불을 바꾸려 들지도 모른다."라고 썼다. 또 거기서 더 나아가 과학자, 심지어 물리학이나 천문학 분야에서 활동하는 과학자들도 공격했다. 일반 독자들에게 쉽게 이론을 설명한다는 이유로 수학을 배제시키는 그 행위가 오히려 글을 더 복잡하고 이상하게 만든다고 그는 지적했다. 바로 그런 이유로 수학 기호는 "우리가 표현해야 하는 개념과 관계에 맞춰진 완벽한 언어 체계를 구성한다." 요컨대, 경제학을 공부하기 위해서는 수학 논리와 수학 기호가 필수적이다.

제번스는 동시대인들이 갖고 있었던 수학 도구에 대한 전반적인 반감 외에도 그들이 수학 도구 사용에 반대하는 또 다른 이유를 찾아냈다. 경제학자들이 수학 도구와 정밀과학을 혼동하는 경우가 많았던 것이다. 제번스는 경제학 데이터가 정확하지 않다는 사실을 인정하면서도 그렇다고 해서 경제학자들이 수학 도구 사용을 꺼려서는 안 된다고 주장했다. 그는 천문학의 사례를 들어 항성의 위치는 대략적으로 알려져 있을 뿐이고, 지리학자들은 지구가 매끄럽고 균질한 회전 타원체라고 가정하며, 정역학에서는 물질은 완벽하게 신축성이 없다고 가정한다고 이야기했다. 이런 예시는 수없이 많다. 이 모든 가정은 가설을 기반으로 하는 '진실에 대한 근사치'에 불과하다. 제번스는 "물리학자들이 완벽하게 정확한 데이터를 얻을 때까지 수학의 도움을 받지 않았다면 우리는 지금까지도 갈릴레오 시대의 과학에서 벗어나지 못했을 것"이라고 결론 내렸다.

## 효용의 극대화와
## 균형교환비율

수학과 효용에 관해 주장을 펼친 제번스는 교환 이론으로 넘어갔다. 늘 그렇듯, 제번스는 이 문제를 각기 다른 양의 다양한 재화를 즐김으로써 효용을 극대화할 방법을 찾기 위한 질문으로 달리 표현했다. 예를 들어 사람들이 거래하고자 하는 옥수수와 소고기의 양을 결정해야 한다고 생각해보자. 옥수수와 소고기의 소비량이 늘어날수록 추가로 섭취하는 옥수수와 소고기의 효용이 줄어든다고 가정하면 다음과 같은 질문을 던질 수 있다. 얼마나 많은 양의 소고기를 옥수수와 교환할 수 있을까?

여기 두 명의 상인이 있다. 한 사람은 소고기 상인이고 다른 한 사람은 옥수수 상인이다. 두 사람은 각각 다량의 소고기와 옥수수를 갖고 있다. 맨 처음에는 소고기를 먹고 싶은 옥수수 상인이 1파운드의 소고기를 얻기 위해 기꺼이 20파운드의 옥수수를 내놓는다. 옥수수 상인의 소고기 효용은 점점 줄어들기 때문에, 두 번째로 소고기와 옥수수를 교환할 때는 소고기 1파운드와 옥수수 16파운드, 세 번째로 교환할 때에는 소고기 1파운드와 옥수수 14파운드를 교환하게 되며, 이런 식으로 소고기를 얻기 위해 교환하는 옥수수의 양이 점점 줄어든다.

맨 처음에 옥수수를 전혀 갖고 있지 않았던 소고기 상인의 입장에서 생각해보면, 상황은 정반대다. 처음에는 옥수수를 얻기 위해 기꺼이 더 많은 소고기를 내놓는다. 하지만 점점 많은 옥수수를 갖게 될수록 옥수수의 효용은 줄어들고, 더 많은 옥수수를 갖기 위해 기꺼이 내놓으려는 소고기의 양은 줄어든다. 두 상인은 물물교환을 통해서 더 이상 효용이 늘어나지 않는 지점에 도달할 때까지 계속 협상을 하게 될 것이다. 가령, 두 상인이 10파운드의 소고기와 100파운드의 옥수수를 교환할 생각이라고 가정해보자. 여기에는 두 상인이 교환하고 싶어 하는 재화의 총량뿐 아니라 교환비율exchange rate도 포함되어 있다. 협상의 결과를 보면 옥수수의 효용이 소고기 효용의 1/10이라는 사실을 알 수 있다. 따라서 교환비율은 10:1이 된다. 이 지점을 넘어서면 옥수수 상인이 소고기를 추가로 1파운드 얻었을 때 얻게 되는 효용이 옥수수 9.5파운드로 줄어든다. 하지만 소고기 상인은 10.5파운드 이하의 옥수수를 받고 소고기 1파운드를 줄 생각이 없다.

　이렇게 두 상인은 각자의 효용을 비교해 수요와 공급의 법칙에 도달한다. 두 상인은 기꺼이 교환하고자 하는 양뿐 아니라 균형교환비율 equilibrium exchange rate도 발견한다. 즉, 소고기 1파운드의 효용이 옥수수 10파운드의 효용과 같다는 사실을 발견하게 된다. 제번스는 이를 다음과 같이 요약했다.

　"각 상인은 마지막 증가량final increment에서 정확히 똑같은 효용을 얻어야 한다. 그렇지 않으면 좀 더 많거나 적은 양을 교환해야 이익이 되기 때문이다."

　이 인용문에서 무엇보다 중요한 개념은 '마지막 증가량'이다. 맨 처음에 옥수수 상인이 소고기 1파운드를 얻기 위해 20파운드의 옥수수를 기꺼이 내놓았다는 사실은 중요하지 않다. 결정적인 요인은 상인들이 마지막에 교환하고자 했던 소고기와 옥수수 양의 효용이다. 사실 여기에는 좀 더 엄격한 의도가 숨어 있다. 엄밀히 말하면, '마지막'이라는 것은 교환되는 마지막 파운드의 마지막 온스의 마지막 부분을 뜻한다. 따라서 한계효용marginal utility은 재화의 교환 여부를 둘러싼 결정의 한계 지점에 위치하는 '무한히 적은 양의 상품이 갖는 효용'을 뜻한다. 무한히 적다고 하는 이유는 미분학이 작용하기 때문이다. 제번스는 뉴턴을 따라 미분학을 '유율학'流率學, fluxional calculus이라고 불렀다.

　《정치경제학 이론》에 대해서는 이것 말고도 할 말이 훨씬 많다. 제번스는 이 책에서 여러 장을 할애해 노동, 임대료, 자본을 비롯해 미분학이 적용되는 수많은 예시를 소개하기도 했다.

이토록 중요한 저서를 발표하고 10년이 지난 어느 날, 제번스의 삶은 비극적으로 끝나버렸다. 마흔일곱 번째 생일을 불과 몇 주 앞둔 1882년 8월 13일, 제번스는 가족과 함께 여름 휴가를 즐기기 위해 영국 남부에 있는 헤이스팅스로 떠났다. 부부와 아이들이 함께 해변을 거닐던 일요일 아침, 그는 해변에서 수영을 하고 싶어 했다. 현지인들로부터 그 해변이 수영하기에는 위험한 곳이라는 이야기를 들은 제번스의 아내는 남편을 말리려고 애썼지만 그는 고집을 부렸다. 제번스는 가족들을 해변에 남겨둔 채 집으로 향했다. 아마도 수영복을 챙겨 입으러 집으로 향했던 모양이다. 11시가 막 지났을 무렵, 네 명의 사내아이가 누가 바닷물에 빠졌다고 소리를 지르며 행인을 향해 달려갔다. 행인이 달려가 보니 해안에서 35미터쯤 떨어진 곳에 의식 없이 둥둥 떠 있는 사람이 보였다. 제번스는 수영을 잘했지만 썰물의 파도에는 소용이 없었다. 그는 깊은 바다로 떠밀려가 결국 익사하고 말았다.

제번스 가족에게 비극은 낯선 일이 아니었다. 제번스의 어머니는 불과 쉰의 나이로 세상을 떠났고 그의 큰형 로스코는 열여섯의 나이에 정신이 이상해져 마흔 살에 세상을 떠났다. 그 직후, 그의 누이 헨리에타도 정신이 이상해졌고 뉴질랜드에서 일하던 제번스의 형 허버트도 마흔두 살의 나이에 세상을 떠났다. 게다가 제번스가 저 멀리 호주에 있었을 때 그의 아버지가 세상을 떠났다는 사실을 떠올려보기 바란다.

하지만 이쯤에서 제번스에 대한 이야기는 마무리 지을까 한다. 영국으로부터 조금 떨어진 곳에서 제번스와 놀랍도록 비슷한 생각을 했던 위대한 다른 누군가를 살펴볼 시간이다.

# 레옹 발라:
## 문학가에서 수리경제학의 아버지로

제번스가 알지 못하는(적어도 처음에는 그랬다) 누군가가 유럽 대륙에서 제번스가 풀고자 했던 바로 그 문제를 풀고 있었다. 1834년에 태어난 프랑스인 레옹 발라Léon Walras는 제번스보다 한 살 많았다. 1801년에 태어난 레옹 발라의 아버지 오귀스트 발라Auguste Walras는 당시 프랑스 최고의 명문 고등교육 기관이었던 에콜노르말École Normale의 유망한 학생이었다. 대부분의 에콜노르말 졸업생들이 그랬듯 당시 경제학 입문 과목을 독학으로 공부한 오귀스트 발라는 학업에 대한 열망을 키워나갔다. 그는 잠깐 동안 프랑스 북부의 지방 도시 에브뢰에 위치한 에브뢰대학교에서 철학 강사로 일하기도 했다. 학자로 성장하기 위해서는 프랑스 중심부에 있는 명문 대학으로 옮겨가야 했지만 그에게 그런 기회는 좀처럼 주어지지 않았다. 당시에는 경제학 분야의 교수 자리가 대개 과학 쪽 인재가 아니라 사회적 지위가 탄탄하거나 실세들과 인맥이 있는 사업가와 정치인들에게 돌아갔기 때문이다.

어느 쪽에도 해당하지 않았던 오귀스트는 대학에서 뛰어난 명성을 쌓는 길을 포기할 수밖에 없었다. 대신 그는 지방 학교의 교장이 되어 앙투안 오귀스탱 쿠르노Antoine Augustin Cournot 같은 자신의 옛 급우들이 학계에서 명성을 쌓아가는 모습을 지켜보면서 경제학에 관한 글을 썼을 뿐이었다. 그래도 꾸준히 집필한 여러 논문 덕에 말년에 들어서

비로소 교수직을 얻을 수 있게 됐다. 그러나 오귀스트가 교수로 재직하게 된 학교는 학업 중심지와는 거리가 먼 프랑스 북부의 캉대학교 University of Caen 였다. 말년에 겨우 얻은 그의 교수 생활도 순탄치만은 않았다. 오귀스트는 자유로운 사고방식을 지닌 과학자였던 터라 대학 운영을 맡은 무지한 종교 지도자 및 성직자들과 사사건건 충돌했던 것이다. 강사로서, 그리고 대학 관리자로서 열심히 임무를 수행했음에도 결국 그는 불명예스럽게 학교에서 쫓겨나고 말았다.

오귀스트는 1866년 세상을 떠날 때까지 계속해서 글을 쓰고, 책을 내고, 강의를 했다. 하지만 교수 경력을 제외하면 뒤돌아볼 만한 것이 많지 않았다(오귀스트가 세상을 떠난 후, 의사는 그의 사인이 절망이라고 이야기하기도 했다). 이런 아버지의 삶을 이해하고 있던 아들 레옹 발라는 1908년, 아버지의 전기를 출판해 아버지의 적들에게 복수하고 아버지에게 애정 어린 찬사를 바칠 기회를 잡았다. 따지고 보면 아버지 오귀스트가 경제학계에 가장 크게 기여한 부분은 일생의 열정을 아들 레옹 발라에게 넘겨준 것이었다.

어린 시절 고등학교에서 수학과 문학을 공부한 발라는 과학의 길을 걸어야 할지 문학의 길을 걸어야 할지 확신을 갖지 못했다. 프랑스 최고의 공업대학 에콜폴리테크니크École Polytechnique에 들어가기 위한 입학시험을 쳤지만 두 번이나 고배를 마시고 만다. 하지만 이 같은 노력은 무의미하지 않았다. 발라는 두 번째 입학시험을 준비하던 중 아버지의 친구였던 앙투안 오귀스탱 쿠르노가 1838년에 발표한《부의 이론의 수학적 원리에 관한 연구》Recherches sur les principes mathématique de la theorie des

● 레옹 발라

출처: 위키미디어 커먼스

richesses라는 책을 읽는다. 아마도 아버지의 지시에 따라 이 책을 읽은 것
으로 보이는데, 이 책을 통해 발라는 수리경제학mathematical economics을 처
음으로 접하게 된다. 에콜폴리테크니크 입학시험에 떨어진 발라는 결
국 미래의 광산 기술자를 양성하는 기술학교 파리국립고등광업학교
École des Mines에 입학했다.

　하지만 그에겐 광산 기술자로 살아갈 생각이 없었고 그의 마음속에
는 문학적인 포부가 가득했다. 당시 프랑스는 1848년 혁명으로 프랑
스 왕 루이 필리프Louis-Philippe가 퇴위한 후 대통령에 당선된 루이 보나
파르트Louis Bonaparte가 황제 나폴레옹 3세로 즉위해 권위주의 통치를
시작한 시기였다. 이런 상황에 몹시 실망한 발라는 사회 비판적인 소

설을 집필해 자신의 이상을 좇기로 했다. 1858년, 스물네 살이 된 그는 첫 번째 작품《프란시스 소뵈르》Francis Sauveur를 발표했다. 하지만 이때 발라의 아버지 오귀스트가 그에게 다시 진로를 생각해볼 것을 권한다. 아버지를 무척 존경했으며 "명예를 중요하게 여기고 신앙심이 깊은 데다 강경하게 왕정주의를 지지하는 프티 부르주아"petit bourgeois, très honorable, très catholique, très royaliste * 가문의 아들로 살기에 적합한 인물이었던 발라는 아버지가 바라는 것이라면 무엇이든 따를 만한 사람이었다. 오귀스트는 사회를 염려하는 이상적인 작가가 세상에는 흔해 빠졌다는 사실을 지적하며 발라의 판단력에 호소했다. 당시에 심각할 정도로 부족한 사람은 작가가 아니라 사회 과학자였다. 깨달음을 얻은 발라는 그 자리에서 문학을 포기하고 경제학 공부에 매진하겠다고 아버지와 약속했다.

하지만 당장의 생계를 꾸려야만 했던 발라는 먼저 언론인으로 일했다. 처음에는《경제학자 저널》Journal des économistes에 경제에 관한 글을 기고했으며 나중에는 〈라프레스〉La Presse라는 타블로이드판 신문에 글을 기고하기도 했다.

그러나 사회주의적인 성향을 누그러뜨릴 수 없었던 그는 1년도 채 되지 않아 〈라프레스〉를 떠나고 만다. 그가 쓴 기사들이 〈라프레스〉가 원하는 방향과 전혀 맞지 않았기 때문이다. 예를 들면 1860년 10월에 발행된 2부로 구성된 폭로 기사에서 발라는 파리의 아파트 임대료가

---

* 자페Jaffé, 1935, 190.

높고 전반적으로 생활비가 비싼 이유는 프랑스 수도에 고급 주택이 너무 많은 탓이라고 지적했다. 그러면서 "지나친 사치의 무익함"sterility of exaggerated luxury을 신랄하게 공격했다.* 이 같은 비판적인 기사들은 〈라 프레스〉의 보수적인 독자들의 마음을 사로잡는 데 도움이 되지 않았으며 발라의 개혁적인 아이디어는 발행인들의 심기를 건드렸다. 그렇게 그는 〈라프레스〉에서 해고당하고 말았다. 하지만 그는 곧이어 프랑스 북부에 있는 북부철도회사Chemins de fer du Nord에 취직했다. 북부철도회사는 안정적인 소득을 벌어들이는 데 도움이 됐다. 하지만 바쁜 일정 탓에 과학 연구를 진행할 시간을 가질 수 없었다.

3년 후, 발라는 철도 회사를 떠나 소기업 대출을 목적으로 설립된 은행 중 한 곳인 전국 소비·생산·신용 협회 할인은행Caisse d'escompte des associations populaires de consommation, de production et de crédit이라는 재미있는 이름을 가진 금융기관의 관리자가 됐다. 금융 업무는 경제학을 좋아하는 발라에게 더욱 잘 맞는 일 같았다. 뿐만 아니라 발라와 그의 어머니, 그의 누이는 이 은행에 투자도 했다. 그러나 안타깝게도 은행은 파산하고 말았고, 발라는 덩달아 일자리를 잃었으며, 발라의 가족들은 투자금을 잃었다. 발라가 나중에 설명했듯이 예비 대출자와 직접 대면하는 직원들이 경험이 없었던 탓에 상환 가능성이 거의 없는 사람에게까지 돈을 대출해준 것이 은행의 파산 이유였다. 발라는 "진짜 은행가였다면 '이 모험은 실패할 수도 있으니 나는 하지 않겠다'라고 생각했

---

* 발라, 1860.

을 것"이라고 적었다.[*]

그렇게 발라는 일자리는 잃고 빚만 얻었다. 다행스럽게도 은행의 외부 감독관으로 일했던 조셉 홀랜더Joseph Hollander가 발라에게 관심을 보였다. 홀랜더는 발라에게 자신의 개인 은행인 트리불치 홀랜더 은행Trivulzi, Hollander, and Cie에서 일해보지 않겠냐고 제안했다. 당시 발라는 서른여섯 살이었다.

그로부터 1년 6개월이 흐른 후, 발라에게 진정한 행운이 찾아왔다. 발라는 1860년에 제네바 호숫가에 위치한 스위스 마을 로잔에서 열린 과세제도를 주제로 하는 국제 콘퍼런스에서 강연한 적이 있었다. 사회 정의social justice의 수단으로 과세제도를 활용해야 한다는 발라의 발언은 청중들에게 깊은 인상을 남겼고, 스위스 공공교육 의회Swiss Council of Public Education는 발라에게 로잔대학교의 전신인 로잔 아카데미Academy of Lausanne의 교수직을 추천했다. 당시에는 여러 가지 이유로 교수직 지원이 무산되고 말았지만 그로부터 10년이 흐른 후, 당시 보주위원회Council of the Canton of Vaud의 의원을 지내고 있었으며 이후 스위스연방의 대통령이 된 루이 루쇼네Louis Ruchonnet가 발라를 기억해냈다.

보주 관료들은 로잔 아카데미 법학부에 정치경제학 교수 자리를 만들기로 결정한 후, 루쇼네의 독려에 힘입어 발라에게 교수직 지원을 권했다. 발라의 입장에서는 쉬운 결정이 아니었다. 교수직에 지원하려면 홀랜드의 은행을 관둬야만 했기 때문이다. 만약 로잔에서 생각

---

[*]   도케스Dockès, 1996, xxvii.

한 대로 교수가 되지 않는다면 완전히 실업자 신세가 될 상황이었다. 하지만 마침내 인생의 포부를 실현할 기회라고 생각한 발라는 망설이지 않았다. 그는 수리경제학 강의 계획서와 함께 자신이 발표한 출판물들을 심사위원단에게 보냈다. 당시 심사위원단은 발라 임명에 찬성하는 세 명의 유명인사와 네 명의 교수로 구성되어 있었는데, 네 명의 교수 중 셋은 발라의 임명에 결사반대했다고 전해진다. 하지만 제네바대학교에서 학생들을 가르치는 열린 마음의 경제학자였던 네 번째 교수 앙리 다메스Henri Dameth가 결정투표를 던졌다. 다른 교수들과 마찬가지로 다메스 역시 발라의 견해에 동의하지는 않았다. 하지만 그런 의구심에도 불구하고 그는 과학 발전을 위해 발라의 견해를 학생들에게 가르칠 필요가 있다는 확고한 생각을 갖고 있었다. 따라서 세 교수의 반대에도 발라는 찬성 네 표를 얻어 교수로 임명됐다.

하지만 예상치 못한 장애물이 또 하나 있었다. 발라가 로잔 아카데미 교수직을 제안받았던 1870년 12월은 프로이센-프랑스 전쟁이 한창이던 시기였다. 20~40세 사이의 신체 건강한 프랑스 남성은 모두 당국에 등록하고 언제든 전쟁터에 나가기로 서약해야만 했다. 발라는 예전에 함께 학교에 다녔던 두 시의회 의원들과 함께 경찰 본부에 출두했다. 발라와 함께 경찰 본부를 찾은 두 친구는 국가의 부름이 있을 때 발라가 프랑스로 돌아올 것이라고 단언했다. 그렇게 두 친구의 보증 덕에 발라는 마침내 로잔 아카데미로 떠날 수 있게 됐다.

발라의 로잔 아카데미 첫 강의에는 이 같은 불확실성이 가득 담겨 있었다. 발라는 아쉬운 듯 "오늘은 내 인생에서 가장 행복한 날입니다."라고 말문을 연 후 전쟁터로 불려가기 전까지 그리 오래 가르치지 못할 수도 있다는 두려움을 표현했다. "어쩌면 오늘 처음으로 서게 된 이 자리를 며칠 내에 떠나야 할지도 모릅니다. 만약 그런 일이 생긴다면 연민과 친절 가득한 마음으로 저를 기억해주시기 바랍니다."[*] 하지만 운명은 발라의 편이었다. 전쟁은 발라를 비켜 갔고 발라는 22년 동안 로잔 아카데미에서 정치경제학을 가르쳤다.

## 양이 늘어날수록
## 한계효용은 줄어든다

발라의 가장 중요한 작품으로 손꼽히는《순수경제학 요론, 혹은 사회적 부 이론》Éléments d'Économie Politique Pure, ou Théorie de la Richesse Sociale은 1874년과 1877년에 두 권으로 나뉘어 처음 출판됐다. 1889년, 1896년, 1900년에도 추가로 책이 발행됐으며 발라가 세상을 떠난 후에도 몇 차례에 걸쳐 재발행됐다. 경제 사상사의 고전으로 여겨지는 이 책에는 수많은 생각이 담겨 있다. 하지만 우리가 관심을 가져야 할 부분은 다소 구체적이기 때문에 많은 사람들이 발라의 최대 업적이라고 평가하는 일반균형 이론theory of general equilibrium에 대해서는 간략하게만 이야기하고 넘어가고자 한다.

---

[*] 자페, 1935, 195.

일반균형 이론은 수요와 공급이 일치하는 수준으로 가격이 조정된 다는 점에서 상업과 거래를 통해서 모든 상품 시장markets for commodities이 결국 균형 상태에 도달한다고 볼 수 있다고 설명한다. 발라는 가격이 미지의 변수 역할을 하는 수요와 공급을 표현하는 연립방정식을 가정해 이 같은 주장에 대한 수학적인 근거를 제시했다. 그는 방정식과 변수를 계산해 원칙적으로 이 연립방정식은 풀이 가능하다는 사실을 증명해 보였다. 이는 곧, 방정식을 풀고 시장을 균형 상태에 도달하게 하는 가격이 존재한다는 의미다. 하지만 '어떻게 이 가격에 도달할 수 있을까?'라는 질문이 남아 있었다. 발라는 모든 시장의 공통분모 역할을 하는 하나의 상품, 즉 계산화폐numéraire가 등장하게 된다고 주장했다. 모든 가격은 우리가 돈money이라고 알고 있는 이 계산화폐로 표현할 수 있다. 그런 다음, 발라가 모색tâtonnement이라고 부른 역동적인 과정을 통해서 상인들은 시행착오를 거쳐 올바른 가격에 접근하게 된다. 몇 차례에 걸친 조정과 미세 조정을 거쳐 가격은 시장의 균형을 유지하는 값에 이르게 된다.

발라가 진행한 연구에서 가장 돋보이는 부분은 자신이 택한 주제에 수학적인 요소를 더했다는 것이다. 친구인 쿠르노의 영향을 받은 레옹 발라의 아버지 오귀스트 발라는 무려 1830년대부터 바로 이런 식의 경제학 접근 방법을 신봉했다. 쿠르노의 《부의 이론의 수학적 원리에 관한 연구》가 정치경제학 연구에 수학의 개념을 도입한 첫 번째 출판 시도였다는 것은 틀림없는 사실이다. 쿠르노가 이야기하는 수학이란 단순히 회계accounting 목적을 위해 수학 기호와 산술 연산을 사용하는 것이 아니었다. 쿠르노가 말하는 수학은 여러 변수 안에 숨어 있는 '관계성'을 찾아낼 수 있도록 도와주는 엄격한 논리였다. 쿠르노는 이렇게 기술했다.

"수학적 분석에 능통한 사람들은 수학이 단순히 수치로 표현 가능한 크기를 계산하기 위해 사용될 뿐 아니라 변수 간의 관계, 그리고 함수 간의 관계를 찾기 위해서도 사용된다는 사실을 잘 알고 있다."[*]

이런 영향 덕분에 발라는 오랫동안 수학적인 경제학 이론을 만들고 싶다는 생각을 갖고 있었다. 그는 맨 처음에 로잔 아카데미에서 일하고 싶다는 뜻을 전달하기 위해 발송한 서신에서도 수학적인 토대를 기반으로 정치경제학을 가르치겠다는 의사를 피력했다. 그리고 마침내 약속을 지켜야 할 때가 됐다. 하지만 안타깝게도 그는 아무리 좋게 표현해도 엄격하다고 보기는 어려운 아버지의 정의를 고수한 탓에(혹은 효심 때문에 아버지의 정의를 부인하고 싶지 않았던 것으로도 볼 수 있다) 제대로 뜻을 펼칠 수 없었다. 예를 들면 아버지 오귀스트는 아들 발라가 한계효용이라고 밝힌 개념을 표현하기 위해 희소성rareté이라는 모호한 용어를 사용했다. 발라는《순수경제학 요론》초판에서 약간 난해한 방식으로 "소유한 한 단위의 재화로 만족되는 마지막 요구의 강도"라고 기술했다.[**] 다시 말해 누군가가 30파운드의 재화를 갖고 있다면, 서른 번째로 주어지는 1파운드가 돈의 주인에게 제공하는 효용이

---

[*]   쿠르노, 1838, viii.

[**]  발라, 1874b, 80.

바로 '희소성'이라는 것이다. 발라는 1874년에 《경제학자 저널》에 기고한 〈수학적인 교환 이론의 원리〉Principe d'une théorie mathématique de l'échange 라는 글에서 이미 좀 더 구체적으로 설명한 바 있다. 발라는 "희소성이란 이미 소유하고 있는 양을 고려한 실질적인 효용의 도함수"라고 주장하며 "이동에 걸리는 시간을 고려한 이동 거리의 도함수를 속도로 정의하는 것과 정확히 같다."라고 설명했다.[*] 어떤가! 이것이 바로 한계효용의 수학적인 정의다.

발라에게는 양이 늘어날수록 상품의 한계효용이 줄어든다는 사실이 너무도 뻔해서 《순수경제학 요론》 초판에서 관련 내용을 지나가는 말로 가볍게 언급하고 넘어간 듯 보인다. 발라는 일정한 양을 넘어서면 소비자들은 더 이상의 재화를 원치 않게 되며, 그 지점에 도달하면 소비자들이 가진 모든 욕구가 충족되기 때문에 설사 가격이 0이 되더라도 마찬가지라는 말로 설명을 시작했다. 다시 말해서 양이 늘어나면 재화의 효용은 점차 줄어들어 0이 된다. 발라는 재화의 효용 때문에 가격이 올라갈수록 수요 곡선이 아래쪽으로 꺾인다고 지적한후 "다시 한 번 이야기하지만 소유한 양이 줄어들수록 희소성이 증가한다는 사실을 인정해야 한다."라고 선언했다.[**] 이렇게 하여 발라는 우리가 잘 알고 있는(하지만 우리가 잘 알고 있는 것과는 방향이 반대인) 원칙을 만들어내게 됐다. 발라는 "그리고 반대로"라는 말을 덧붙였고

---

[*]  발라, 1874a, 22.

[**]  발라, 1874b, 81.

그 내용 덕에 "양이 늘어날수록 한계효용은 줄어든다."라는 발라의 표현이 더욱 잘 알려지게 됐다. 그로부터 15년이 흐른 후 재판을 인쇄할 때 발라는 상품 축적에 대해 논의하면서 다음과 같이 좀 더 구체적으로 언급했다.

"가장 시급한 욕구를 채워주는 첫 번째 단위에서부터 포만감이 생긴 후에 주어지는 마지막 단위에 이르는 모든 단위의 재화에는 집중효용체감diminishing intensive utility 효과가 있다."[*]

발라는《순수경제학 요론》에서 다니엘 베르누이의 이름을 언급하지는 않았다. 하지만 150년 전에 쓰인 베르누이의 글에 대해 알고 있었던 게 틀림없다. 발라의 교환 이론은 사람들이 효용을 극대화하려고 노력하며 소유하고 있는 재화의 양이 늘어날수록 효용이 감소한다는 원리를 토대로 한다. 어떤 상인이 고기를 보리와 교환하고 싶어 한다고 상상해보자. 고기의 한계효용이 보리의 한계효용에 보리 가격(가격은 재화의 단위로 표시된다)을 곱한 수치보다 낮은 한은 계속 교환이 이뤄질 것이다.

좀 더 자세히 살펴보자. 고기 1파운드의 시장 가격이 보리 8파운드라고 가정해보자. 처음에는 상인에게 고기는 많지만 보리는 없다. 따라서 보리를 향한 욕구는 무척 크지만(한계효용이 높다) 고기 수요는 이미 충족된 상태다. 따라서 상인은 보리를 구매하게 되고, 상인의 총효용은 다소 늘어난다. 사실 상인이 체감하는 고기의 한계효용이 그

---

[*]    발라, 1889, 자페의 번역, 1954, 117.

가 느끼는 보리의 한계효용보다 여덟 배 낮은 상황이 지속되면 상인은 계속해서 보리를 살 테고 상인의 총효용은 늘어날 것이다. 이런 과정이 언젠가 끝이 나기는 날까? 정답은 '그렇다'이다. 발라의 이론에 한계효용체감의 원리principle of decreasing marginal utility가 내포돼 있기 때문이다.

거래가 계속되면 상인이 보유한 고기 재고가 점차 줄어들어 고기의 한계효용이 늘어나지만, 보리 재고는 점차 늘어나 보리의 한계효용은 줄어든다. 따라서 고기의 한계효용은 늘어나고 보리의 한계효용은 줄어들어 비율이 정확하게 8:1이 되는 지점에 도달한다. 바로 이 지점에 도달하면 상인의 효용이 극대화되어 거래를 중단하게 된다.

재화 생산을 위한 원자재 사용에도 같은 논리를 적용할 수 있다. 첫 번째 초콜릿 칩 쿠키와 마지막 초콜릿 칩 쿠키를 만드는 데 필요한 초콜릿의 양이 같다 하더라도 생산자가 느끼는 초콜릿 효용은 일정하지 않다. 생산하는 쿠키의 양이 늘어날수록 쿠키 가격이 낮아지기 때문에 초콜릿의 한계효용은 줄어든다. 따라서 생산자는 총효용이 증가하는 한 초콜릿과 밀가루를 기꺼이 교환할 것이다. 하지만 초콜릿과 밀가루의 한계효용이 교환비율에 비례하는 지점에 도달하면 거래를 멈출 것이다.

## 한계효용체감 법칙의
## 창시자가 되고 싶었던 발라

　　　　　발라는 자신의 대표작을 출판하기 전에 해야 할 일이 많
다는 사실을 깨달았다. 한편, 그는 자신의 연구에 관심을 보일 만한 사
람들에게 자신이 발견한 내용을 알리고 자신이 먼저 발견했다는 사
실을 명확히 짚고 넘어가고 싶어 했다. 발라는《경제학자 저널》에 실
린 수리경제학에 관한 자신의 논문을 인쇄해 해외의 여러 경제학자들
에게 발송했다. 그리고 그 중 한 명이 바로 영국에 사는 윌리엄 스탠리
제번스였다. 발라는 맨체스터에서 활동하는 제번스에 대해 알고 있었
고 제번스가 통계학에 수학 도구를 적용한 수학자라고 생각했다. 발라
는 제번스라면 틀림없이 경제학을 수학적으로 접근하는 데 흥미를 느
낄 것이라고 생각했다. 그래서 발라는 1873년 5월 1일에 제번스에게
논문 한 부를 복사해서 보냈다.

　그로부터 며칠이 흐른 후, 예기치 못한 불쾌한 소식이 발라에게 날
아들었다. 네덜란드에 있는 레이던대학교에서 법을 공부하던 스물네
살의 영리한 학생 요한 달니스 드 부로이<sub>Johan d'Aulnis de Bourouille</sub>가《경제
학자 저널》에 실린 발라의 논문을 읽었다. 부로이는 깊이 감명받았다.
하지만 발라가 수학 도구를 이용해 경제 문제에 접근하는 방식이 익
숙하다고 느꼈다. 부로이는 어디에선가 비슷한 글을 읽은 것을 떠올렸
고, 5월 4일에 로잔에서 학생들을 가르치던 교수 발라에게 편지를 써
제번스라는 영국인이 2년 전에《정치경제학 이론》이라는 책을 출판했

다는 사실을 알려주었다.

부로이의 편지는 발라에게 정신적으로 끔찍한 충격을 안겼다. 영국에서 누군가가 이미 모든 답을 알아낸 줄도 모르고 자신의 발견이 획기적인 이론이 될 것이라는 믿음을 갖고 고군분투하고 있었으니 말이다. 또한 자신이 가장 먼저 발견했다는 발라의 주장은 산산이 부서지고 말았다. 그런데 그로부터 겨우 일주일이 흘렀을 무렵, 부로이가 전해온 나쁜 소식 때문에 여전히 힘겨워하고 있던 발라는 제번스가 5월 12일에 부친 감사 편지를 받았다. 그 편지는 발라가 갖고 있던 최악의 두려움, 다시 말해서 요한 달니스 드 부로이가 했던 이야기가 모두 사실이라는 두려움을 확인시켜주었다. 오만한 뉘앙스가 배어 있긴 했지만 제번스의 편지는 칭찬하는 어조로 쓰여 있었다. 발라의 연구에 대해 마음에도 없는 칭찬을 늘어놓은 제번스는 자신의 연구를 극찬했다. 제번스는 "귀하의 이론이 제 이론과 상당히 일치하며, 제 이론이 옳다는 것을 귀하가 입증해주고 있다고 생각한다."라며 분명하게 짚고 넘어간 후 무시하듯이 덧붙였다.

"지금의 상황을 보면 이 이론이 옳다는 저의 믿음을 귀하의 논문이 다시 한 번 확인해주는 것이기 때문에 제 입장에서는 귀하의 논문이 출판되는 것이 무척 만족스럽습니다." 그러고는 발라가 이미 몇 년 전에 이 같은 이론을 발전시켰다고 주장할 가능성에 대비해 제번스는 오래전부터 자신이 이런 생각을 했다는 점을 확실하게 짚고 넘어갔다.

"제 수학 이론의 모든 주안점을 명확하게 떠올린 시기는 1862년이었습니다. 당시 저는 관련 내용을 간략하게 정리해 영국 케임브리지

협회British Association of Cambridge에서 이를 발표했습니다."*

물론 제번스의 말이 옳았다. 불과 몇 년 사이에 제번스와 발라는 똑같은 이론을 생각해냈다. 둘 중 제번스가 먼저였고 로잔에서 학생들을 가르치던 발라는 두 번째였다.

"귀하가 상품의 희소성이라고 부르는 개념은 제가 맨 처음 효용계수coefficient of utility라고 부르다가 나중에 효용도degree of utility라고 부른 것과 정확하게 일치합니다. 제가 설명해드렸듯이, 효용도란 실제로 상품 양의 함수로 여겨지는 효용 미분계수differential coefficient of the utility 입니다."

편지의 끝부분에서 제번스는 가장 중요한 문제를 언급했다. "논문 출판의 독창성과 우선권에 대한 오해가 있을지도 모르겠습니다. 따라서 부디 제 글을 충분히 숙지하고 계시는지, 제가 《정치경제학 이론》을 한 부 발송해드리기를 원하시는지 알려주신다면 정말 감사하겠습니다."** 발라의 상처에 제대로 소금을 뿌리는 말이었다.

발라는 비탄에 빠졌다. 원통한 마음에 사로잡힌 발라는 5월 23일에 답신을 썼다. 발라는 순순히 자신과 제번스의 연구가 놀라울 정도로 유사하다는 점을 인정했다. 발라는 약간의 차이점이라도 찾아내기 위한 거의 절망적인 시도 끝에(내용의 차이점을 찾을 수 없다면 접근 방법의 차이점이라도 찾기 위해 노력했다) 자신의 연구가 어떻게 시작됐는지 장황하게 설명했다. 발라는 자신의 연구 결과에 영감을 준 유일한 존재는 자

---

* 제번스, 1977b, 40.

** 여기에 나오는 인용문은 '제번스, 1977b, 40, 41'에서 인용한 것이다.

신의 아버지와 쿠르노라고 강조했다. 발라는 1831년에 아버지가 남긴 "정치학은 수리과학"*이라는 말과 속도, 시간, 거리와 희소성, 양, 효용을 비교한 아버지의 접근 방식과 1838년에 쓰인 쿠르노의 책을 언급했다. 발라가 이런 생각을 떠올리기 시작한 시기는 1860년이었다. 하지만 발라는 금전적인 이유로 연구를 중단했다가 그로부터 10년이 흐른후에 연구를 다시 시작할 수밖에 없었다. 발라는 언제, 어떻게 자신의 연구를 발표했는지 자세하게 설명하고 이탈리아에서 자신의 발상이 긍정적인 반응을 끌어냈다는 사실을 의기양양하게 언급했다. 발라는 상황이 허락한다면 어디에서건 사람들에게 제번스의 책을 알리겠다는 약속과 함께 자신의 생각을 학생들과 독자들에게 알려달라는 가련한 애원으로 편지를 끝맺었다.

이 같은 공손한 문구 뒤에는 깊이 낙담한 사내가 있었다. 발라의 마음속 깊은 곳에 숨어 있는 감정은 두 달 후에 제번스에게 보내는 편지에서 명확하게 드러났다. "제가 인간의 나약함을 넘어서는 존재인 척하지 않겠습니다. 처음에는 연구를 가장 먼저 발표하지 못했다는 사실때문에 마음이 많이 상했던 것이 사실입니다." 하지만 발라는 훌륭하게도 평정심을 잃지 않고 편지를 이어나갔다. "인정하는 것 외에 아무것도 남아 있지 않을 때는 군소리 없이 흔쾌히 인정하는 방법도 있습니다."**

---

* 콜리슨 블랙, 1977b, 46.

** 자페, 1983, 26.

사실 발라가 할 수 있는 일은 가능한 빨리 연구 결과를 출판하는 것뿐이었다. 발라는 모든 것이 준비될 때까지 기다리지 않고 책을 두 부분으로 나누어 한계효용체감의 법칙에 관한 내용이 담긴 제1부부터 출판하기로 결정했다.《순수경제학 요론》제1부는 제번스의《정치경제학 이론》이 출판된 지 3년 후인 1874년에 출판됐다. 제1부에는 경제 전반에서 나타나는 일반적인 한계 이론(소비, 생산, 교환)에 관한 내용이 담겨 있었고 생산, 자본과 신용, 관세와 세금에 관한 이론을 담은 제2부는 그로부터 3년 후에 출판됐다.

제번스 역시 누가 먼저인지를 놓고 신경을 곤두세웠다. 제번스는 1879년에《정치경제학 이론》두 번째 판을 출판할 당시 서문에서 공손하지만 약간은 오만한 태도로 발라의 연구가 중요한 이유를 다음과 같이 설명했다.

"발라의 연구가 중요한 이유는 이미 이전에 다른 곳에서 발표된 바 있는 연구를 완성하고 증명할 뿐 아니라 이 이론의 원리를 독립적으로 발견한 세 번째, 혹은 네 번째 연구이기 때문이다. (중략) 넷, 혹은 그 이상의 독립적인 저자들이 이토록 다양한 방식으로 경제학에 대한 근본적인 개념에 대해 거의 똑같은 관점에 도달했다는 사실은 이 관점에 대한 확실성은 물론 엄청난 개연성을 부여한다."

제번스가 이야기하는 '독립적인 저자'에는 자기 자신뿐 아니라 획기적인 연구 성과를 이뤄낸 그 외의 유명하지 않은 몇몇 과학자도 포함된다. 이들에 대해서는 다음 장에서 좀 더 살펴볼 생각이다. 제번스는 서문의 뒷부분에서 또 다음과 같이 덧붙였다.

"이런 계보를 기반으로 완벽한 체계를 생각해내는 것은 시간과 노력의 문제임이 틀림없다. 내가 언제 그런 시도를 할 수 있을지는 모르겠다. 물론 그런 시도를 할지조차 확실치는 않다."[*]

제번스의 이 같은 발언은 특히 발라의 마음을 상하게 했다. 발라는 제번스가 의도적으로 자신의 연구를 무시했다고 느꼈다. 어쨌건 발라는 이미 완벽한 체계를 생각해냈다.


## 경제학으로
## 세계 평화를 외치다


안타깝게도, 발라가 로잔대학교에서 받는 돈은 결코 충분하지 않았다. 발라는 항상 돈 문제 때문에 노심초사했다. 파리에 있는 트리불치 홀랜더 은행에서 일할 당시 발라는 4,000프랑의 연봉을 받았지만 로잔 아카데미로 옮긴 후에는 연봉이 3,600프랑으로 줄어들었다. 3,600프랑은 로잔에서 학생들을 가르치는 교수들에게 관례적으로 지급되는 금액이었다. 은행에서 일하며 받았던 4,000프랑의 연봉도 저축하기에 충분한 금액은 아니었는데 논문을 출판하고 배부하느라 많은 돈을 쓰는 바람에 그의 재정 상태는 더욱 악화됐다. 발라는 생계를 위해 강의를 늘리고, 스위스의 유서 깊은 프랑스어 일간지 〈가제트 드 로

---

[*] 제번스, 1879, 서문.

잔〉Gazette de Lausanne에 기사를 기고하고, 보험회사 라스위스La Suisse의 컨설턴트로 일하기도 했다. 첫 번째 부인과 사별 후 두 번째 부인과 재혼한 이후에는 재정적인 걱정이 좀 사라지긴 했지만 거의 평생 동안 엄청난 중압감과 압박을 느꼈던 발라는 1892년에 쉰여덟의 나이로 조기퇴직을 결정한다. 이탈리아 출신의 똑똑한 인재 빌프레도 파레토Vilfredo Pareto가 자신의 뒤를 이을 것이라는 사실을 잘 알고 있었기 때문에 발라가 좀 더 쉽게 은퇴를 결정할 수 있었던 것인지도 모른다.

하지만 교수직을 관뒀다고 발라의 연구도 함께 끝난 것은 아니었다. 오히려 발라는 더욱 열심히 연구에 매진했다. 1896년에는《사회경제학 연구》Études d'économie sociale를, 1898년에는《응용경제학 연구》Études d'économie politique appliquée를 발표했다. 1900년에는 발라의 두 번째 아내가 세상을 떠났다. 발라는 아내가 세상을 떠난 후 딸 마리-알린과 함께 몽트뢰 근처의 클라랑스라는 작은 마을로 이주해 연구를 이어나갔다. 그러던 1905년, 발라는 갑자기 묘안을 떠올렸다. 당시는 알프레드 노벨이 노벨 재단을 설립한 지 10년째 되는 해였다. 노벨상이 최초로 수여된 해는 1901년이었고, 첫 번째 노벨 평화상 수상자는 적십자 설립자들과 여러 평화주의자들이었다. 그중 여럿이 스위스 사람이었다. 발라는 자신도 노벨 평화상을 받을 자격이 있다고 판단했다. 경제학을 이용해 세계 평화를 도모해서는 안 될 이유라도 있단 말인가?

노벨 위원회의 규약에는 노벨상 후보자가 직접 자신을 후보로 지명해서는 안 된다고 명확하게 명시되어 있다. 따라서 발라는 로잔대학교에서 함께 일했던 세 명의 동료를 끌어들여 노벨 위원회에 추천서를 쓰도록 했다. 자신이 생각하는 세계 평화를 이뤄낼 방법을 명확하게 설명하기 위해 발라는 추천서와 함께 보낼 제안서를 직접 작성했다. 발라가 제안한 방안은 세금과 관세를 없애면 국경을 넘나드는 자유 무역이 활성화되고, 국가 간의 자유 무역이 활성화되면 세계 평화가 이뤄진다는 것이었다. 발라는 정부와 국가는 부동산을 소유하고 대여하는 행위를 통해 필요한 재원을 마련할 수 있다고 설명했다.

하지만 일은 발라가 원하는 대로 진행되지 않았다. 먼저, 1905년 7월 20일에 발송된 추천서는 추천서 모집 마감일이 지난 후에 도착했다. 노벨 평화상 입후보로 나서는 것을 다음 해로 미룰 수밖에 없는 상황이었다. 게다가 당시 위원회가 제출된 서류를 평가하는 역할을 맡겼던 고문은 미온적인 지지를 보냈을 뿐이었다. 평가를 담당한 고문은 수리경제학 분야에서 발라의 연구가 중요하다는 사실은 강조했지만 발라가 제안한 세계 평화를 끌어낼 방법에는 별다른 관심을 보이지 않았다. 어쩌면 평가 고문이 발라의 연구가 과학계에는 중요할 수도 있지만 노벨 평화상을 줄 만한 것은 아니라는 견해를 이런 식으로 표현한 것일 수도 있다. 결국 발라는 또 다른 27명의 사람들과 마찬가지로 노벨상 후보로 지명받지 못했고, 1906년 노벨 평화상은 대신 테디 루스벨트Teddy Roosevelt(미국의 26대 대통령 시어도어 루스벨트의 애칭 - 옮긴이)에게 돌아갔다.

그렇게 노벨상과는 인연이 없었지만 1909년 6월, 발라는 인생의 대미를 장식하는 최고의 순간을 맞이했다. 과학 발전을 위해 50년간 "헌신적인 노력"을 기울여 온 발라의 노고를 기리기 위해 로잔대학교가 기념행사를 주최했던 것이다. 발라는 언젠가 아버지와 자신이 함께 생각해낸 연구 내용이 담긴 글을 출판할 수 있으리라는 확신을 품고서 자신과 아버지의 연구를 정리하고 수정하며 말년을 보냈다. 발라는 1910년 1월 5일에 일흔다섯 살의 나이로 세상을 떠났다.


## 카를 멩거:
## 황태자의 멘토에서 한계주의의 창시자가 되다

따로 연구를 진행하던 두 사상가가 동시에 심층적인 연구 결과를 발견하는 경우가 가끔 있다. 영국의 아이작 뉴턴과 독일의 고트프리트 빌헬름 라이프니츠가 동시에 미적분학을 발견한 사례나 찰스 다윈과 알프레드 러셀 월리스가 진화론을 발전시킨 사례가 그렇다. 경제학 분야에서는 1973년에 피셔 블랙Fisher Black과 마이런 숄즈Myron Scholes 연구 팀과 로버트 머튼Robert Merton이 각각 옵션 가격 모형을 발표했다.* 하지만 각기 다른 세 나라에서 활동하며, 각기 다른 언어로 글을 쓰고, 각기 다른 청중들에게 연구 내용을 발표하는 세 학자가 거의 동시에 중요한 무언가를 발견해내는 일은 무척 드물다. 맨체스터에서 활동하는 스탠리 제번스와 로잔에서 활동하는 레옹 발라, 빈에서 활동하는 우리의 세 번째 영웅 카를 멩거가 수리경제학의 위력을 발

---

* 슈피로, 2011 참조.

● 카를 멩거

출처: 빈대학교

견하고 효용(특히 한계효용)이 경제적 의사결정의 토대가 된다는 사실을 깨달은 사건이 바로 여기에 해당한다.

멩거는 발라보다 다섯 살, 제번스보다 여섯 살 어렸다. 제번스가 직업 특성상 단조로운 태도를 보였고 발라가 겸손하고 공손한 학자 같은 모습이었다면 거칠고 자신감 넘치는 멩거의 태도는 대부분의 독일 학자들이 가진 따분한 분위기에 활력을 더해주었다.

멩거의 어린 시절은 꽤나 유복했다. 1840년에 계급이 높지 않은 귀족 가문의 자손으로 태어난 그는 오스트리아 제국(지금의 폴란드) 갈리치아에 있는 저택에서 세 아들 중 둘째로 성장했다. 멩거의 아버지는 변호사였고 어머니는 부유하고 자유분방한 상인의 딸이었다. 1848년에 농노 제도가 폐지되기 전까지 멩거는 가족 소유의 토지에서 농노 제도의 실상을 목격했다.

멩거 에들러 폰 볼펜스그훈Menger Edler von Wolfensgirün 가문의 세 아들은 모두 빈대학교에서 법을 공부했다. 멩거는 크라코우대학교에서 법학 박사 학위를 딴 후 빈으로 돌아가 1872년에 대학에서 학생들을 가르칠 수 있는 자격을 얻었다. 멩거보다 한 살 어렸던 동생 안톤은 사회 정의에 관심이 많은 법대 교수였으며 이후 열렬한 사회주의자가 됐다. 멩거보다 두 살이 많았던 형 막스는 의회에 입성해 중소기업과 자영업자들을 위해 목소리를 냈다.

1863년, 박사 논문을 쓰는 학생이었던 카를 멩거는 렘베르크(지금의 우크라이나 리비우)에 있는 행정 신문 〈암틀리헤 렘베르크 차이퉁〉 Amtliche Lemberger Zeitung에서 언론인으로 일하기 시작했다. 이후 빈으로 와 오스트리아 정부의 관보 〈비너 차이퉁〉Wiener Zeitung에 취직해 언론인으로서 경력을 쌓아나갔다. 그러다 오스트리아 국무총리실 공보관실로 옮겨 공무원이 되는데, 그가 맡은 역할 중 하나는 시장 분석 후 시장에 관한 보고서를 작성하는 것이었다. 당시의 경험은 멩거가 경제를 이해하는 데 커다란 도움이 됐다. 멩거는 자신이 만나본 전문가들과 상인을 비롯해 그들에게 정보를 제공하는 사람들이 상품 가격이 변하는 이유로 고전 경제학에서 설명하는 요인 외의 것들을 지목한다는 사실을 발견했다. 이러한 현상에 흥미를 느낀 멩거는 이에 관해 연구하고, 고민하고, 글을 쓰기 시작했다. 그리고 노력 끝에 1871년에《경제학원리》Grundsätze der Volkswirtschafislehre를 출판했다.

1873년, 멩거는 비교적 젊은 나이인 서른세 살에 빈대학교의 경제이론 교수 자리에 오른다. 하지만 30~40명의 학생이 수업을 듣기 위해 내는 수업료만으로는 생활비가 빠듯했기 때문에 그는 공무원직도 계속 유지했다. 그로부터 2년이 흐른 1875년에 〈비너 차이퉁〉을 떠나 새롭고 매우 도전적인 일을 시작하게 된다. 오스트리아-헝가리 제국의 황태자 루돌프 요제프Rudolf Joseph의 개인 과외를 맡게 된 것이다.

유럽 왕가의 자손들은 공립학교에 다니지 않았기 때문에 개인 교습을 받아야만 했다. 오스트리아의 황제이자 헝가리의 왕이었던 프란츠 요제프Franz-Joseph 1세는 군대식으로 아들을 가르치기 위해 엄격하고 심지어 가학적이기까지 했던 레오폴트 그라프 곤트레코트Leopold Graf Gondrecourt 장군에게 황태자를 맡겼다. 태어나자마자 대령 직급을 단 여섯 살의 루돌프는 곤트레코트 장군이 쏜 총소리를 듣고 잠에서 깨기 일쑤였고, 억지로 냉수 목욕을 해야 했으며, 비가 퍼붓는 와중에도 몇 시간씩 군사 훈련을 받아야 했고, 한밤중에 숲에 버려지기도 했다. 루돌프는 예민하고 겁이 많은 소년이었다. 소름 끼치는 훈련은 루돌프의 몸과 마음에 부정적인 영향을 끼쳤다. 설상가상으로, 루돌프의 어머니였던 엘리자베트 황후는 정신신체장애(정신적인 불안, 갈등, 긴장 등으로 인해 발생하는 신체적 장애-옮긴이)를 앓고 있었던 탓에 이를 조절하기 위해 여행을 즐기고 궁과 아들을 멀리했다.

하지만 내부 고발자로부터 아들이 얼마나 혹독한 교육을 받고 있는지 전해 들은 황후는 장군을 해고하고 루돌프를 자신의 성향에 맞는 방식으로 가르칠 것을 단호하게 요구했다. 막강한 힘을 가졌던 프란츠 요제프 황제도 아내의 최후통첩을 거역할 수는 없었고, 무정한 장군은 결국 황태자의 교사 자리에서 물러날 수밖에 없었다. 그렇게 훨씬 진보적인 사고방식을 갖고 있었던 군인이자 황후에게 진실을 알린 내부 고발자였던 요제프 라투르 폰 튀른부르크Josef Latour von Thurmburg가 루돌프의 교육을 담당하게 됐다. 튀른부르크는 수십 명의 과외교사를 채용했다. 그중에는 제정자연사박물관 관장 크리스티안 고틀립 페르디난드 리터 폰 혹시테터Christian Gottlieb Ferdinand Ritter von Hochstetter, 독일 조류학협회 회장 오이겐 페르디난드 폰 호마이어Eugen Ferdinand von Homeyer, 저명한 동물학자 알프레드 브렘Alfred Brehm 등 학계에서 명망 있는 사람들도 있었다. 물론 빈대학교에서 정치경제학을 가르치는 카를 멩거 교수도 그중 하나였다.

그렇게 멩거와 황태자 루돌프는 사제지간의 연을 맺었고 두 사람의 관계는 점차 좀 더 깊은 우정으로 발전했다. 멩거는 황태자가 아버지의 전제 군주 같은 통치 스타일과 대비되는 자유주의적인 성향을 발전시킬 수 있도록 이끌었다. 매주 9~14시간씩 황태자를 가르치며 멩거는 사람들이 자신의 행복에 관심을 가져야 경제가 견실해진다는 사실을 그에게 이해시켰다. 멩거는 바로 이런 이유로 사람들에게 원하는 것을 택하고 의지에 따라 행동할 수 있는 자유를 줘야 한다고 설명했다. 국가가 사익私益에 따라 이뤄지는 행동을 대체할 수는 없는 것이다.

멩거가 황태자를 가르치기 시작한 지 1년쯤 됐을 무렵, 열아홉 살의 황태자와 멩거는 수학여행을 떠났다. 유럽과 북아프리카, 중동을 차례로 거치며 경제적인 관계를 이해하는 것이 여행의 목적이었다. 황태자가 중동 지역 순방에 관한 저서를 내놓자, 빈대학교는 곧이어 황태자에게 박사 학위를 수여했다. 황태자는 자신이 쓴 여행기가 박사 학위를 받기 위한 학식의 증거로 보기에는 한참 부족하다고 인정했다. 황태자는 대령의 직위에 박사 학위까지 얻게 됐을 뿐만 아니라 조류학에 관한 연구로 제정과학아카데미의 명예 회원이 됐다. 그로부터 2년이 흐른 후, 황태자의 후견인들은 멩거와 다른 과외교사들의 자유주의적인 성향이 책을 좋아하는 황태자에게 충분한 영향을 미쳤다고 판단했고, 프란츠 요제프 황제는 황태자의 과외수업에 종지부를 찍었다. 과외교사들이 모두 떠나자 황태자 루돌프는 사슴을 사냥하고, 승마를 하고, 개를 기르고, 여자들을 쫓아다니는 데 열을 올렸다.

젊은 나이의 불운한 황태자 루돌프는 자신의 자유주의적인 성향과 아버지가 황제로 있는 궁의 보수적인 정치 사이에서 괴로워했다. 황태자의 애정 생활 역시 순조롭지 않았다. 그가 유일하게 사랑했던 여성은 폴란드 출신 유대인이라는 이유로 교제조차 허락받지 못했고, '볼품없는 낙타'라고 불렀던 벨기에 공주와 정략 결혼한 후로는 호색한이 되어 왕가의 다양한 오락거리에 빠져들었다. 하지만 이런 생활도 그리 오래가지 못했다. 1889년 1월 어느 저녁, 오스트리아 동북부에 있는 니더외스터라이히주 마이얼링에 위치한 사냥용 별장에서 휴식을 즐기던 황태자는 열일곱 살의 애인 남작부인 마리 베트세라<sub>Mary Vetsera</sub>와 침실로 들어갔다. 그러나 다음 날 아침 황태자를 깨우러 침실로 찾아간 시종은 아무런 대답도 들을 수 없었다. 시종이 사람들을 불

184

러 강제로 문을 열었지만 침실에는 남작부인과 황태자의 싸늘한 시신이 남아 있었을 뿐이었다. 루돌프가 애인의 관자놀이에 총을 쏜 후 자살했던 것이다.

오스트리아 수도에 있는 황제와 황후의 귀에 이 소식이 들어가기까지는 시간이 좀 걸렸다. 임시 열차를 타고 빈으로 간 특사는 의전에 따라 특정한 시녀가 호출을 받고 나타날 때까지 기다렸다. 황후에게 그 끔찍한 소식을 전달할 수 있는 사람이 그 시녀밖에 없었기 때문이다. 또한 시녀로부터 소식을 전해 들은 황후는 황제에게 그런 비극적인 소식을 전달할 수 있는 유일한 인물이었다. 재미있게도, 빈의 증권 거래소는 황제와 황후보다 몇 시간 앞서 황태자의 사망 소식을 알게 됐다. 마이얼링 기차역장이 로스차일드 은행장 나다니엘 마이어 로스차일드Nathaniel Meyer Rothschild에게 전보로 소식을 전했던 것이다.

황태자 루돌프의 죽음은 역사를 바꿔놓았다. 그는 프란츠 요제프 황제의 외아들이었기 때문에 다음 왕위 계승자는 황제의 동생 칼 루드비히Karl Ludwig였다. 하지만 칼 루드비히는 아들 프란츠 페르디난트Franz Ferdinand를 위해 왕위 계승을 포기했다. 프란츠 페르디난트는 1914년에 암살당해 제1차 세계대전의 도화선이 된 바로 그 인물이었다. 프란츠 페르디난트는 합스부르크 왕가가 결혼 상대로 인정하지 않는 백작 가문의 딸과 결혼했기 때문에 그의 자녀들은 제위 계승에서 제외됐고, 프란츠 페르디난트의 조카인 카를이 왕위를 물려받아 1916년에 오스트리아의 마지막 황제, 헝가리의 마지막 왕, 합스부르크 왕조의 마지막 왕족이 됐다.

# 경험적 지식과 본능에서
# 출발한 경제 이론

전직 언론인이었던 멩거는 황태자 루돌프의 경제 교육과
사회 교육을 담당했던 기간에 그에게 신문에 실릴 기고문을 작성하는
방법을 가르쳤다. 루돌프는 이후 몇 년 동안 궁에서 벌어지는 은밀한
일을 폭로하는 수십 건의 글을 빈에서 발행된 일간지인 〈노이에 비너
타그브라트〉Neue Wiener Tagblatt에 익명으로 기고했다. 루돌프가 기고한
글은 대부분 아버지의 정치를 비판하는 내용이었다. 그렇게 글을 쓰면
서 편집장 모리츠 쳅스Moritz Szeps는 황태자의 절친한 친구가 됐다. 하지
만 당시 오스트리아에서 반유대주의가 기승을 부린 탓에 황태자와 유
대인 편집장 간의 우정은 비밀에 부쳐둬야만 했다.

루돌프가 기고한 글 중 가장 뛰어난 것은 멩거와 함께 집필한 듯 보
이는 논설 "오스트리아의 귀족과 헌법에 따른 사명: 귀족 청년들을 향
한 호소"Der österreichische Adel und sein constitutioneller Beruf: Mahnruf an die aristokratische
Jugend였다. 1878년에 '어느 오스트리아인'an Austrian이라는 필명으로 기
고된 이 논설문의 저자는 게으르고 무능한 데다 학교 커리큘럼을 끝
마치지 못하고 쓸모 있는 일을 하려는 의지가 없다며 귀족 가문의 아
들들을 책망했다. 공직에 몸담거나 의정 활동에 참여할 의지가 없었
던 젊은 귀족들은 봄이면 사냥을 하고 승마를 즐기며 놀기 바빴고, 여
름이면 온천을 찾아 한가롭게 여유를 즐겼으며, 가을에는 무도회와 파
티, 연극 공연을 계획하느라 분주했다. 그리고 겨울이면 가을에 계획

한 행사들을 찾아다니느라 정신이 없었다.

심각할 정도로 무능한 젊은 귀족들이 얼마나 많은지 보여주기 위해 익명의 저자는 오스트리아 귀족들이 군사 교리나 전술을 익혀서 장교가 되는 것이 아니라 그저 승마술 성적으로 장교가 되는 탓에 오스트리아 군대가 최근 들어 프로이센과의 전쟁에서 부실한 성과를 보이게 됐다고 지적했다. 물론 루돌프는 자신이 하고자 하는 이야기가 무엇인지 잘 알고 있었다. 결국, 루돌프 역시 태어나자마자 대령이 된 사람이 아니던가. 그런 이유로 스무 살의 황태자가 이 글을 온전히 혼자 썼다기보다 멩거가 어느 정도 도움을 주었으리라 생각하는 사람도 있다.

이제 다시 카를 멩거의 이야기로 돌아가 보자. 1867년에 법학 학위를 딴 멩거는 〈프레세〉Presse, 〈봇차프터〉Botschafter, 〈디바트〉Debatte, 〈알게마이네 폴크스차이퉁〉Allgemeine Volkszeitung, 〈비너 타그브라트〉Wiener Tagblatt(멩거가 직접 설립한 신문사), 〈비너 차이퉁〉, 〈노이에 비너 차이퉁〉Neue Wiener Zeitung 같은 다양한 언론사에 글을 기고하는 동시에 저서 《경제학 원리》 집필에도 매진했다. 멩거의 저서는 제번스의 《정치경제학 이론》과 같은 해에, 발라의 《순수경제학 요론》보다 3년 일찍 출판됐다.

전문가들이 시장에서 거래하는 방식에 감명받은 멩거는 경제학이 경제 행동의 토대를 분석하고 탐색하는 데 도움이 되지 않는다고 탄식했다(당시에는 그런 식으로 학생들을 가르쳤다). 경제 전문가들이 그때까지 개발된 경제 원리를 내던져버리고 자신의 본능과 경험에만 의존하는 이유는 경박함이나 무능함 때문이 아니었다. 멩거는 경제 이론을 통해 유용한 경험적 지식을 얻으려던 모든 시도가 수포로 돌아간 탓에 경제학자들이 당시로서는 최신이라 할 만한 경제 이론에 관심을 두지 않게 됐다고 설명했다.

맹거는《경제학 원리》제1장에서 어떤 물건이 재화로 인정받기 위해서 갖춰야 할 특징을 설명했다. 물건이 재화로 인정받기 위해서는 네 가지 전제 조건이 충족되어야 한다. 먼저 인간의 욕구가 있어야 하고, 해당 물건이 이 욕구를 충족시킬 수 있어야 하며, 이 물건이 욕구를 충족시킨다는 사실을 인간이 알고 있어야 하며, 이 물건을 마음대로 사용할 수 있어야 한다. 두 번째 전제 조건과 세 번째 전제 조건은 그 물건이 소유주에게 효용을 제공해야 한다는 것과 같은 뜻이다. 물론 이런 전제 조건에는 부합하지만 재화가 아닌 것도 있다. 가령, 가짜 욕구를 충족시키는 데 그치거나 욕구를 충족시키는 것처럼 보이지만 실제로는 그렇지 않은 부적이나 가짜 약처럼 실제로는 그렇지 않은데 재화처럼 보이는 물건도 있다. 반면, 저작권이나 특허, 영업권, 독점력처럼 보이지 않는 무형의 재화도 있다.

재화와 경제 전반의 관계는 제2장에 잘 설명되어 있다. 사회가 번영하려면 사람들이 욕구를 예측하고 그에 맞게 행동할 수 있어야 한다. 맹거는 "미개한 인디언"wild Indians들은 앞으로 다가올 며칠에만 관심을 갖지만 유목민들은 향후 몇 달 동안의 욕구를 예측하고 대비하기 때문에 그보다 한 단계가 높다고 적었다. 반면, 인류 중에서 가장 뛰어난crème de la crème "문명화된 사람들"civilized people은 앞으로 다가올 겨울뿐 아니라 좀 더 먼 미래에 필요한 재화까지 예측한다. 이들은 향후 몇 년 동안 필요한 것들을 준비하며 심지어 자녀가 평생 동안 부족

함 없이 지낼 수 있도록 계획을 세우기도 한다. 멩거는 사람들이 미래의 욕구를 어떻게 결정하고, 각 시기에 필요한 양을 어떻게 계산하고, 가장 효율적인 방식으로 욕구를 충족시키기 위해 어떤 활동을 하는지 논의한다.

멩거는 제3장에서 우리가 이 책에서 관심을 두고 있는 주제, 즉 재화의 효용에 관해서 이야기한다. 멩거는 특정한 재화가 일련의 욕구를 충족시킬 수도 있다고 설명한다. 재화의 가치를 결정하려면 이런 욕구들을 중요도 순으로 나열해야 한다. 그런 다음 자신이 소유한 재화를 이용해 가장 중요한 욕구에서부터 덜 중요한 욕구 순으로 가능한 많은 욕구를 충족시키게 된다. 멩거는 모든 욕구를 충족시키기 위해 곡물을 이용하는 농부를 예로 들어 이 문제를 설명한다. 농부는 자신과 가족의 배를 불리기 위해 첫 번째 곡물 포대로 빵을 만든다. 앞으로도 계속해서 건강한 삶을 살 수 있도록 다음 곡물 포대로는 다른 것들을 굽는다. 그리고 다음 포대에 들어 있는 곡물은 내년의 농사를 위한 종자로 사용한다. 그런 다음에도 곡물이 남으면 농부는 그 남은 곡물로 맥주와 브랜디를 만들 것이다. 그러고도 남은 곡물이 있으면 농부는 가축이나 반려동물을 위한 먹이로 사용할 것이다.

농부에게 이 모든 욕구를 충족시킬 만한 곡물이 충분하지 않다면 농부는 적게 먹거나 빵을 덜 굽는 등 각 욕구를 충족시키는 데 필요한 곡물의 양을 줄이기보다는 그냥 반려동물에게 더 이상 먹이를 주지 않는 쪽을 택할 것이다. 따라서 '충족시킬 수 있는 마지막 욕구'(이 경우에는 맥주 제조)가 곡물의 가치를 결정한다. 농부에게 겨우 가족을 굶기지 않을 정도의 곡물밖에 없다면 곡물의 가치가 매우 높다. 만약 반려동물에게까지 먹이를 줄 수 있을 정도로 곡물이 충분하다면 농부에게 곡물의 가치는 그다지 높지 않다.

물론 이 사례는 같은 시기에 제번스가 언급하고, 몇 년 후에 발라가 언급한 한계효용체감의 법칙을 정확하게 설명하는 것이다. 소유한 물건이나 상품의 양이 늘어나면 한 단위의 물건이나 상품을 추가로 얻기 위해 기꺼이 내는 금액이 줄어들게 된다. 효용이 적기 때문이다. 따라서 재화의 가치는 마지막 한계단위marginal unit의 효용에 좌우된다. 생존 보장을 위해 재화가 사용될 때 한 단위의 재화가 제공하는 효용의 양이 가장 크고, 행복의 수단을 얻기 위해 재화가 사용되면 효용의 양이 줄어들며, 사치를 위해 재화가 사용될 때 효용의 양이 가장 적다. 물론 모든 단위는 똑같기 때문에 첫 번째 단위나 두 번째 단위, 세 번째 단위는 없다. 생존을 보장할 정도의 재화밖에 없을 때 가치가 가장 높고, 행복을 보장하기에 충분할 정도의 양이 있으면 가치가 줄어들며, 재화가 넘쳐나서 사치를 위해 사용할 수 있는 경우에 가치가 가장 낮아진다.

멩거는 농부와 곡물 이야기를 통해 자신의 저서 《경제학 원리》와 자신이 가르치고자 하는 교훈의 핵심 주제를 설명했다. 이 주제를 너무도 중요하게 여긴 탓에 멩거는 한 가지 예시를 내놓는 데서 그치지 않았다. 멩거는 몇 쪽에 걸쳐서 한계효용체감의 법칙을 매우 자세하게 설명하고 또 설명했다. 멩거는 반복적인 설명 때문에 독자들이 지겨워할지도 모른다는 사실을 인정하면서도 독자들의 명확한 이해를 도울

수만 있다면 그럴 만한 가치가 있다고 주장했다. 그런 이유로 멩거는 바위투성이의 섬에서의 물, 바다에 표류 중인 배 위에서의 비스킷, 아파트의 생활 공간, 금, 다이아몬드에 대해서 자세히 설명했다. 멩거가 이 모든 사례에 대해서 충분히 설명을 끝냈을 무렵에는 모든 독자가 한계효용체감의 법칙을 충분히 명확하게 이해할 수밖에 없었다.

재미있게도 멩거는 285쪽에 달하는 책을 쓰면서 방정식이나 수학 기호를 단 한 번도 사용하지 않았다. 제번스나 발라와는 반대로, 멩거는 이야기와 일화를 통해 이론을 설명하는 전통적인 방식을 철저하게 고수했다. 예를 들어 재화의 마지막 단위를 설명할 때는 그저 '마지막 1파운드의 곡물'이나 '마지막 양동이에 들어 있는 물'이라고 언급했을 뿐이다. 멩거는 끄트머리에 있는 무한히 적은 양은 언급하지 않았다. 만약 멩거가 무한히 적은 양을 언급했더라면 미적분을 이용할 수밖에 없었을 것이다. 사실 그의 저서에 복잡한 수학 공식이 등장하지 않은 것은 전혀 놀라운 일이 아니다. 법학도였던 멩거는 그다지 수학에 친숙하지 않았고, 자신같이 수학자가 아닌 사람들이 쉽게 이해할 수 있는 개념을 고수했기 때문이다. 그래프나 방정식 하나면 훨씬 쉽게 전달할 수도 있었을 법한 내용을 설명하기 위해 그토록 많은 사례를 언급한 것도 바로 이런 이유 때문이다.[*]

그럼에도 불구하고, 멩거가 묘사한 한계효용체감의 법칙은 1870년

---

[*] 멩거의 아들 칼Karl은 유명한 수학자가 되어 이 같은 문제를 만회했다. 게다가 칼은 i번째로 동전을 던졌을 때의 이익이 2i보다 훨씬 빨리 늘어나 기대효용이 무한대가 되는 소위 슈퍼-페테르부르크 역설Super-Petersburg Paradox이라고 불리는 역설에 관한 중요한 논문도 발표했다.

대에 발전 중이었던 수학적인 방법과 논리적으로 밀접하게 연관돼 있었으며 이것이 바로 멩거가 한계주의marginalism 창시자 중 한 사람으로 여겨지는 이유다.《정치경제학 이론》2판을 출판하기 위해 수리경제학 관련 글을 소개하는 참고문헌 목록을 정리하던 제번스는 수학적인 설명은 없고 오직 정신적인 부분에서만 수학적인 특징을 갖고 있었던 멩거의《경제학 원리》도 참고문헌에 포함시켰다. 후대의 어느 경제학자가 언급했듯이 멩거의 저서는 "수학적인 특징이 기호나 도표로 명확하게 표현되지 않은" 글 중 하나다.[*] 평생 자신이 산문으로 말해왔다는 사실을 몰랐던 몰리에르Molière의《평민귀족》Le Bourgeois gentilhomme에 등장하는 주인공처럼 멩거는 한계효용체감의 법칙이 본질적으로 상당히 수학적이라는 사실을 깨닫지 못했다.

서쪽으로 800킬로미터 떨어진 로잔에 살던 레옹 발라는 1883년이 되어서야 멩거의 연구에 관해 알게 됐다. 이번에도 발라에게 그 소식을 알린 사람은 부지런하고 마당발이었던 요한 달니스 드 부로이였다. 1883년 6월 22일, 부로이는 발라의 연구에 대해 잘 알고 있는 빈의 어느 교수에 관한 내용을 담은 서신을 발라에게 보냈다. 당시 부로이는 빈의 교수로부터 12년 전에 출판된 매우 흥미로운 책《경제학 원리》를 막 전해 받은 참이었다. 부로이는 설명의 명료성과 논리, 평이함에 매료됐다고 이야기했다. 항상 자신의 연구를 널리 알리고 싶어 했던 발라는 그 기회를 틈타 자신이 발표한 출판물 중 하나를 멩거에게

---

* 피셔, 1892, 120.

보냈고, 멩거는 화답의 의미로 《경제학 원리》를 발라에게 보냈다. 소포에 동봉한 편지에서 멩거는 수년간 발라의 연구에 관심을 갖고 있었다고 이야기했다. 하지만 그런 다음 경제학에서 사용되는 수학적인 기법에 대해 장광설을 늘어놓기 시작했다. 멩거는 자신이 수학적인 기법을 사용하지 않는 이유는 수학적인 기법이 실제로 도움이 되는지도 모르겠지만 설사 도움이 된다 한들 무언가를 입증해 보이려는 데만 도움이 될 뿐 연구에 도움이 되지는 않기 때문이라며 성을 냈다. 그는 "수학적인 기법은 기껏해야 양적인 관계를 발견하는 데 도움이 될 뿐이다. 수학적인 용어로 경제 법칙을 포장하거나 도표로 경제 법칙을 설명할 수 있을지는 모르겠지만 수학은 연구의 본질과는 거리가 멀고 정치경제학의 부수적인 학문에 불과하다."고 단언했다. 멩거는 상처에 소금을 뿌리듯, 많은 사람들이 오랫동안 이런 연구 방식을 따랐지만 발라의 연구 어디에서도 이들의 연구 내용이 인용되지 않았다는 사실을 지적하며 다소 거만한 태도로 편지를 마무리했다.

발라는 재빨리 회신했다. 책과 편지를 보내준 데 대한 감사를 표현한 발라는 서로 추구하는 방법이 다르긴 하지만 자신과 멩거가 모두 정치경제학이라는 학문에 "합리적인 방법"으로 접근하고 있다고 지적했다. 발라는 둘이 힘을 합치면 경험주의empiricism(논리적인 추론이 아니라 오직 감각적인 경험을 통해서만 지식을 얻을 수 있다는 개념)가 우세한 독일에서 논리적인 접근 방법이 부딪히는 반대를 극복할 수 있을 거라고 제안했다. 수학에 관해 언급할 때, 발라는 두 사람의 차이가 별것 아닌 것처럼 이야기했다. 발라는 가격을 결정하는 요소와 가격의 관계가 결국 멩거가 기꺼이 고려하려고 했던 바로 그 양적인 관계라고 설명했다. 뿐만 아니라, 발라는 연구를 위한 도구로서의 수학과 설명을 위한 수단으로서의 수학에는 차이가 없다고 지적했다. 발라는 연구를 위해 수학을 사용한 다음 설명을 위해 수학을 사용했다. 발라는 오직 수학 덕분에 자신이 마주한 질문을 명확하게 만들 수 있었다고 기술했다. 요컨대, 발라는 스스로를 무슨 수를 써서라도 방정식을 사용하려 애쓰는 수학자라기보다 엄격하게 증명할 수 있는 논리 정연한 의견reasoned opinion을 얻기 위해 노력하는 경제학자로 여겼다. 발라는 수학의 도움 덕에 원하는 답을 얻을 수 있었다고 주장했다.


## 멩거와
## 슈몰러의 대립


　　발라가 멩거에게 보내는 서신에서 언급한 '독일에서의 반대'란 학자들 사이에서 흔히 나타나는 사소한 의견 차이 그 이상이었다. 발라는 독일에서 오랫동안 정치경제학 연구에 영향을 미쳐온 심각한 논란을 언급한 것이었다.

　당시 독일 학계에서 인정받는 뛰어난 학자이자 영향력 있는 지도자였던 구스타프 폰 슈몰러Gustav von Schmoller는 소위 역사학파historical school(19세기 초반 독일에서 생겨난 여러 가지 사상의 역사성을 중시하는 학파―옮긴이)라고 불렸던 역사주의를 표방하는 학파를 지지하는 인물이었다. 논리적인 방식으로 첫 번째 원리나 공리(예: 한계효용체감 이론)에서 보편적으로 타당한 경제 법칙을 추론할 수 있다는 멩거의 견해는 당시 지배적이었던 슈몰러와 제자들의 이론과 극명하게 대비됐다. 이따금 '종합적'synthetic이라고 불리는 견해를 갖고 있었던 슈몰러와 제자들은 경제적인 사건들은 역사와 지리, 지역 전통, 심리학, 그 외의 특이한 요소들의 상호작용으로 나타난다고 주장했다. 그들은 경제 행동은 개별적으로 조사해야 하며, 수많은 비슷한 사건을 관찰한 후에야 어느 정도의 확신을 갖고 그 같은 유사성에 진실이 담겨 있다고 추론할 수 있으며, 이런 과정을 통해서 보편적인 결론을 도출할 수 있다고 보았다.*

각 접근 방법을 지지하는 사람들 간의 분쟁(그보다는 모욕 난타전이라고 하는 편이 더 나을 것 같기도 하다)은 멩거가《사회학 방법에 대한 탐구》Untersuchungen über die Methode der Socialwissenschaften를 출판한 1883년부터 본격화됐다. 학계에서는 좀처럼 보기 힘든 이 격렬한 언쟁은 나중에 방법 논쟁(방법을 둘러싼 논쟁)이라고 불리게 됐다. 저서에 기록된 멩거의 철학은 경제학의 근본적인 메커니즘을 파악하기 위해 추상적이고 이론적인 방식으로 첫 번째 원칙들을 분리해낸 다음, 그 원칙들을 토대로 보편적인 법칙을 만들어야 한다는 것이었다. 물리학자들이 첫 번째 근삿값에서 마찰력을 배제하듯이 거래 비용, 불로소득, 가격 거품, 보기 드문 사건 등 어느 정도 경제 행위에 영향을 미칠 가능성이 있는

---

* 통계 데이터로부터 경제 행동economic behavior에 관한 법칙을 추론하는 방식은 계량경제학econometrics이라는 하위 학문 분야에 속하는 영역이다.

잡음 요인noise factor들은 무시해야 한다. 통계적인 근거로 입증되더라도 역사적인 근거를 기반으로 하는 결론은 거부해야 마땅하다.

이 논쟁이 사소한 것까지 따지고 드는 학계 특유의 궤변에 불과했다고 보기는 어렵다. 이 논쟁에는 매우 중요한 의미가 있다. 먼저, 슈몰러의 견해가 옳고 경제 법칙이 역사에 달린 것이라면 제도적이고 정치적인 계획은 경제를 규제하는 중요한 역할을 하게 된다. 반면, 멩거의 견해가 옳고 인간이 만들어낸 첫 번째 원칙에 따라 경제 법칙이 만들어지는 것이라면 각종 제도와 규제는 장기적인 영향을 미칠 수 없다. 사리사욕이 모든 규제 노력을 대체하기 때문이다. 심지어 혁명이 일어나더라도 변화를 만들어낼 수 없다.

논란을 즐기는 성격임이 분명했던 멩거는 《사회학 방법에 대한 탐구》 서문에서 머지않아 공격할 작정을 하고 있었던 독일 과학자들에 대해 칭찬의 말을 쏟아냈다. 어쩌면 음흉한 칭찬이었다고 볼 수도 있다. 멩거는 논쟁적인 자신의 어조 때문에 상처받는 사람들이 있다는 사실을 잘 알고 있지만 소위 역사주의 학파를 지지하는 사람들이 안주하지 않도록 만들려면 그럴 수밖에 없다고 적었다. 역사주의 지지자들은 오랫동안 반성의 기미라고는 없이 횡포를 부렸으며, 자신들이 지지하는 이론에 관한 비판적인 평가는 무시했다. 그 결과 학자들은 정치경제학 분야의 연구 방법을 무의미하고 무가치한 문체로 묘사하게 됐다. 멩거는 그런 탓에 논쟁적인 문체를 사용할 수밖에 없다는 의견을 밝혔다.

역사학파가 다른 의견을 무조건 억눌렀다는 멩거의 비난은 옳았다. 널리 인정받는 독일 사회학의 주창자였던 슈몰러에게는 인재를 적절한 자리에 임명하고, 교수직 임명 현황을 감독하고, 의혹을 품는 사람들을 열외로 취급할 권한이 있었다. 그런데 느닷없이 많고 많은 나라 중 오스트리아 출신인 별 볼 일 없는 교수가 감히 슈몰러의 권한에 도전하려 든 것이다. 슈몰러는 그런 일이 벌어지도록 내버려두지 않을 생각이었다. 슈몰러는 "정치학과 사회학의 방법론에 대하여"Zur Methodologie der Staats – und Sozial-Wissenschaften라는 제목의 통렬한 논평으로 응수했다. 슈몰러는 글의 도입부에서 멩거가 논쟁을 유발하는 글로 자신을 개인적으로 공격한 만큼 자신 역시 참지 않겠다고 선언했다. 아니나 다를까, "학업적인 훈련"scholastic exercise, "추상적인 계획"abstract schemes, "정신적인 결핵"mental tuberculosis 같은 표현들이 논평 구석구석에 등장했다.

슈몰러는 보편적인 이론의 필요성을 완전히 부인하지는 않았다. 하지만 그는 여행기, 무역 박람회에 관한 기록, 통계적인 데이터 같은 묘사적인 설명이 반드시 전제돼야 한다는 주장을 고수했다. 슈몰러는 인간의 욕구나 사리사욕 같은 기본 원칙에 수학적 정확성을 더해 사회학에 관한 보편적인 법칙을 만들어낼 수 있다는 발상은 너무도 순진하며 그런 것들은 현실은 모른 채 탁상공론만 벌이는 학자들의 몫으로 남겨두는 편이 좋다고 주장했다. 그는 다른 동기를 모두 외면하는 것은 현실을 외면하고 가상의 의사결정권자들에게 대충 만족하며 사는 것과 다르지 않다고 설명했다. 슈몰러는 과학에서는 추상이 필요하지만 과학적 진실에 도달하기 위해서는 제대로 추상을 해야지 멩거처럼 몽상적인 모험과 비현실적인 환상을 좇아서는 안 된다고 주장했다. 또한 그는 방어하기 어려운 가설에서 출발해 가장 복잡한 현상을 하나의 요인으로 설명할 수 있다고 확신하는 멩거의 태도가 허세에 불과하다고 지적했다. 슈몰러는 멩거가 대중들 사이에서 관찰되는 많은 현상을 이해하는 데 도움이 되는 심리학, 언어학, 법철학, 윤리학 부문의 발전에 대해 잘 모르고 있었거나 이런 변화를 의식적으로 묵살했으며 경제학을 자기중심적인 관심사egotistical interest에 초점을 두는 일종의 게임으로 이해할 수 있다는 신비주의적인 신념을 고수했다고 꼬집어내렸다. 슈몰러는 나아가 멩거에게는 그저 역사학파의 본질을 이해하기 위한 '기관'organ이 없는 것일 수도 있다고 결론 내렸다. 그는 정말로 완곡하게 표현하는 사람이 아니었다.

평론의 마지막 부분에서 무시하는 어조로 "이제 그 책 이야기는 끝났다."라고 이야기한 슈몰러는 마지못해 미온적인 칭찬의 말을 내놓았다. 슈몰러는 멩거가 열정적인 논리학자이자, 논리적인 사상가이자, 뛰어난 학자라고 인정했다. 하지만 그는 멩거가 철학과 역사를 종합적으로 배우지 못한 데다 다양한 관점에서 경험과 생각을 받아들이는 데 필요한 마음의 여유가 없다고 지적했다. "독일 경제학자들로 이뤄진 역사학파에 대한 멩거의 비판은 대개 옳다. (중략) 하지만 그는 절대로 개혁가가 아니다."*

그때까지만 해도 슈몰러는 학구적인 글답게 신랄하지만 절제된 어

---

* 슈몰러, 1883, 251.

조를 유지했다. 하지만 멩거를 향한 반감이 그의 이성을 이기고 말았다. 슈몰러는 결국 학구적인 논의에 활력을 불어넣을 뿐인 멩거의 견해 때문에 화가 나지는 않는다고 허장성세를 부렸다. 하지만 그는 가르치는 듯한 말투로 자신과 다른 견해를 가진 모든 사람을 야단치는 멩거의 어조에 몹시 분개했다. 슈몰러가 건방진 오스트리아인에게 분개하고 있다는 것이 너무도 명백해 보였다.

멩거 입장에서는 이런 모욕을 감수할 생각이 없었다. 멩거는 1만 8,000글자로 이뤄진 반박문에 이자까지 얹어 슈몰러에게 당한 수모를 그대로 갚아주었다. 소논문의 제목에 이미 멩거의 어조가 반영되어 있었다. 가상의 친구에게 보내는 16통의 편지 형식으로 쓰인 "독일의 정치경제학 분야에서 관찰되는 역사주의의 오류"Die Irrthümer des Historismus in der deutschen Nationalökonomie라는 제목의 글에서 멩거는 슈몰러의 철학에 대한 의견을 늘어놓았다. 몇 옥타브 톤을 높였다는 점을 제외하면 멩거의 답변에 새로운 점은 없었다. 독특한 문체로 멩거는 슈몰러가 실제로 제기했거나, 제기할 수 있었거나, 제기했을지도 모르는 이의에 조목조목 반박했다. 독일의 덕망 있는 교수 슈몰러의 이름은 무려 139회나 언급됐다.

멩거는 슈몰러에 관해 어떤 이야기를 했을까? 멩거는 전혀 말을 아끼지 않았다. 슈몰러의 주장은 사려 깊지 못하고 제대로 된 근거가 없고, 느닷없고, 독설로 가득하며, 무책임하고, 이해하기 힘들고, 야만적이고, 오해와 잘못된 설명과 오류로 가득했다고 썼다. 또한 슈몰러는 혼란스러운 관념과 어리둥절한 개념을 받아들였으며 슈몰러의 표현은 저속하고, 부적절하고, 반쯤은 역겹고, 반쯤은 터무니없다고 쏘아붙였다. 멩거에 따르면 슈몰러는 가장 단순한 과학의 개념조차 혼동했으며, 방법을 선택할 때 신중하지 못했고, 이해가 부족한 사람이었다. 또한 역사와 통계에 관한 원시적인 자료밖에 알지 못하는 탓에 과학적인 출판물을 매도했으며, 편파적인 정치꾼 같은 행동으로 정치판에서 싸움질하던 나쁜 습관을 과학적인 토론의 장에 그대로 옮겨놓은 사람이었다.

멩거는 의례적인 학계 의전에 따라 슈몰러에게 "저자로부터"From the author라는 글씨가 새겨진 책자 한 부를 발송했다. 멩거는 정말로 《독일 제국의 입법, 행정 및 경제 연감》Jahrbuch für Gesetzgebung, Verwaltung und Volkswirthschaft im deutschen Reiche이라는 영향력 있는 학술지 편집자인 슈몰러가 자신의 책에 대한 비평을 학술지에 실을 것이라고 기대했을까? 물론 슈몰러는 그러지 않았다. 사실 슈몰러는 그보다 더 불쾌한 방법을 택했다. 슈몰러는 체면을 구기면서까지 그런 일을 하고 싶지는 않다는 내용을 담은 무례한 서신과 함께 읽지도 않은 책을 되돌려 보냈다. 게다가 마치 그 정도로는 충분하지 않은 듯 독일 학계 논쟁 역사에서는 전례 없는 행동으로 격론에 종지부를 찍었다. 슈몰러는 《독일 제국의 입법, 행정 및 경제 연감》에 거절의 뜻을 담은 비평을 실었다. 학계에서 매우 격한 논쟁이 벌어졌을 때조차 보기 힘든 수준의 매우 무례한 어조로 적힌 슈몰러의 이 비평은 온전히 번역해서 소개할 만하다.

《독일 제국의 입법, 행정 및 경제 연감》편집실은 이 책의 내용을 소개할 수가 없다. 이미 서신을 동봉해 저자에게 책을 돌려보냈기 때문이다. 서신의 내용은 다음과 같다.

"친애하는 귀하! 귀하의 소책자《독일의 정치경제학 분야에서 관찰되는 역사주의의 오류》를 우편으로 받아보았습니다. 우편에는 '저자가 직접 쓴' 육필로 된 메모가 들어 있었습니다. 그러니 제가 직접 우편을 보내신 데 대한 감사를 표하는 것이 맞을 것 같습니다. 여러 경로를 통해 이 소책자에 주로 저를 공격하는 내용이 담겨 있다는 이야기를 이미 전해 들은 바 있습니다. 첫 쪽을 얼핏 보니 그 말이 맞는 것 같았습니다. 저에게 이토록 집착하시고 기꺼이 저를 깨우쳐주려 하시는 데 무척 감사드리지만, 이런 식으로 말을 주고받는 상황에서는 저의 원칙에 충실하고 싶습니다. 지금부터 저의 원칙을 알려드릴 테니 똑같이 따라 하시기 바랍니다. 그렇게 함으로써 많은 시간과 분노를 아낄 수 있습니다. 이와 같은 개인적인 공격은 아예 볼 것도 없이 벽난로나 쓰레기통으로 던져버리면 됩니다. 그 저자가 나의 발전에 어떤 도움도 되지 않을 것으로 생각될 때는 특히 그렇습니다. 이렇게 하여, 저는 끝없이 격론을 벌여 대중을 지루하게 만드는 독일의 일부 교수들과 달리 그러한 유혹에 빠지지 않습니다. 하지만 귀하의 손으로 이토록 정중하게 보내주신 책을 없애버릴 만큼 무례하게 굴고 싶지는 않습니다. 그런 이유로 감사한 마음과 이 책을 다른 곳에서 좀 더 유용하게 쓰시라는 부탁의 말씀을 담아 이 책을 되돌려 보냅니다. 그건 그렇고, 또다시 저를

공격하고 싶으시다면 언제든 매우 감사하게 받아들이겠습니다. 속
담에도 있듯이 '적이 많다는 건, 그만큼 영예로운 일'이니까요."[*]

## 자유주의자들의 마음을
## 사로잡은 멩거

제번스, 발라, 멩거가 경제학 담론에 도입한 가장 중요한
혁신은 의사결정자들은 총효용을 극대화하기 위해 노력하며, 다니엘
베르누이가 이미 150년 전에 주장했듯이 어떤 사람이 이미 소유하고
있는 재화의 양이 늘어날수록 한 단위의 재화가 그 사람에게 제공하
는 효용이 줄어든다는 개념이었다. 요즘은 이런 현상을 묘사하기 위해
'한계효용체감'diminishing marginal utility이라는 표현을 사용한다. 한계효용
체감이란 멩거의 제자 가운데 가장 똑똑한 인물 중 하나였던 프리드
리히 폰 바이저Friedrich von Wieser가 고안한 것으로, 그는 이런 현상을 한
계효용Grenznutzen('한계 부분의 효용' 혹은 '가장자리의 효용'이라는 뜻의 독일
어)이라고 일컬었다.

멩거는 슈몰러와 제자들이 추구하는 정치경제학 연구 방법을 재차
'독일 방식'이라고 칭했다. 북쪽에서 정치경제학을 연구하는 학자들
이 아무런 도움도 되지 않는 오래되고 한물간 사고 체계에 지적으로

---

[*]  슈몰러, 1884.

간혀 있다는 사실을 보여주기 위해 그들을 얕잡아보는 마음을 드러낸 표현이었다. 이 같은 사실을 알게 된 슈몰러는 '오스트리아 학파'Austrian School라는 표현을 만들어냈다. 이것 역시 멩거의 주장이 지역주의와 정체된 과학에서 비롯된 것에 불과하다는 무시의 의미가 담긴 표현이었다. 멩거의 제자들은 감탄스러운 브랜딩 활동을 통해 그 의미를 뒤바꾸었고, 머지않아 '오스트리아'라는 표현은 탁월함의 상징으로 여겨졌다. 요즘은 많은 학자들이 오스트리아 학파라는 칭호를 영광의 훈장으로 여긴다.

역사적인 데이터는 경제가 돌아가는 방식을 이해하는 데 전혀 도움이 되지 않고, 따라서 이런 데이터를 근거로 경제 제도를 수립하고 규제를 마련하는 것은 의미가 없다는 멩거의 확신은 열렬한 자유방임주의 지지자들의 마음을 사로잡았다. 사회 구성원들이 그 어떤 정부의 개입도 없이 자신의 효용을 극대화하는 방식으로 경제를 이끌어나간다는 멩거의 발상은 아인 랜드Ayn Rand라는 이름으로 더 잘 알려진 작가 알리사 지노브예브나 로젠바움Alisa Zinoyevna Rosenbaum에서부터 경제학자 루트비히 폰 미제스Ludwig von Mises와 노벨 경제학상 수상자 프리드리히 하이에크Friedrich Hayek를 거쳐 대통령 후보였던 론 폴Ron Paul, 부통령 후보였던 폴 라이언Paul Ryan에 이르는 자유주의자들의 마음을 사로잡았다.

제5장

# 잊힌
# 선구자들

  스탠리 제번스와 레옹 발라가 누가 먼저인지를
두고 논쟁을 벌이는 동안(카를 멩거는 방법 논쟁에 정신이 팔려서 그 문제
에는 별다른 관심을 두지 않는 듯했다) 갑자기 두 명의 이름이 등장했다.
파리의 쥘 뒤피Jules Dupuit와 쾰른의 헤르만 하인리히 고센Hermann Heinrich
Gossen이 바로 그들이었으며, 누가 누구보다 먼저인가 하는 문제는 고
려할 가치가 없는 것이 되어버렸다.[*]

---

[*]  앞서 제4장에서 설명했듯이 이미 발라 부자에게 영감을 불어넣은 앙투안 오귀스탱 쿠르노에 대해서
    여기서 다시 설명할 생각은 없다.

# 쥘 뒤피가
# 쏘아올린 공학 문제

        1804년에 태어난 프랑스인 뒤피는 에콜폴리테크니크와 에콜데퐁École Nationale des Ponts et Chaussées(국립교량토목학교)에서 각각 수학과 공학을 공부한 후, 정부 부처에서 수석 엔지니어로 일하다가 파리 수도국의 수석 엔지니어가 됐다. 뒤피는 도로와 교량을 설계하고 파리의 하수 처리시설 건설을 감독해 이름을 떨치게 됐다.

  1846년에 루아르 강 대홍수를 목격한 뒤피는 홍수 관리에 관심을 가졌다. 뒤피가 경제학 분야에서 명성을 얻게 된 계기는 1844년《교량토목지》Annales des Ponts et Chaussees에 발표한 글 때문이었다. 뒤피는 "공공사업의 유용성 측정"De la mesure de l'utilité des travaux publics이라는 제목의 글에서 오늘날 '비용편익분석'cost-benefit analysis이라고 알려진 공학 문제를 소개했다.

  뒤피는 요즘 '자본예산'capital budgeting이라고 불리는 금융기법을 통해 투자 자금을 어떻게 할당해야 하는지 설명했다. 뒤피는 여기서 물 사용 사례를 활용했는데 멩거가 30년 후에 보여준 바로 그 방식이었다. 하지만 뒤피는 멩거와 달리 아래쪽으로 경사진 수요 곡선에서 출발해 이 곡선으로부터 한계효용체감의 법칙을 추론해냈다. 경제학 분야에서 이 개념을 언급한 사람은 뒤피가 처음이었기 때문에 얼마든지 자신이 원하는 방식을 선택할 수 있었다.

  뒤피는 먼저 수요 곡선이 우하향한다고 단언했다. "한 제품의 가격이 하락하면 현재 대량으로 해당 제품을 소비하는 이전 소비자들에 더하여 점점 더 많은 소비자가 해당 제품을 소비하게 된다."

뒤피는 이 조건의 타당함을 증명해 보일 필요가 없다고 생각했다. 뒤피는 수학을 공부한 엔지니어에게서 나온 것이라고 보기에는 다소 놀라운 말을 했다. "이것은 추가로 증명할 필요가 없는 통계적인 관찰을 통해 종종 확인되는 실험적인 사실이다."[*]

이를 근거로 한계효용체감의 법칙을 추론해낸 뒤피는 다음과 같이 설명했다. 연간 50프랑의 고정 요금을 내고 매일 1헥토리터(1헥토리터는 100리터다)의 물을 배달받기로 계약하면, 집 한 채를 소유한 사람이 1헥토리터의 물을 주문한다. 연간 비용이 30프랑으로 인하되면 2헥토리터의 물을 주문한다. 따라서 첫 번째 헥토리터의 효용은 최소한 50이다. 집주인이 50프랑의 가격에 물을 구매하는 데 동의했기 때문이다. 추가로 구입하는 1헥토리터의 효용은 50이 되지 않는다(가격이 50프랑일 때는 추가로 구매하지 않았기 때문이다). 하지만 효용이 적어도 30은 된다(그렇지 않다면 가격이 인하된 후에 물을 추가로 구입하지 않았을 것이다). 뒤피는 따라서 물 가격이 50프랑, 혹은 30프랑일 때는 집주인이 개인적인 욕구를 채울 만큼의 물만 구입한다고 설명했다. 하지만 가격이 20프랑으로 떨어지면 매일 집을 청소할 물을 구매하게 되고, 10프랑으로 내려가면 정원에 물을 주게 되고, 5프랑이 되면 땅을 파서 수영장을 물로 채우게 되고, 1헥토리터당 물 가격이 1프랑이 되면 물이 계속 흘

---

[*]  뒤피, 1844, 87.

러가도록 만들 수 있을 만큼의 물을 사게 된다. 자, 이것이 바로 한계효
용체감의 법칙이다.

프랑스의 공학 학술지에 공개된 뒤피의 논문은 프랑스 밖에서는 잘
알려지지 않았다. 1847년에 어느 동료가 뒤피의 논문에 화답하는 글
을 《교량토목지》에 실었으며 그로부터 2년 후에 뒤피가 긴 후속 글을
발표했다. 그것을 제외하면 뒤피의 글은 별다른 관심을 불러일으키지
못했다.

프랑스어를 할 줄 알았던 발라만이 뒤피의 획기적인 연구에 대해 알
고 있었다. 하지만 원통하게도 제번스의 연구가 자신의 연구보다 앞선
다는 사실을 알게 된 발라는 또 다른 사상가가 자신보다 먼저 같은 주
장을 펼쳤다는 사실을 인정하기를 꺼렸다. 그러나 발라는 자신보다 앞
섰던 사상가의 업적을 대단치 않은 것으로 치부하려고 애쓰던 중 실
수를 저지르고 만다. 뒤피의 영향을 받았다는 의혹을 피하는 데 혈안
이 된 나머지, 1877년 제번스에게 보낸 서신에서 무심코 뒤피의 존재
를 알리고 말았던 것이다. 정직한 과학자였던 제번스는 망설임 없이
자주 서신을 주고받던 다른 경제학자들에게 뒤피의 연구 내용을 알렸
다. 그러고 나서 제번스는 《정치경제학 이론》 2판 서문에서 모든 공을
뒤피에게로 돌렸다.

"아마도 가장 먼저 효용 이론을 완벽하게 이해한 공로를 인정받아
야 할 사람은 프랑스 공학자 뒤피인 것 같다."라고 쓰면서 말이다.[*]

---

[*] 제번스, 1879, xxviii.

# 헤르만 하인리히 고센과
# 한계효용체감의 법칙

뒤피의 발견이 공개된 것은 뒤따라 일어날 일들의 서막에 불과했다. 공학 문제로 꾸며져 있긴 했지만 뒤피의 연구에는 한계효용체감의 법칙이 내포되어 있었다. 하지만 출판 후에 완전히 외면당한 훨씬 풍부한 내용의 어느 책에는 정치경제학의 맥락에서 바라본 한계효용체감의 법칙이 분명하게 명시되어 있었다. 그 글의 저자였던 헤르만 하인리히 고센은 1810년에 프로이센 세무 관리의 아들로 태어났다. 고센은 아버지의 권고에 따라 공무원이 됐다. 하지만 정치경제학에 관심이 많았던 그는 20대 중반부터 인간의 상호작용을 좌우하는 규칙을 연구하기 시작했다. 시간이 흘러 1854년, 고센은《상법의 발달에서 비롯된 인간 행동 규칙의 발달》Entwickelung der Gesetze des menschlichen Verkehrs, und der daraus fliessenden Regeln für menschliches Handeln이라는 제목의 책을 출판했다. 고센이 책을 출판한 때는 뒤피가 논문을 발표한 지 10년이 지난 후였다. 그럼에도 제번스와 발라, 멩거가 이미 자신들보다 앞선 선구자가 있다는 사실을 모른 채 자신들의 연구가 획기적이라는 생각으로 연구 내용을 발표한 때보다 20년이나 빨랐다.

고센은 겸손이라곤 모르는 사람이었다. 그는 책의 서문에서 이렇게 적었다.

코페르니쿠스가 천체의 상호작용을 설명했다면, 나는 지상에서 살아가는 사람들 간의 상호작용을 설명했다고 생각한다. 나의 발견 덕에, 나는 인간이 가장 만족스러운 방식으로 인생의 사명을 이뤄내기 위해 반드시 따라 움직여야 할 궤도를 절대적인 확신을 갖고 가리킬 수 있게 됐다.[*]

고센은 독자들이 비판적이지만 편견 없는 시선으로 책을 읽어주길 바란다는 바람을 드러내며 서문을 마무리했다. 편견 없이 읽어달라고 요청할 만도 했다. 고센의 책이 그때까지만 해도 옳다고 여겨졌던 수많은 잘못된 생각들을 뒤집어버렸기 때문이다. 고센은 자신 역시 잘못된 생각들을 버리면서 엄청난 고통을 감내할 수밖에 없었다고 썼다. 당시의 대중은 실상은 그렇지 않지만 '옳다고 여겨졌던' 잘못된 생각들을 매우 소중하게 받아들이고 있었다. 전문가로서의 명예를 걸고 그런 생각들이 옳다고 믿는 사람들이 많았기에 더더욱 그랬다. 당시의 전문가들이 자신들이 옳다고 믿었던 생각들을 포기했다면, 고센과 같은 신세가 됐을 것이다. 다시 말해 인생의 한창때에 새로운 직업을 찾을 수밖에 없는 처지에 놓였을 것이다. 사실을 말하자면, 고센은 공무원으로 사는 것을 전혀 좋아하지 않았고 아버지가 돌아가신 후에 공직을 떠났다. 고센은 그 후로 농부들에게 우박이 내리거나 소가 폐사할 경우에 대비하는 보험 상품을 판매해 생계를 꾸렸다.

고센은 수학이 정치경제학 연구에 무엇보다 중요하다는 확고한 믿

* 고센, 1854, v.

음을 갖고 있었다. 사실 고센은 정치경제학 분야가 혼란을 겪는 이유는 수학적인 논의가 부족한 탓이라고 확신했다. 두 가지 중요한 격언이 고센의 연구에 도움이 됐다. 첫 번째는 사람들이 평생 동안 고센이 '쾌락'pleasure이라고 불렀던 효용의 총합을 극대화하기 위해 노력한다는 것이었다. 두 번째는 포만감에 도달하기 전까지는 특정한 재화를 더 많이 소비할수록 해당 재화가 제공하는 추가적인 효용이 줄어든다는 것이었다.[*]

물론 한계효용체감의 법칙과 동일한 이 격언은 다니엘 베르누이 때부터 널리 알려져 있었다. 하지만 고센이 이 원칙을 명확하게 정치경제학 영역에 적용한 첫 번째 저자였기 때문에 이 원칙을 종종 '고센의 제1법칙'Gossen's First Law이라고 부르곤 한다. 고센은 먼저 다소 낯선 세 가지 사례를 언급한 다음 좀 더 익숙한 사례로 넘어갔다. 그는 바라보는 시간이 길어질수록 예술 작품이 주는 기쁨이 줄어들며, 어떤 문제에 대해 고민하는 시간이 길어질수록 그 문제에 대해 생각하는 것 자체가 점차 지루해지고, 새로운 발견을 설명하는 것이 처음에는 아주 신나지만 점차 싫증이 나다가 결국에는 재미없는 일이 되어버린다고 지적했다. 그리고 나서 마치 뒤늦게 생각난 것을 기록하듯 빵이나 고기를 소비하는 좀 더 일반적인 사례를 언급했다.

고센은 제1법칙을 토대로 자신의 생각을 더욱 발전시켜 요즘 흔히

---

[*] 소비에는 시간이 걸린다. 따라서 어떤 재화건 하루 섭취량에는 제한이 있다. 거의 알려지지 않은 또 다른 선구자 칼 하인리히 라우Karl Heinrich Rau(1792~1870년)에 의하면 포만감(그리고 한계효용체감)은 그저 시간 제한에 따른 결과일 수도 있다.

'고센의 제2법칙'Gossen's Second Law이라고 불리며 구어체로 '비용 대비 효용 극대화'getting more bang for the buck라고도 표현되는 근본적인 경제 원칙을 만들어낸 첫 번째 인물이 됐다. 고센의 제2법칙이란 여러 개의 재화 중 무엇을 살지 결정할 때 지불하는 금액에 비해 효용이 가장 큰 제품을 고르게 된다는 것이다. 똑같은 재화가 추가로 주어지면 효용이 줄어들기 때문에 다음에 선택할 때는 다른 재화가 좀 더 커다란 효용을 줄 테고 따라서 다른 재화를 선택하게 된다. 사용 가능한 모든 돈을 지출할 때까지 이런 식으로 재화를 선택하게 된다. 그런 순간이 되면, 선택 가능한 재화 중 무엇을 선택하건 추가로 1달러를 지불했을 때 얻을 수 있는 추가적인 효용이 같아진다.

고센은 우주를 하나로 묶는 자연의 법칙뿐 아니라 인간의 상호작용을 조절하는 한계효용체감의 법칙을 만들어낸 신의 지혜에 경외심을 느꼈다. 신은 인간에게 자유 의지를 주었다. 하지만 신은 무한한 지혜를 가진 존재이기에 공익 추구를 방해하는 것처럼 보이는 바로 그 장애물(즉, 인간의 이기주의)이 공동체의 행복을 좌절시키기보다는 극대화하도록 처리해두었다.

정말 획기적인 발견이었다. 서문에서 코페르니쿠스를 언급한 데서 확인할 수 있듯이 고센도 이 같은 사실을 잘 알고 있었다. 하지만 안타깝게도 책에는 문제가 있었다. 내용을 구분하는 장도, 그래프와 방정식을 설명하는 글도, 단 하나의 제목도 없었던 것이다. 고센의 책은 무려 278쪽에 달하는 내용을 처음부터 끝까지 한 번에 읽어 내려가야 하는 하나의 길고 긴 주장이었다. 내용을 명료하게 만드는 역할을 하는 수학마저도 그 당시에는 장애물로 여겨졌다. 뭐랄까, 고센이 사용한 수학은 단순하기 짝이 없었다. 이따금 최대치나 최소치를 계산한 것을 제외하면 미적분이나 미분 방정식 같은 화려한 수학과는 거리가 먼 단순한 연산을 끝도 없이 늘어놓은 것에 불과했다. 설상가상으로, 고센은 기본적인 산수조차 싫어하는 독자들에게 도움을 주기 위해 끝없이 표를 늘어놓고 수치를 이용한 예시를 제시했다.

길고 지루한 고센의 글은 간단명료하지도 않았다. 70~80개의 단어로 이루어진 문장이 넘쳐났다. 가장 호의적인 독자마저도 흥미를 잃게 만들기에 충분했다. 책을 인쇄해줄 출판사를 찾지 못한 고센은 1854년에 자비로 책을 출판했다. 하지만 책을 사려는 사람이 거의 없었고 읽고 싶어 하는 사람은 더욱 적었다. 1858년, 고센은 판매를 중단하고 팔고 남은 책을 모두 파기했다. 매우 낙담한 고센은 바로 이듬해에 마흔일곱의 나이로 세상을 떠났다.

## 잊힌 사상가를 위한 헌사

고센이 쓴 비운의 저서는 인정을 받기까지 무려 20년이 넘게 걸렸다. 누가 먼저인지를 두고 논쟁을 벌이던 제번스와 발라는 (결국 발라가 제번스가 먼저임을 인정했다) 어쩌면 자신들도 모르는 사이에 다른 누군가가 같은 발상을 떠올렸을지도 모른다는 생각을 하기 이른다. 실제로 그랬다는 첫 번째 조짐을 발견한 사람은 맨체스터에서 학생들을 가르치던 제번스의 동료 로버트 애덤슨Robert Adamson이었다. 애덤슨이 할 수 있는 일이라고는 고센의 연구 내용을 저서에서 간략하게 언급하는 것뿐이었다. 애덤슨은 고센의 저서를 찾는다는 광고를 실었다. 하지만 진귀한 책이었기에 오랫동안 책을 구할 수가 없었다. 1878년에 어느 독일 서점의 카탈로그에 고센의 책이 언급된 것을 보고 애덤슨은 오랫동안 찾던 책을 주문했다.

독일어에 익숙하지 않은 탓에 애덤슨이 번역해서 설명해주는 내용에 의존할 수밖에 없었던 제번스는 머지않아 자신이 발라보다 빨랐다는 사실이 덧없는 승리에 불과했다는 것을 다시 한 번 깨달았다. 제번스는 《정치경제학 이론》 서문에서 "경제학 이론의 통칙과 방법의 측면에서 고센이 필자를 완전히 앞섰다."라고 인정했다.[*] 제번스는 자신이 입게 될 피해를 최소화하기 위해 고센은 설명을 단순화시키려고 인간이 느끼는 효용이 직선형으로 줄어든다고 가정했지만 경제학에서 사용되는 함수가 완전히 직선을 띠는 경우는 드물다고 지적했다. 그러면서 고센의 저서가 가진 몇 가지 문제점을 지적한 후 자신이 고센의 영향을 받았을지도 모른다는 의심을 불식시키기 위해 많은 공을 들였다.

"나는 1878년 8월 이전에는 고센의 저서가 존재한다는 그 어떤 징후를 본 적도, 들은 적도 없다는 점을 분명하게 짚고 넘어가고

---

[*]　제번스, 1879, xxxv.

싶다."*

또한 그는 자신의 주장을 강화하기 위해 자신과 마찬가지로 고센의 이름을 들어본 적이 없다고 한 많은 유명인들을 언급하기도 했다. 물론, 제번스가 각주에서 언급했듯이 대영박물관이 1865년에 고센의 책한 부를 입수하긴 했었다. 제번스는 아쉬운 듯 다음과 같이 마무리할 수밖에 없었다.

"나의 이론이 처음으로 간략한 개요의 형태로 출판됐던 1862년부터 필자의 이론이 새로운 동시에 중요한 것이라는 생각에 흡족함을 느끼곤 했다. 하지만 참신함을 더 이상 필자가 발표한 이론의 중요한 특징으로 여길 수는 없다는 점이 분명해졌다. 많은 부분이 틀림없이 뒤피 때문이며 나머지 중 상당 부분은 고센의 공으로 여길 수밖에 없다."**

이에 대해 발라는 침착하게 대처했다. 이미 제번스와 멩거, 뒤피가 자신보다 앞섰다는 사실을 알게 된 후였던 터라 자신보다 앞선 선구자가 한 명 더 있다는 사실에 엄청난 충격을 받지는 않았다. 사실 발라는 자신이 과학적 오류라고 여기는 것을 바로잡기로 마음먹었다. 어쩌면 제번스가 자신보다 먼저 같은 법칙을 발견했다는 사실에 엄청난 괴로움을 느꼈던 발라는 예기치 못한 선구자가 제번스보다 앞섰다는

---

* 제번스(1879)는 "고센의 효용 곡선은 대개 직선으로 간주된다."라고 썼다(xxxvi). 현대의 어법으로 생각하면, 오해를 불러일으킬 수도 있을 법한 표현이다. 제번스가 전달하고자 한 의미는 한계효용이 직선이라는 것이다(한계효용이 선형으로 줄어든다는 뜻이다). 그러면 총효용은 오목한 곡선이 된다.

** 제번스, 1879, xxxviii.

사실에 고소해하며 만족감을 느꼈을지도 모르겠다.

발라는 문의 끝에 고센의 유일한 친척인 조카 헤르만 코텀Hermann Kortum을 찾아냈다. 코텀은 본대학교의 수학 교수였다. 코텀은 프로이센의 국가 감정사였던 고센의 인생에 대한 자세한 이야기를 들려주었고, 발라는 1885년에《경제학자 저널》에 잊힌 사상가 고센을 위한 25쪽 길이의 헌사를 기고했다. 코텀은 발라에게 보내는 서신에서 자신의 외삼촌이 발표한 저서가 아무런 반향도 끌어내지 못한 것이 전혀 놀랍지 않다며 다음과 같이 적었다.

> 이곳 독일은 오일러부터 리만Riemann, 바이어슈트라스Weierstrass에 이르기까지 뛰어난 수학자를 여럿 배출했음에도 천문학자, 물리학자, 소수의 공학자를 제외하고는 전문가들 사이에서 수학 문화가 전혀 자리 잡지 못했습니다. 오늘날에는 방정식이 눈에 보이기만 해도 많은 교수들이 달아나버리는 상황이니 외삼촌의 저서가 성공하지 못한 것은 전혀 놀라운 일이 아닙니다.[*]

그렇다면 멩거는 고센의 저서에 관한 소식을 어떻게 받아들였을까? 멩거는 고센의 저서에 대해 알지 못했던 것이 틀림없다. 당장 슈몰러와의 방법 논쟁에 열을 올리고 있었던 터라 그는 과거에 일어났을지

---

[*]  발라, 1830, 87. 사실 오일러는 독일인이 아니라 스위스 사람이었다. 하지만 여전히 코텀처럼 생각하는 사람들이 많다.

도 모르는 다른 일에는 전혀 신경을 쓰지 못했다. 하지만 효용이 의사결정의 기본이라는 고센의 주장에 마음이 흐트러진 슈몰러는 별다른 야단법석 없이 고센을 온갖 피해를 초래하는 책을 쓴 "기발한 멍청이"ingenious idiot라고 일축했다. 멩거가 그토록 경멸했던 사람이 고센에게 쏟아낸 부적절하고 부당한 비난은 오히려 칭찬으로 받아들이는 편이 옳을 수도 있다.

# 제6장

# 믿음에 대한
# 내기

'수리적'이라는 조건에 정확하게 들어맞는 상황에서 한계효용체감 이론을 계속 발전시켜 나간 최초의 인물 중 한 사람은 케임브리지의 철학자 겸 수학자였던 프랭크 램지Frank Ramsey였다. 스물일곱 살이 되기 전에 세상을 떠난 이 비범한 사내가 너무도 짧은 일생 동안 이뤄낸 성과는 비단 본인이 선택한 분야뿐 아니라 경제학 분야에서도 매우 뛰어났다. 여러 학자의 연구 내용을 모두 더해놓은 것과 맞먹을 정도로 말이다.

# 위대한 유산을 남기고
# 너무 빨리 떠나간 청년

램지는 1903년에 유명하지 않은 학자의 장남으로 태어났다. 램지의 아버지는 수학과 물리학 교과서를 집필했으며 이후에 케임브리지 막달레나칼리지의 총장이 된 인물이다. 옥스퍼드 졸업생이었던 램지의 어머니는 열렬한 페미니스트이자 그에게 인생의 대들보 같은 존재였다. 램지에게는 두 여동생과 남동생 한 명이 있었는데, 훗날 캔터베리 대주교가 된 램지의 남동생 마이클 램지Michael Ramsey는 네 남매 중 유일하게 기독교도로 남은 인물이었다. 램지의 여동생 중 한 사람은 의사가 됐고 나머지 한 사람은 경제학 강사가 됐다.

램지는 어렸을 때부터 기개가 남달랐다. 전액 장학금을 받고 케임브리지 트리니티칼리지에 입학한 그는 스무 살의 나이에 시니어 랭글러Senior Wrangler(케임브리지 수학과에서 가장 뛰어난 성과를 낸 학생)로 학교를 졸업했다. 하지만 이미 졸업 전부터 남다른 업적으로 유명세를 떨쳤다. 거의 독학으로 독일어를 배운 그는 대학생 신분이던 열여덟 살에 20세기 초반에 등장한 가장 중요한 철학 논문 중 하나이자 어렵기로 악명이 높은 루트비히 비트겐슈타인Ludwig Wittgenstein의《논리철학 논고》Tractatus logico-philosophicus를 독일어에서 영어로 번역했던 것이다. 매우 부유한 오스트리아 가문의 막내아들이었던 비트겐슈타인은 1911년에 케임브리지로 유학을 떠나 철학자 버트런드 러셀Bertrand Russell 아래에서 공부했다. 그는 제1차 세계대전이 벌어진 전쟁터의 참호 속에서

《논리철학 논고》첫 번째 판을 집필한 것으로 유명하다. 1923년 가을, 램지는 당시 푸흐베르크라는 마을에서 초등학생들을 가르치고 있었던 비트겐슈타인과 《논리철학 논고》에 대해 논의하기 위해 2주간 오스트리아를 방문하기도 했다.

그로부터 1년이 흐른 후, 램지는 페미니스트이자 산아제한 운동가인 마가렛 파이크Margaret Pyke와 사랑에 빠졌다. 하지만 그들의 사랑에는 문제가 있었으니, 파이크는 유부녀였다. 그럼에도 램지는 그 같은 현실에 낙담하지 않았다. 램지는 지적으로만 따지고 본다면 나이에 비해 훨씬 성숙했지만 마음은 소년 같았다. 한 번은 파이크와 함께 호숫가를 산책한 후 휴식을 취하던 중 램지가 확실히 비철학적인 질문을 던졌다. "마가렛, 나랑 할래요?" 그러고 싶은 기분이 아니었던 파이크는 "한 번 한다고 뭐가 달라질 거라고 생각해요?"라고 답했다.[*] 아주 적절한 대답이긴 했지만 파이크의 무심한 대답을 들은 램지는 여느 때와 다르게 야멸차다고 느꼈던 것이 틀림없다.

열 살 연상의 유부녀를 향한 일방적인 사랑에 지친 프랭크 램지는 20세기 초에 지식인들 사이에서 최신 유행 중이었던 정신 분석에 매료됐다. 램지는 또다시 오스트리아를 찾았다. 이번 오스트리아 방문은 지그문트 프로이트Sigmund Freud의 첫 번째 제자 중 한 사람인 심리학자 테오도르 라이크Theodor Reik의 도움을 받아 빈에서 정신 분석을 받기 위함이었다. 램지가 자신보다 훨씬 나이가 많은 여인을 향한 이루어질

---

* 포레스터Forrester, 2004, 12.

● 프랭크 램지

출처: 위키미디어 커먼스, 패트릭 L. 가예고스(2017년)

수 없는 사랑을 갈망했던 데에는 램지가 매우 사랑했으며 몇 년 후 자동차 사고로 세상을 떠난 어머니와의 관계와 많은 영향을 미쳤으리라 짐작할 뿐이다.

불운한 사랑에서 비롯된 상사병을 치유한 램지는 케임브리지로 돌아왔다. 저명한 경제학자 존 메이너드 케인스의 노력 덕에 램지는 1924년에 킹스칼리지의 선임 연구원으로 뽑혔으며 2년 후에는 수학 강사가 됐다. 그러던 중, 그는 후에 유명한 인물 사진작가가 된 심리학과 학생 레티스 베이커Lettice Baker와 깊은 관계를 갖게 된다. 램지의 어머니나 킹스칼리지의 다른 연구원들에게 발각될까 두려웠던 두 사람은 트리니티칼리지 기숙사에 있는 베이커의 방으로 숨어 들어가 밀회를 즐기곤

했다.

램지가 그런 염려를 한 데는 이유가 있었다. 케인스에게 과거 램지가 저질렀던 파이크와의 불륜 때문에 선임 연구원으로 선출되지 못할 뻔했다는 이야기를 들었기 때문이다. 그러나 결국, 램지의 어머니는 램지와 베이커의 관계를 눈치 챘고 그 덕에 젊은 연인이었던 두 사람은 결혼을 서두르게 됐다. 하지만 두 사람의 결혼생활은 전통적인 방식과는 거리가 멀었다. 두 사람은 다른 사람과 자유롭게 연애하기로 합의했고, 두 사람 모두 마음껏 자유를 누렸다. 램지는 이 같은 합의가 다른 여성에 대한 속마음을 베이커에게 솔직하게 알려야 한다는 의미라고 생각했다. 결혼생활이 2년쯤 됐을 무렵, 램지는 베이커의 친구 엘리자베스 덴비Elizabeth Denby와 사랑에 빠졌다. 덴비는 파이크와 마찬가지로 램지보다 거의 열 살 정도 많은 사회 개혁가였다.

램지는 그런 관계를 받아들이는 것보다 비난하는 데 좀 더 능숙했다. 한 번은 램지가 덴비와 프랑스에서 크리스마스 휴가를 즐기는 동안 베이커가 아일랜드 출신의 어느 작가와 시간을 보낸 적이 있었다. 베이커는 그동안 해왔던 대로 램지에게 자신이 다른 사람과 함께 있다는 사실을 알렸다. 램지는 격분했다. 램지는 자신은 항상 다시 아내와 평온한 삶을 살 수 있는 날을 고대하면서 내연녀와 잠깐의 즐거운 시간을 보내고 있었던 것뿐이지만 베이커가 모든 것을 파괴하고 있다고 믿었다. 자신이 상처받은 쪽이라고 여겼던 램지는 연민을 기대하면서 구슬프게 한탄했다. "난 덴비를 포기하기로 결심했었어. 덴비가 나한테 얼마나 중요한지 당신은 잘 알 거야."

다소 늦긴 했지만 램지는 "이런 식의 일부다처제가 주는 부담감을 견딜 수 없고 다시 일부일처제로 되돌아가고 싶다."라는 결론에 도달했다. 램지는 머지않아 바람을 이룰 수 있었다. 몇 주 후에 베이커와 아일랜드 작가의 불륜이 끝나버렸기 때문이다. 베이커가 자신이 얼마나 비참한 기분인지 이야기했을 때, 램지는 굳이 기쁨과 안도감을 숨기려 들지 않았다. 베이커는 빈정대며 이야기했다.

"내 불행이 당신에게 도움이 되는 것 같아. 당신이 더욱 기뻐할 수 있도록 내가 여전히 매우 침울하고 우울하다는 사실을 알려줄게."[*]

1929년, 비트겐슈타인은 케인스와 램지의 설득에 넘어가 케임브리지로 향했다. 뛰어난 명성에도 불구하고 학위가 없었던 오스트리아 철학자 비트겐슈타인은 학생들을 가르치기 위해서 논문을 제출해야만 했다. 당시 문학사 학위를 갖고 있었던 스물여섯 살의 램지는 오스트리아에서 온 마흔 살 난 친구의 명목상 지도교수가 됐다. 당시는 두 사람의 우정이 가혹한 시험을 거친 후였다. 두 사람이 의견을 주고받던 중 프로이트가 매우 영리하긴 하지만 도덕적으로는 결함이 있다는 생각을 비트겐슈타인이 내비친 적이 있었다. 그 후, 두 사람은 꽤 오랫동안 서로 연락하지 않았다. 비트겐슈타인이 제출한 논문은 바로《논리철학 논고》였다. 사실 비트겐슈타인은 과거에 학사 학위를 받기 위해 《논리철학 논고》첫 번째 판을 제출한 바 있었지만 서문과 각주가 없다는 이유로 학위를 받지 못했다. 비트겐슈타인이 논문 방어에 성공했

---

[*]  이 단락에서 인용한 내용은 모두 '갈라보티Galavotti, 2006, 15'에서 발췌한 것이다.

을 당시, 논문 심사에 참여했던 인물 중 하나가 바로 버트런드 러셀이었다.

램지는 이듬해에 중병에 걸렸다. 황달 증상이 나타나자 처음에는 담낭 폐색이 원인이라고 생각했다. 하지만 런던에서의 수술이 실패로 돌아간 후 실제로는 간과 신장에 오래전부터 문제가 있었다는 사실이 드러났다. 수술이 끝나고 며칠이 흐른 후, 램지는 베이커와 두 딸을 남긴 채 세상을 떠났다. 램지가 좀 더 오래 살았더라면 경제학뿐 아니라 철학과 수학마저도 얼마나 발전했을지 그저 추측만 해볼 뿐이다.


## 케인스에게
## 이의를 제기한 램지

킹스칼리지에서 램지의 멘토 역할을 했던 존 메이너드 케인스는 20세기의 가장 영향력 있는 경제학자가 됐다. 공무원이 되어 유명세를 얻은 케인스는 제1차 세계대전이 끝난 후에 영국 대표로 베르사유 평화회담Versailles Peace Conference(파리 강화 회의, 파리 평화 회의로도 불린다.-옮긴이)에 참석하기도 했다. 케인스가 스물세 살의 램지에게 관심을 가진 때는 1926년이었다. 당시 램지는 〈참과 확률〉Truth and Probability이라는 논문에서 5년 전에 출판된 케인스의《확률론》Treatise on Probability에 이의를 제기했다. 램지는 확실한 결론으로 이어지는 익숙한 연역적 논리체계deductive logic를 결론이 불완전한 귀납적 논리체계inductive logic로 확대했다. 램지는 물리학자나 통계학자들처럼 빈도 혹은 모든 결과에서 원하는 결과가 차지하는 비중을 계산하는 방식으로 확률 이론을 정의하지 않았다. 대신 17세기 독일에서 이름을 떨쳤던 박식한 인물 고트프리트 빌헬름 라이프니츠의 정신을 이어받아 확률 이론을 논리학의 한 분야, 즉 "불완전한 신념과 결정적이지 않은 논증의 논리"logic of partial belief and inconclusive argument로 정의했다.[*]

램지는 논문 발표 후, 케인스의 격려에 힘입어 자신의 엄청난 지성을 경제학에 쏟아부었다. 뛰어난 재능을 가진 철학자에게 이 같은 변화는 단순한 방향 전환에 불과했다. 램지는 경제학 분야에서 딱 두 편의 논문을 집필하고 출판했는데 첫 번째는 1927년 3월에 발표한 〈과세 이론에 대한 소고〉A Contribution to the Theory of Taxation, 두 번째는 1928년에 12월에 발표한 〈저축에 관한 수학 이론〉A Mathematical Theory of Saving이었다. 자신이 편집을 맡고 있었던 경제학 학술지《경제학 저널》Economic Journal에 램지의 논문을 실었던 케인스는 지나치게 램지를 인정하는 듯한 모습을 보였다. 케인스는 램지의 부고를 내면서 "저는 〈저축에 관한 수학 이론〉이 지금껏 수리경제학에 가장 크게 이바지한 논문 중 하나라고 생각합니다."라고 적었다.[**]

램지의 논문이 최고라 칭하기에 손색이 없었던 것은 사실이지만 케인스의 이 같은 칭찬은 다소 과장된 면이 없지 않다. 보다 정확하게 말

---

[*]   램지, 1926, 157.

[**]  케인스, 1930, 153.

한다면 경제학 분야에서 그가 발표한 논문 중 '수리'mathematical라는 이름을 붙여도 손색이 없을 만한 최초의 논문 중 하나라고 할 수 있겠다. 그래도 이 논문에 대한 케인스의 전반적인 평가는 옳았다. 1970년대 들어 논문의 중요성이 충분히 인정받기까지는 무려 반세기가 걸렸지만 말이다.

하지만 우리가 이 책에서 관심을 가져야 할 논문은 〈참과 확률〉이다. 안타깝게도 그의 문체는 때로는 다소 난해하며 약간 거만했다. 예를 들면 케인스가 확률을 해석하는 방식에 이의를 제기하기 위해 램지는 다음과 같이 표현했다.

"그 주제를 다소 다른 관점에서 보려는 모든 시도를 헛되게 만든다는 점에서 (케인스의 이론이) 완전히 만족스럽지는 않다는 사실을 증명하기에 필자가 이미 언급한 내용이 충분했기를 바란다."[*]


## '믿음의 정도'를 어떻게 측정할 것인가?

확률이 믿음의 정도(즉, 특정한 결과에 대한 신뢰도)를 나타내는 것이라면 어떻게 확률을 '측정'할 수 있을까? 램지는 "확률을 측정하는 것만으로는 충분하지 않다."라며 "우리의 믿음을 확률에 정확

---

[*] 램지, 1926, 12.

하게 할당하려면 우리의 믿음을 측정할 수 있어야 한다."라고 적었다.[*]

믿음과 신뢰는 개개인의 주관적인 느낌을 바탕으로 하는 만큼 심리학적 접근 방법을 택해야 하며 믿음의 정도 역시 심리학적으로 측정해야 한다. 하지만 그걸 어떻게 측정할 수 있단 말인가? 일단 몇 가지 기준 수치에 합의할 수 있다. 가령, 어떤 결과에 대한 전적인 믿음은 1.0으로 나타내고, 정반대 쪽에 있는 결과에 대한 전적인 믿음은 0으로 나타내고, 해당 명제와 반대되는 말을 똑같이 믿는 경우라면 1/2로 나타낼 수 있다. 그렇다면 2/3만큼의 믿음이라는 것은 무슨 의미일까? 어떤 결과가 나타날 것이라는 믿음이 그렇지 않을 것이라는 믿음보다 두 배 강하다는 뜻일까?

단순히 어떤 믿음이 더 강한지 알려주는 서수 척도ordinal scale만으로는 만족할 수 없는 경우가 있다. 19세기 초에 광물학자 프리드리히 모스Friedrich Mohs가 물질의 경도를 나타내기 위해 고안한 경도계 같은 부류의 척도는 어떤 물질이 다른 물질을 긁을 수 있는지 나타내기에 충분하다. 이름을 보면 알 수 있듯, '서수' 척도는 일종의 서열을 알려주며, 이 경우에는 경도 기준에 따라 물질을 나열하게 된다. 모스는 부드러운 광물인 활석에 1.0의 값을, 당시 가장 단단한 광물로 알려진 다이아몬드에 10.0의 값을 임의로 부여하는 등 물질이 단단할수록 높은 값을 부여했다.

하지만 모스가 제안한 서수 척도에는 중요한 결함이 있었다. 모스

---

[*]  램지, 1926, 12.

의 척도를 이용하면 경도에 따라 물질을 배치할 수 있지만 석영의 경도(7)에 방해석의 경도(3)를 더하면 다이아몬드의 경도와 같아진다거나, 석고(3)가 활석보다 세 배 단단하다고 말할 수는 없다. 이러한 오류를 범하지 않기 위해 램지는 길이나 무게를 측정할 때처럼 '기수' 방식cardinal manner으로 믿음을 측정할 방법을 찾고자 했다. 기수 척도 상에서는 길이가 길거나 무게가 무거울수록 숫자가 커질 뿐 아니라, 수치를 보면 물체가 얼마나 길고 무거운지도 알 수 있다. 결정적으로 기수 척도는 더하고 뺄 수 있었다.

그것이 바로 램지가 찾던 것이었다. 램지는 더하고 뺄 수 있는 측정 과정을 원했다. 램지가 자신의 궁극적인 목표인 확률 계산을 대신할 수 있으리라고 여겼던 첫 번째 대안은 '느낌의 강도'를 평가하는 것이었다. 한마디로 어떤 결과가 나올 것이라는 느낌이 강렬할수록 확률이 높은 것이다. 하지만 램지는 더하기가 가능할지 확인해보기도 전에 이 방안을 일축했다. 사실 인간이 자신의 느낌에 객관적인 숫자를 부여할 수 있으리라 기대하기는 힘들다. "우리는 무언가에 대해 매우 강렬한 믿음을 갖고 있음에도 불구하고 그 어떤 감정도 느끼지 못하는 경우가 많다. '당연하게 여기는 것'들에 대해 강렬한 느낌을 갖는 사람은 없기 때문이다."*

결국 램지는 믿음의 강도를 측정하려면 그 믿음에 따라 '행동할 준비'가 얼마나 되어 있는지를 측정해야 한다고 결론 내렸다.

---

* 램지, 1926, 14.

"믿음의 강도를 판단할 때는 우리가 가상의 상황에서 어떻게 행동할지 평가해야 한다."

램지는 믿음의 강도를 평가하기 위해 다니엘 베르누이의 방식을 따랐다. "어떤 사람의 믿음을 측정하는 오래된 방법은 내기를 제안한 후 그 사람이 받아들일 가장 낮은 배당률이 얼마일지 살펴보는 것이다."

물론 이 접근 방법에도 문제점이 있다. 램지는 두 가지 문제를 언급했다. 먼저 그는 돈의 한계효용이 줄어든다고 지적한다.[*] 따라서 부富에 따른 계층이 바뀔 정도로 도박꾼에게 잠재적인 이익이나 손실이 너무 크다면 측정 자체가 왜곡될 수도 있다. 또한 기꺼이 내기에 걸고자 하는 액수 때문에 가난할 때보다 부자일 때 특정한 결과에 대한 어떤 사람이 믿음이 더욱 강해진다는 잘못된 결론을 내리게 될 수도 있다.

램지가 언급한 두 번째 문제는 사람들이 내기에 돈을 걸 때 특히 열의를 보이거나 꺼릴 수도 있다는 점이다. 놀랍게도 램지는 이 문제에 대해 약간 지나칠 정도로 무심한 태도를 보인다. 그러나 램지가 언급한 내용은 단순히 여담으로 취급해서는 안 되는 것이다. 사실 꽤나 많은 부연설명이 필요하다. 이 책의 제1장에서 이미 살펴봤듯이 램지가 몇 줄 앞서 언급한 돈의 한계효용체감 효과에는 위험 회피가 수반되기 때문이다. 그러므로 이론상으로는 내기를 꺼리는 것은 한계효용체감 효과 때문이며, 내기에 열을 올리는 것은 모순된 언동으로 간주하고 제외하는 것이 옳다. 램지는 오로지 인간의 심리 측면에서 이 같은

---

*    램지, 1926, 14.

현상을 설명했다. 즉, 도박에 수반되는 흥분감을 즐기는가, 싫어하는가에 따라 이런 결과가 나타난다고 설명했다. 위험을 회피하려는 마음과 내기에 참여하고픈 열의가 동시에 존재하는 이분법적인 상황에 대해서는 제8장에서 자세히 살펴보도록 하자.

이런 문제를 피하고자 램지는 대체 방안을 떠올렸다. 램지는 다음과 같은 공들여 만든 사례를 이용해 설명했다.

"나는 지금 교차로에 서 있고 어느 쪽으로 가야 하는지 모른다. 하지만 나는 두 갈래의 길 중 하나는 옳다고 생각한다. 따라서 나는 저쪽으로 가는 것이 옳다고 생각하지만 누군가 나타나면 물어볼 작정으로 계속 주위를 살핀다. 들판 너머 500미터 떨어진 곳에 누군가가 보인다고 생각해보자. 그 사람에게 길을 물어볼지 말지는 굳이 들판을 가로질러 가는 데서 비롯된 상대적인 불편과 내가 선택한 길이 잘못된 길일 경우 계속해서 엉뚱한 길로 감으로써 발생하는 상대적인 불편 중 어떤 것이 더 큰지에 달려 있다. 하지만 나의 판단이 옳다고 얼마나 확신하는지 역시 이 문제에 영향을 미친다. 내 판단에 대한 확신이 강할수록 내 의견을 확인하기 위해 이미 걷고 있던 길에서 기꺼이 벗어나고자 하는 거리가 줄어든다. 따라서 다른 사람의 의견을 묻기 위해 내가 이동하고자 하는 거리를 내 의견에 대한 확신의 척도로 이용할 것을 제안한다."[*]

이런 이유로, 자신이 옳은지 확인하기 위해 기꺼이 기울일 수 있는

---

[*] 이 인용문은 '램지, 1926, 17'에서 발췌한 것이다. 하지만 "갈림길을 만나면 갈림길로 가면 된다."When you come to a fork in the road, take it라는 요기 베라의 조언을 받아들이는 편이 훨씬 간편할 것이다.

노력의 정도가 믿음(즉, 누군가가 옳을 가능성)의 척도가 된다. 램지가 예로 든 사례에서는 믿음의 정도(선택한 길이 옳은 길일 가능성)를 거리로 측정할 수 있다.

램지에 의하면 확률 법칙은 형식 논리학을 불완전한 믿음 이론으로 확장한 것이다. 다시 말해 확률 측정을 위한 대체재의 역할을 하는 믿음의 정도는 (적어도 이론적으로는) 논리적으로 일관성이 있어야 한다. 측정 시스템이 일관성이 없다면 아무런 쓸모가 없다. 물론 믿음의 강도를 측정하는 것 역시 마찬가지다. 예를 들면 "내일은 맑을 것"이라는 나의 믿음이 "내일은 흐릴 것"이라는 믿음보다 강하고, "내일은 흐릴 것"이라는 믿음이 "내일은 비가 올 것"이라는 믿음보다 강하다면, "내일은 맑을 것"이라는 믿음이 "내일은 비가 올 것"이라는 믿음보다 강해야 한다.* 램지는 측정의 일관성을 위해 반드시 참이어야만 하는 몇 가지 정의와 공리를 명확하게 언급한 다음, 이를 토대로 자신이 핵심적이라고 믿는 네 가지 개연성 있는 믿음의 법칙을 도출했다.

첫 번째 법칙은 어떤 일이 '발생'할 것이라는 믿음과 반대의 상황에 대한 믿음의 합이 1 즉, 100%가 되어야 한다는 것이다.** 예를 들면 "내일은 비가 올 것"이라는 나의 믿음과 "내일은 비가 오지 않을 것"

---

*   평가 시스템에 일관성이 없을 때 발생할 수 있는 문제가 궁금하다면 '슈피로, 2010b'를 참고하기 바란다.

**  나는 이 부분에서 '발생'occurrence이라는 단어를 약간 막연하게 사용했다. 좀 더 정확하게 이야기하면 램지는 신이 존재한다거나 리만 가설Riemann Conjecture이 옳다거나 하는 것과 같은 명제의 진위를 고려한다.

이라는 믿음을 더하면 모든 가능성이 소진되기 때문에 이 둘을 더하면 합이 1이 된다. 두 번째 법칙은 다음과 같다. "비가 오면 뉴욕 닉스가 내일 경기에서 이길 것"이라는 나의 믿음과 "비가 오면 뉴욕 닉스가 질 것"이라는 나의 믿음을 더하면 100%가 되어야 한다. 세 번째 법칙은 좀 더 복잡하다. "나는 120세까지 장수하고 억만장자가 될 것"이라는 믿음은 "나는 120세까지 장수할 것"이라는 믿음에 "내가 120세까지 산다면 나는 억만장자가 될 것"이라는 믿음을 곱한 것과 같다. 네 번째 법칙이자 마지막 법칙은 다음과 같이 설명할 수 있다. "나는 120세까지 장수하고 억만장자가 될 것"이라는 믿음에 "나는 120세까지 장수할 테지만 억만장자는 아닐 것"이라는 믿음을 더한 값은 억만장자가 되건 그렇지 않건 간에 "나는 120세까지 장수할 것"이라는 믿음과 같다.*

믿음의 일관성이 없는 탓에 이 법칙을 따르지 않는 사람은 교활한 도박업자의 농간에 쉽게 넘어간다. 예를 들어 네 번째 법칙이 훼손되면 약삭빠른 도박업자가 순진한 도박꾼을 이용할 수 있다. 가령, 도박꾼이 여러 축구 팀 중 토너먼트 우승 팀에게 돈을 걸 생각이라고 가정해보자. 그라스호퍼 클럽 취리히가 이기면 도박꾼은 50달러를 받게 된다. 도박꾼은 버터플라이 클럽이 이길 경우에도 50달러를 받기 위

---

* 이를 공식으로 표현해보면(~은 '그렇지 않다'라는 의미), 다음과 같은 법칙이 성립한다.
  (1) p에 대한 믿음의 정도 + ~p에 대한 믿음의 정도 = 1.
  (2) q일 때 p에 대한 믿음의 정도 + q일 때 ~p에 대한 믿음의 정도 = 1.
  (3) (p, 그리고 q)에 대한 믿음의 정도 = p에 대한 믿음의 정도 x p일 때 q에 대한 믿음의 정도.
  (4) (p, 그리고 q)에 대한 믿음의 정도 + (p, 그리고 ~q)에 대한 믿음의 정도 = p에 대한 믿음의 정도.

해 이 팀에 돈을 걸 수도 있다. 도박꾼의 믿음이 두 가지 단일 내기simple bet에 각각 5달러를 낼 의향이 있는 그런 것이라고 가정해보자. 그리고 세 번째 내기, 즉 그라스호퍼나 버터플라이, 둘 중 한 팀이 이기면 50달러를 따는 복합 내기compound bet가 있다. 도박꾼은 복합 내기에 대한 자신의 믿음이 12달러라고 평가한다. 이제 도박업자는 12달러를 받고 도박꾼에게 복합 내기를 '판매'하고, 각각 5달러를 주고 두 가지 단일 내기를(총 10달러) '구매'할 수 있다. 그렇게 되면 도박업자는 즉각 2달러를 벌게 된다. 그라스호퍼가 이기면, 도박꾼은 두 가지 단일 내기 중 하나에서 졌기 때문에 도박업자에게 50달러를 줘야 하지만 복합 내기에서 이겼기 때문에 도박업자로부터 50달러를 받는다. 버터플라이가 이기면, 나머지 단일 내기에서 졌으므로 50달러를 줘야 하지만 복합 내기에서 이겼기 때문에 50달러를 받는다. 다른 팀이 이기면, 돈을 주고받을 필요가 없다. 어떤 경우건 손익은(만약 손익이 있다면) 상쇄된다. 하지만 영리한 도박업자는 2달러의 이익을 벌어들이지만, 네 번째 법칙을 위반한 순진한 도박꾼은 돈을 잃을 수밖에 없다.[*]

램지는 이 법칙이 매우 중요해서 "이런 법칙과 맞지 않는 마음 상태를 갖고 있으면, 제시된 선택 방안이 유도하는 대로 선택을 하게 되며, 이런 선택은 매우 불합리할 수도 있다."라고 설명한다.[**] 그렇다. 불합

---

[*] 그라스호퍼나 버터플라이가 우승할 가능성은 여기에서 아무런 역할도 하지 못한다. 도박은 '공정할' 필요가 없다. 요점은 내기의 배당률이 얼마이건 네 번째 법칙이 지켜지지 않은 탓에 도박꾼이 손해를 입는다는 것이다.

[**] 램지, 1926, 22.

리할 수도 있다. 하지만 안타깝게도 그런 경우가 매우 많다. 사실 질문을 표현하거나 선택 가능한 방안을 제시하는 방식에 따라 사람들의 대답과 결정, 행동이 달라지는 경우는 매우 흔하다. 현실 세계에서는 램지가 생각했던 것보다 믿음의 정도를 좌우해야 하는 법칙이 자주 훼손되곤 한다. 관련 내용은 이 책의 제3부에서 자세히 살펴볼 예정이다.


## 심리학과
## 확률론의 상관관계


어쨌든 램지의 논문은 한계효용체감의 법칙을 통해 알 수 있듯이 인간이 돈에 대해 주관적인 관점을 갖고 있을 뿐 아니라 확률 또한 주관적으로 평가한다는 사실을 이해하는 데 도움이 됐다. 램지는 특정한 믿음을 기반으로 기꺼이 행동하려는 '의향'이 그 사람이 가진 믿음의 강도를 나타낸다고 설명했다.

하지만 온갖 해석이 난무하는 가운데 확률의 본질을 둘러싼 혼란은 사라지지 않았다. 이런 소동이 진정되기까지 몇 년이 더 걸렸다. 1930년대 초, 구소련의 수학자 안드레이 콜모고로프는 램지의 이론처럼 주관적이지 않고 수학적인 근거가 있으며 객관적인 확률 이론을 개발했다. 콜모고로프는 1933년에 발표한 《확률 이론의 토대》Foundations of the Theory of Probability에서 확률 측정을 위한 세 가지 공리를 명시했다. 콜모고로프가 주장한 첫 번째 공리는 음이 아님(비음수성)nonnegativity, 즉 '확률은 항상 0과 같거나 0보다 크다', 두 번째 공리는 정규화normalization, 즉 '어떤 사건이 반드시 일어나게 되어 있다', 세 번째는 (유한개의 사건인 경우) 유한 가산성finite additivity, 즉 '서로 배반인 여러 사건이 일어날 확률은 각각의 사건의 합을 더함으로써 구할 수 있다'이다.[*]

콜모고로프가 제안한 이론은 감정이라고는 전혀 없는 무미건조한 것이었다. 하지만 인간은 그런 이상을 따르지 않는다. 설사 그런 이상을 갖고 있더라도 말이다. 프랭크 램지는 심리학이 확률 연구와 관련이 있다고 주장했다. 하지만 그조차도 인간은 약점이 있는 존재이기 때문에 합리적이고 일관된 믿음을 갖고 있어야 한다고 명시했다. 하지만 실제로는 인간이 전혀 그런 존재가 아니라는 것이 제3부의 주제다. 이에 대해서는 다음에 이어질 내용에서 더 자세히 알아보자.

---

[*] 공식으로 표현하자면, 확률 이론에 대한 콜모고로프의 정의와 공리는 다음과 같다.
오메가(Ω)가 비공 집합nonempty set(우리는 비공 집합을 '전체 집합'universal set이라고 부를 것이다)이라고 해보자. 오메가 필드(혹은 대수학)는 오메가의 부분 집합으로 이루어진 집합 F로 오메가가 집합의 요소 중 하나이며, 여집합(오메가에 관하여)과 합집합 아래에서 닫힌다. P는 F에서 실제 숫자에 이르는 함수이며 다음 규칙을 따른다.
비음수성: A∈F이면 P(A)≥0.
정규화: P(Ω) = 1.
유한가법성: A, B ∈ F이고 A∩B=Φ이면 P(A∪B)=P(A)+P(B).
P는 확률 함수, (Ω, F, P)는 확률 공간probability space이다.

제7장

# 경제학자들의
# 게임

1926년 12월 7일, 스물세 살의 프랭크 램지가 케임브리지 킹스칼리지에서 학생들을 가르칠 무렵 스물두 살의 한 헝가리 출신 박사 후 연구원은 독일에 있는 괴팅겐 수학 협회에서 강연을 했다. 저명한 수학자 데이비드 힐버트David Hilbert가 지도하는 괴팅겐대학교 수학과는 당시 독일뿐 아니라 전 세계에서도 단연 가장 유명한 곳이었다. 수학자를 꿈꾸는 요즘 인재들이 프린스턴고등연구소Institute for Advanced Study at Princeton로 모여들듯이 당시에는 수학자가 되고 싶어 하는 전 세계의 인재들이 괴팅겐으로 몰려들었다. 그리고 그중에는 이번 장에서 만나볼 헝가리에서 온 젊은 인재, 폰 노이만John von Neumann

● 존 폰 노이만

출처: 위키미디어 커먼스, 로스 앨러모스 과학연구소

도 있었다.

그 무렵 이미 매우 뛰어난 수학자로 알려져 있었던 폰 노이만은 타의 추종을 불허하는 천재이자 전 세계에서 가장 뛰어난 수학자로 자리매김하지만 1957년 2월에 마흔셋의 나이로 요절하게 된다. 폰 노이만의 업적은 너무도 많고 중요해서 그의 모든 업적을 제대로 기술하려는 시도조차 하기 힘들 정도다.[*] 수많은 그의 업적 중 몇 가지만 언급하자면, 그는 순수수학(함수 해석, 공리적 집합론), 물리학(양자역학에 관한 수학 이론), 컴퓨터 과학(세계 최초로 디지털 컴퓨터의 개념 제시) 분

---

[*] 이 매력적인 인물의 삶에 대해서 좀 더 많은 것이 궁금하다면 '슈피로, 2010b'를 참조하기 바란다.

야의 무수한 발전에 이바지했으며, 맨해튼 프로젝트Manhattan Project(제2차 세계대전이 한창일 때 미국이 진행한 원자폭탄 제조 프로젝트─옮긴이)에도 참여했다. 물론, 폰 노이만은 게임 이론을 창시한 인물이기도 하다. 폰 노이만이 1926년에 괴팅겐 수학 협회에서 진행한 강연의 주제가 바로 이 게임 이론이었다.

## '게임'은 어떻게 경제학의
## 중요한 문제가 되었나

화학공학 학위를 받고 스위스연방공과대학교를 졸업한 지 불과 6주 후에 폰 노이만이 괴팅겐에서 발표한 논문은 그로부터 2년 후에 〈실내 게임 이론〉Zur Theorie der Gesellschaftsspiele이라는 재미없는 제목으로 저명한 수학 학술지 《매스 아날렌》Mathematische Annalen에 실렸다. 폰 노이만은 이런 게임의 예로 룰렛, 체스, 브리지, 바카라, 포커 등을 언급했다. 누군가에게는 폰 노이만처럼 뛰어난 능력을 갖춘 수학자가 실내 게임같이 평범한 문제를 다루는 것이 약간 터무니없게 느껴질 수도 있다. 하지만 실제로는 전혀 그렇지 않다. 그는 실내 게임이 경제학을 둘러싼 근본적인 질문에 중요한 실마리를 던질 수 있다고 지적했다.

다시 말해서 "완전히 자기중심적인 '호모 오이코노미쿠스'homo oe-conomicus(경제적 인간)는 특정한 외적 상황에서 어떻게 행동할까?"라는 질문에 대한 답을 찾는 데 게임이 도움이 될 수 있다는 것이다.[*] 이와 같은 질문에 대한 답은 경제학뿐 아니라 정치학, 사회학, 심리학, 법학, 심지어 생물학 같은 다양한 분야에 영향을 미친다.

메타 수준meta level에서 보면 모든 실내 게임의 규칙은 꽤 단순하다. 게임의 상태를 결정하는 사건의 종류는 세 가지다. 첫째는 주사위 던지기, 동전 던지기, 카드 패 돌리기 같이 사건 자체는 무작위로 발생하지만 각 사건이 발생할 확률은 이미 정해진 사건이 있다. 룰렛이나 상트페테르부르크 역설에 등장하는 동전 던지기 게임 등이 여기에 해당한다. 이런 게임을 이론적으로 분석하는 것은 확률 이론의 영역에 해당하며, 의사결정의 관점에서 보면 이런 게임은 그다지 흥미롭지 않다. 반면, 체스나 가위바위보 같은 게임을 할 때는 상대방도 수를 둔다. 따라서 상대보다 한 수 앞서기 위해 애를 써야 한다. 이런 게임을 할 때는 상대방과 자신의 의사결정이 결과에 영향을 미치게 된다. 하지만 운에 따라 결정되는 것은 아무것도 없다는 점에서 이런 게임은 결정론적이다. 마지막으로, 모노폴리, 백개먼Backgammon(두 사람이 하는 주사위 놀이─옮긴이), 포커, 브리지 같은 게임에서는 운에 따라 발생하는 사건과 상대방의 결정, 둘 모두가 결과에 영향을 미친다. 어떤 종류의 게임을 하건 이기면 돈을 따고 지면 돈을 잃는다.

---

[*] 인용문은 '폰 노이만, 1928, 295'에서 발췌한 것이다. 라틴어와 그리스어를 뒤죽박죽 섞은 '호모 오이코노미쿠스'라는 표현이 학술 담론에 쓰였다는 것이 유감스럽다. 좀 더 정확하게 표현하려면, 라틴어만 사용해 '호모 파르쿠스'homo parcus(단세포적인 호모 사피엔스와 구분하기 위한 표현)라고 부르든지 그리스어만 사용해 '안트로포스 오이코노미쿠스'anthropos oikonomikos라고 했어야 옳다.

폰 노이만의 기본 가정은 게임에 참가하는 사람들이 서로에게만 돈을 낸다는 것이었다. 즉, 게임판 밖에서 들어오는 돈도 없고, 게임판 밖으로 나가는 돈도 없다. 따라서 주인이 바뀌는 금액을 모두 더하면 0이 된다. 그래서 이런 게임은 '제로섬 게임'zero-sum game이라고 불린다.

이제 우리도 잘 알고 있듯이 게임에 참여하는 사람이 자신이 내야 하는 돈을 어떻게 생각하고 평가하는지가 결정 요인이 된다. 하지만 폰 노이만의 논문에서는 그렇지 않다. 폰 노이만은 명확하게 효용을 고려 대상에서 제외했으며 게임에 참여하는 사람들이 모두 이기적이라고 가정했다. 그는 "다른 모든 게임 참가자들 역시 이기적이고 그들 역시 기대 상금을 극대화하기 위해 노력한다면 게임 참가자는 어떻게 해야 하는가?"라는 질문을 분석했다.

폰 노이만이 찾아낸 주된 결과는 두 명이 참가하는 게임에 적용되는 최소최대정리Minimax Theorem, 즉 제로섬 게임이다. 이런 게임에서는 한 사람의 손해가 곧 상대방의 이익을 의미하기 때문이다. 다시 말해서, 상대방의 최대 상금을 최소화해야 자신의 최소 상금을 극대화할 수 있다. 따라서 합리적인 게임 참가자라면 자신이 딸 수 있는 최소 금액이 가능한 커지도록 해야 한다. 폰 노이만은 한 참가자의 최소 상금을 극대화해, 상대방의 최대 이익을 최소화하는 전략이 존재한다는 것을 증명했다. 이 문제는 폰 노이만이 나치 지배하의 유럽을 떠나 미국으로 망명한 경제학자 오스카르 모르겐슈타인Oskar Morgenstern과 공동 연구를 진행할 때까지 20년 동안 해결되지 않고 남아 있었다.

# 수학자와 경제학자의
# 운명적 만남

모르겐슈타인은 폰 노이만과 램지보다 1년 앞선 1902년에 괴를리츠라는 독일 마을에서 태어났다. 모르겐슈타인의 아버지는 작은 회사를 운영하며 직접 회계를 했던 빌헬름 모르겐슈타인Wilhelm Morgenstern이었으며, 어머니는 프로이센 왕이자 독일 황제였으나 1888년에 재위 99일 만에 세상을 떠난 프리드리히 3세Frederick III의 사생아 마가레트 타이힐러Margarete Teichler였다. 프리드리히 3세는 세상을 떠날 때 그녀에게 상당한 재산을 남겼지만 모르겐슈타인의 아버지는 경솔하게 여러 사업을 벌이며 아내가 상속받은 재산을 모두 탕진했다.

빈에서 유년기를 보낸 모르겐슈타인은 1925년에 빈대학교에서 박사 학위를 땄다. 모르겐슈타인은 자신을 "오스트리아 경제학파의 산물"a product of the Austrian School of Economics이라고 여겼는데,[*] 한계생산성marginal productivity에 대한 논문을 집필한 것만 봐도 잘 알 수 있다. 그런 다음 록펠러 재단Rockefeller Foundation의 후원으로 하버드대학교에서 3년간 연구원으로 일했다. 이후 다시 빈으로 돌아와 빈대학교의 경제학 교수가 됐다.

그는 철학자이자 물리학자이며 논리학자였던 모리츠 슐리크Moritz Schlick가 주도했던 유명한 토론 그룹 빈 학파Vienna Circle 활동에 적극적으

---

[*]    모르겐슈타인, 1976, 805.

240

● **오스카르 모르겐슈타인**

출처: 빈대학교

로 참여했다. 매주 진행된 빈 학파 모임에서 모르겐슈타인은 칼 멩거 Karl Menger(카를 멩거의 아들), 루돌프 카르나프Rudolf Carnap(열역학으로 유명한 인물), 쿠르트 괴델Kurt Gödel('불완전성 정리'로 유명한 인물), 칼 포퍼Karl Popper('반증 가능성'으로 유명한 인물) 같은 유명 인사들을 만났으며 어쩌면 루트비히 비트겐슈타인 역시 이 모임에서 만났을지도 모른다.

모르겐슈타인은 어느 빈 학파 모임에서 청중에게 경제학에 관한 수수께끼를 냈다. 모르겐슈타인은 '예측'prediction이 '예측된 사건'predicted event에 어떤 영향을 미치는지 오랫동안 고민했었다. 결국 그는 전반적인 균형 상태와 완벽한 선견지명은 양립할 수 없다는 놀라운 결론에 도달하게 된다.

모르겐슈타인은 아서 코난 도일Arthur Conan Doyle의 단편 소설《마지막 사건》The Final Problem의 일부분을 인용해 빈 학파에 이 같은 역설을 설명했다. 모리어티 교수에게 쫓기던 셜록 홈스는 런던에서 도버로 기차를 타고 이동한다. 하지만 모리어티 교수가 출발 시간은 늦지만 도착 시간은 빠른 도버행 특급열차를 타고 와 자신을 따라잡을 것이라고 올바르게 추정한 후 중간역인 캔터베리에서 내린다. 그 덕에 홈스는 사악한 교수 모리어티를 간신히 따돌린다.

하지만 만약 모리어티가 좀 더 영리해서 홈스가 어떻게 행동할지 미리 알아차린 후, 캔터베리 역에 정차하는 기차를 탔다면 어떻게 됐을까? 또 자신의 예견을 모리어티가 예견했다는 사실을 홈스가 예견했다면 어떻게 됐을까? 둘 중 누구도 상대보다 뛰어난 생각을 통해 상대를 이길 수 없다. 그 어떤 균형 상태에도 도달할 수 없는 것이다.

이 문제에 대한 강의가 끝난 후, 수학자 에두아르트 체흐Eduard Cech가 모르겐슈타인에게 다가가 존 폰 노이만이라는 사람이 1928년에 발표한 비슷한 문제를 다룬 논문의 존재를 언급했다. 체흐가 언급한 논문은 폰 노이만이 1926년에 괴팅겐에서 발표한 게임에 대한 바로 그 논문이었다.

경제학자 모르겐슈타인은 자신과 비슷한 생각을 한 이 수학자를 너무도 간절히 만나고 싶어 했다. 하지만 두 사람의 만남이 이뤄지기까지는 4년이 더 걸렸다. 당시 록펠러 재단이 자금을 지원하는 오스트리아의 비즈니스 주기 연구소Institute für Konjunkturforschung 소장을 맡고 있었던 모르겐슈타인은 파리, 런던, 제네바에 있는 국제연맹League of Nations

등을 자주 방문하며 매우 바쁜 나날을 보내고 있었기 때문이다.[*] 그러던 1938년 1월, 카네기 국제 평화 기금Carnegie Endowment for International Peace은 미국의 네 대학을 방문할 수 있도록 모르겐슈타인을 미국으로 초청했다. 하지만 모르겐슈타인이 미국에 머무른 지 두 달이 됐을 무렵, 국제 정세가 급변한다. 1938년 3월, 독일이 오스트리아를 합병하면서 빈에서 나치가 권력을 장악하게 된 것이다. 모르겐슈타인은 대학에서 쫓겨났으며 비즈니스 주기 연구소에서도 나치 당원이었던 부소장에게 소장 자리를 뺏겼다. 모르겐슈타인이 해고된 결정적인 이유는 인종 때문이 아니라 자유주의를 지지하는 그의 태도 때문이었다. 그가 자신의 외조부인 프리드리히 3세로부터 유일하게 물려받은 것이 바로 자유주의적인 성향이었다.

이 같은 정세 변화에 모르겐슈타인은 현명하게도 미국에 남기로 했다. 여러 대학으로부터 일자리를 제안받았지만 폰 노이만을 만나 함께 연구를 진행할 수 있을지도 모른다는 기대를 품고 프린스턴대학교에서 3년 동안 연구를 하기로 했다. 물론 짐작할 수 있듯이 모르겐슈타인이 프린스턴에서 받은 월급의 절반은 록펠러 재단에서 나왔다.

그런 우여곡절 끝에 모르겐슈타인은 폰 노이만을 만나게 됐을 뿐 아니라 세계에서 가장 유명한 경제학자, 수학자, 물리학자들과도 교제하게 됐다. 모르겐슈타인이 친분을 쌓은 인물 중에는 닐스 보어Niels Bohr와 알베르트 아인슈타인Albert Einstein도 있었다. 특히 양자역학의 가장

---

[*] 록펠러 재단은 1920~1930년대에 경기 순환business cycle이 주요 연구 분야 중 하나라고 선언했다.

근본적인 문제 중 하나인 관찰자 효과에 심취한 보어를 보면서 모르겐슈타인은 모리어티 교수의 예지력, 혹은 예지력의 부재가 사건의 결과에 영향을 미칠 수도 있다는 사실을 떠올렸다. 또한 모르겐슈타인은 저녁 식사 자리에서 이론이 실험보다 중요하다고 선언하는 아인슈타인을 보면서 뭔가를 떠올리기도 했다.

모르겐슈타인과 폰 노이만의 관계는 중간에서 둘을 이어주는 사람이 따로 필요치 않은 관계였다. "즉각적인 지성의 교차와 마음에서 우러난 공감"instantaneous meeting of minds and a spontaneous empathy이 있었기 때문이다.* 폰 노이만은 자신의 첫 번째 논문을 발표한 이후에는 게임 이론에 많은 관심을 쏟지 않았다. 하지만 모르겐슈타인이 게임에 대한 폰 노이만의 관심에 다시 불을 지폈다. 두 사람은 각자 자신의 논문을 따로 인쇄해 교환한 후 20세기 과학 분야에서 진행된 공동 연구 중 가장 중요하고 유익한 연구 중 하나라고 볼 수 있는 연구를 시작했다.

아직 가장 기초적인 형태이긴 했지만 게임 이론의 무한한 가능성을 확신했던 모르겐슈타인은 게임 이론이 경제학자에게 미치는 의미를 자세히 설명하는 논문을 써 내려가기 시작했다. 그러나 원고를 처음 검토한 폰 노이만은 게임 이론에 익숙하지 않은 독자들이 읽기에는 내용이 너무 어렵다고 이야기했다. 수학자가 아닌 사람들도 게임 이론을 이해할 수 있도록 좀 더 자세한 설명이 필요한 상황이었다. 모르겐슈타인

---

* 모르겐슈타인, 1976, 808. 이후의 인용문 중 따로 주석에서 언급하지 않은 것들은 모두 여기에서 인용한 것이다.

은 다시 집필에 몰두했다. 하지만 모르겐슈타인이 작성한 새 논문을 모두 읽은 폰 노이만은 이번에도 만족하지 못했다. 그러더니 이렇게 제안했다. "이 논문을 같이 써 보면 어떨까요?" 모르겐슈타인은 매우 기뻐했다. 모르겐슈타인은 오직 위대한 수학자 폰 노이만을 만날 수 있으리라는 기대를 품고 프린스턴을 선택했었다. 그런데 단순히 만나는 차원을 넘어서서 함께 연구를 하게 되다니 그보다 좋은 일이 어디 있겠는가? 그는 회고록에서 그때를 기억하며 이렇게 썼다.

"폰 노이만이 나와 함께 연구하기를 원했습니다. 우리 두 사람은 게임 이론이라는 새로운 영역 내에 존재하는 과제와 어려움, 가능성에 대한 그 어떤 의심도 없이 엄청나고 새로운 영역으로 진출한 것이었습니다."

그렇게 두 학자는 1940년 가을에 공동 프로젝트를 시작했다. 두 사람은 대화는 독일어로 하고 글은 영어로 썼으며, 모든 작업은 공동으로 진행했고, 원고의 필적이 한 쪽에서만 두세 차례 바뀌기도 했다. 하지만 두 사람이 노력을 거듭할수록 글은 점차 길어졌다. 어느 날, 폰 노이만이 이렇게 이야기했다.

"이렇게 해서는 논문이 되기는 어려울 것 같군요. 두 부분으로 나눠도 안 될 것 같습니다. 소책자를 만드는 게 나을 것 같기도 합니다."

그렇게 두 사람은 계획을 변경해 프린스턴에서 발행하는 수학 학술지 《수학 연보》Annals of Mathematics Studies에 기고할 수십 장짜리 소책자를 저술하기로 했다. 하지만 내용이 계속 늘어났고 두 사람은 다시 프린스턴대학교 출판부에 연락해 약 100쪽짜리 책자를 출판하는 방안을 제안했다. 출판부 책임자는 적극적인 태도를 보였고, 두 사람은 출판 계약서에 서명했다. 그러고는 쪽수 제한에 대한 염려 같은 것은 까맣게 잊어버렸다.

그 후로 두 사람은 자주 만남을 가졌다. 그들은 함께 오랫동안 산책을 하고, 함께 휴가를 보내고, 밤이 깊도록 이야기를 나누었다. 두 사람은 함께하는 시간 내내 게임 이론에 대해서 생각하고 토론했다. 사실 게임 이론에 관한 생각에 거의 모든 시간을 쏟아부은 사람은 모르겐슈타인이었고, 폰 노이만은 핵폭탄, 컴퓨터, 양자역학, 세포 자동자 cellular automata ('셀룰러 오토마타'라고도 불리며 세포처럼 불연속적인 변수를 가지는 균일하고 규칙적인 격자로 이루어진다.—옮긴이) 같은 다른 문제에 대해서도 고민했다. 두 사람은 함께 아침 식사를 하며 무엇을 해야 할지 논의하곤 했다. 그런 다음에는 오후에 다시 모여 함께 작업하고, 저녁에는 모르겐슈타인이 그날 두 사람이 만나 논의한 내용을 기록했다. 두 사람은 1942년 크리스마스까지 2년이 넘는 기간 동안 열심히 일했다. 그럼에도 모르겐슈타인은 폰 노이만과의 공동 연구를 결코 힘들고 단조로운 일로 여기지 않았다. 오히려 폰 노이만과의 공동 연구에 완전히 몰입하고 그 과정을 통해 발견의 기쁨을 누리면서 쉼 없이 희열을 느꼈다고 회고했다.

두 사람의 연구에 관해 계속 설명하기 전에 모르겐슈타인의 젊은 시절과 관련된 불미스러운 일화를 하나 언급해야 할 것 같다. 모르겐슈타인에 관한 칭송 일색의 전기를 담은 글에서는 좀처럼 언급되지 않는 이야기이기도 하다. 유대인처럼 들리는 이름을 갖고 있지만 루터

교를 믿었던 젊은 시절의 모르겐슈타인은 유대인들을 전혀 좋아하지 않았다. 현재 듀크대학교 기록 보관소에 보관된 모르겐슈타인의 일기 장에서는 반유대주의적인 내용이 군데군데서 발견된다. 모르겐슈타 인은 어느 날의 일기에서 "어제는 반유대주의에 반대하는 유대인들의 시위가 있었다. 얼마나 파렴치한가!"라고 적었다.[*] 다른 일기에서는 "이 오만한 유대인 사회"this arrogant Jew-society라고 적었으며, 또 다른 일기 에서는 누군가를 "너무도 혐오스러운 유대 자유주의자"so abhorrently judeo-liberal라고 적었다. 여러 채의 건물을 소유한 "돼지 같은" 유대인 경제학 자 루트비히 폰 미제스가 록펠러 재단의 후원을 받기 위해 자신과 경 쟁을 벌인다는 사실을 알게 된 모르겐슈타인이 몹시 격분한 적도 있 었다.

빈대학교에서 모르겐슈타인의 적수로 여겨졌던 오스마 스판Othmar Spann이 하필이면 모르겐슈타인이 유대인이라는 소문을 퍼뜨린 적이 있었다. 어쩌면 모르겐슈타인이 한 짓을 그대로 갚아준 달콤한 복수였 는지도 모른다. 모르겐슈타인이 오스트리아 기업가 협회 회장에 출마 하자마자 우익 신문들이 그가 유대인이라며 공격한 일화도 있었다. 이 같은 비난에 직면한 모르겐슈타인은 아버지에게 유대인 혈통이 아니 라는 사실을 명확하게 확인해달라고 요청했다. 모르겐슈타인의 한 친 구는 그의 혈통에 대한 의심을 불식시키기 위해 연구 논문에 "모르겐

---

[*] 모르겐슈타인의 일기, 1923년 3월 4일(듀크대학교). 이후에 언급되는 일기에 관한 내용은 모두 이 자 료를 인용한 것이다.

슈타인, 아리아인"<sub></sub>Morgenstern, Aryan이라고 서명하는 것이 어떻겠냐고 장난스레 제안하기도 했다.

이런 전력에도 프린스턴에서 폰 노이만을 비롯한 다른 저명한 유대인 학자들과 우정을 이어간 것을 보면, 모르겐슈타인의 생각이 달라진 것일 수도 있고 그저 그런 생각을 드러내지 않는 게 적절하다고 생각한 것일 수도 있다. 어떤 쪽이건, 이후에 그는 반유대적인 발언을 하지 않았다.


## '합리적 인간'의
## 행동을 예측하다


1940년 크리스마스 날, 모르겐슈타인은 뉴올리언스를 방문해 전미경제학회American Economic Association에서 강연을 한 다음 곧장 근처에 있는 빌럭시라는 도시로 이동해 폰 노이만과 그의 아내 클라리와 크리스마스를 함께 즐겼다. 물론 휴가는 두 사람의 공동 연구를 중단할 이유가 되지 못했다. 두 사람이 "무엇을 게임의 상금으로 사용해야 하는가?"라는 근본적인 질문에 관한 논의를 시작한 곳이 바로 빌럭시였다. 실내 게임을 할 때는 대개 아무런 가치도 없는 칩을 이용한다. 하지만 그런 식으로 접근하면 문제를 회피하게 될 뿐이다. 그렇다면 상금은 현금으로 지급해야 할까? 돈은 게임에 참가하는 두 사람 모두에게 똑같은 가치를 제공할 뿐 아니라 두 사람 사이를 자유롭게 이동할 수 있다. 그러나 효용의 개념이 얼마나 중요한지 잘 알고 있었던 모르겐슈타인은 이러한 논의가 그다지 만족스럽지 않았다. 모르겐슈타인은 좀 더 깊이 파고들 필요가 있다고 주장했다.

물론 두 사람은 다니엘 베르누이가 200년 전에 저술한 내용을 잘 알고 있었다. 에른스트 하인리히 베버와 구스타프 페히너의 연구에 대해서도 아마 잘 알았을 것이다. 폰 노이만과 모르겐슈타인이 독일의 저명한 두 과학자, 베버와 페히너의 이름을 언급하지는 않았지만 두 사람은 모든 것을 측정할 때는 빛, 열, 근육의 힘 같은 감각에 근거해야 한다고 기술했다. 효용의 경우에는 선호도 인식이 이런 감각이 된다. 하지만 기수적 효용을 정리하는('나는 사과를 오렌지보다 두 배 좋아한다' 같은 경우) 것이 아니라 서수적 효용을 정리하는('나는 오렌지보다 사과를 좋아한다' 같은 경우) 경우에만 선호도 인식이 기준이 될 수 있다.

서수 정리 방식을 이용하면 한 사람이 느끼는 두 가지 효용을 더할 수 없으며, 서로 다른 사람이 느끼는 효용을 비교할 수도 없다. 경제학자들은 이처럼 까다로운 문제를 해결하기 위해 오래전부터 소위 무차별 곡선indifference curve을 가정해왔다. 다음과 같은 상황을 생각해보자. 존은 (a)사과 6개, (b)사과 4개와 오렌지 1개, (c)사과 3개와 오렌지 3개, (d)사과 2개와 오렌지 6개 중 어떤 것을 갖게 되건 개의치 않는다. 하지만 존은 이 모든 조합보다 사과 8개와 오렌지 2개의 조합을 좋아한다. 뿐만 아니라 존은 (e)사과 8개와 오렌지 2개, (f)사과 6개와 오렌지 3개, (g)사과 3개와 오렌지 5개 중 어떤 것을 갖게 되건 개의치 않는다.

사과와 오렌지의 가격, 예산의 제약, 그리고 이와 같은 여러 무차별 곡선을 이용하면 존이 최적이라고 여기는 재화(이 경우에는 사과와 오렌지)의 조합을 찾아낼 수 있다. 하지만 또 다른 사람은 존과는 다른 무차별 곡선 조합을 선택할지도 모른다. 하지만 금전적인 보상은 없기 때문에 이번에도 역시 진짜 문제는 회피하게 된다. 게임 이론을 설명하기 위해서는 효용의 개념이 필요했다.

구체적으로 이야기하면 폰 노이만과 모르겐슈타인이 찾고자 한 것은 선호도를 '수치'로 변환할 방법이었다. 이렇게 해서 각 선호도에 구체적인 확률을 부여하면 서로 다른 여러 개의 결과를 한데 모아 기대효용expected utility을 구할 수 있기 때문이다. 수학 함수를 이용해 이런 식으로 인간의 선호도를 수치로 환산한 것을 '효용함수'라고 부를 수 있다.

정말 그럴 수 있을지 살펴보자. 예를 들어 기상 캐스터가 내일 2인치의 비가 내릴 확률이 30%, 3인치의 비가 내릴 확률이 70%라고 발표한다고 가정해보자. 이런 경우라면 단순히 가중 평균치를 계산해 예상 강우량이 2.7인치라고 이야기할 수도 있다. 그러나 반대로 비가 내릴 확률 30%와 날씨가 맑을 확률 70%를 더해서 '기대 날씨'expected weather를 예측할 수는 없다. '강수량'을 더해서 기대 결과expected outcome를 도출하는 것은 가능하지만 '날씨'를 더해서 기대 결과를 도출하는 것은 불가능하다.

따라서 어쩌면 날씨와 마찬가지로 효용을 측정하고 효용에 수치를 부여할 용인 가능한acceptable 방법이 존재하지 않는 것일 수도 있다. 다니엘 베르누이가 로그를 효용함수로 제안했다는 제1장의 내용을 떠올려보자. 하지만 베르누이는 로그가 합리적인 것 같다고 주장했을 뿐, 그 어떤 타당한 이유도 제시하지 않았다. 갑자기 마술을 부리듯 뚝딱 해결책을 내놓은 것처럼 보이기도 했다. 따라서 가장 먼저 '용인 가능하다'는 것이 어떤 의미인지 정해야 한다.

모르겐슈타인과 폰 노이만은 열학theory of heat이 원래 "한 사람이 다른 사람보다 따뜻하다고 느끼지만, 얼마나 많이 혹은 몇 배나, 혹은 어떤 식으로 따뜻하다고 느끼는지 즉각적으로 표현할 방법이 없다는 직관적으로 명확한 개념"을 기반으로 했다는 사실을 떠올렸다.[*] 시간이 지난 후에야 열을 두 가지 수치(열의 양과 열의 온도)로 표현해야 한다는 사실이 밝혀졌다. 열의 양, 즉 에너지는 더할 수 있다. 열의 온도는 엄격한 척도를 이용해 숫자로 표현할 수는 있지만 커다란 차이가 있다. 기체의 움직임에 대한 연구가 진행되고 엔트로피entropy(물질의 열적인 상태를 나타내는 물리량—옮긴이) 이론이 발전하자 온도는 결코 더할 수 없다는 사실이 분명해졌다. 예를 들면 화씨 40도가 화씨 20도보다 따뜻하다고 말할 수는 있지만 화씨 40도가 화씨 20도보다 두 배 따뜻하다고 말할 수는 없다.[**]

두 사람은 효용도 이와 비슷하다고 결론 내렸다. 처음 그들은 효용

---

[*] 폰 노이만과 모르겐슈타인, 1944, 16.

[**] 직관적으로는 이 설명이 잘못됐다고 느껴질 수도 있다. 하지만 화씨를 섭씨로 변환하면 확실하게 알 수 있다. 이 사례에서 화씨 20도를 섭씨로 변환하면 대략 영하 7도쯤 되지만, 화씨 40도는 약 섭씨 4도 정도 된다. 물론, 후자는 전자의 두 배가 아니다.

이라는 개념 자체가 수치로 환산하기 어려운 것처럼 보이긴 하지만 효용의 척도를 고안할 수 있다는 사실을 증명해 보일 생각이었다. 하지만 그런 척도를 이용하더라도 개개인의 선호를 수치상으로 비교할 수 없을 뿐 아니라 서로 다른 사람의 선호를 비교할 수도 없다는 결론에 이르게 된다. 온도와 마찬가지로, 무언가 다른 것이 필요했다.

모르겐슈타인과 폰 노이만은 효용의 이론적인 토대를 굳건히 하기 위해 발생 가능한 세 가지 사건 A, B, C를 제시했다. 두 사람은 C가 A보다 선호되며 A는 B보다 선호된다고 가정했다. 이는 간단하게 'C 〉A 〉B'로 표현할 수 있다. 여기까지는 간단하다. 이번에는 틀림없이 발생할 사건 A와 각각 발생할 확률이 다른 사건 C나 사건 B를 비교해보자. 예를 들면 사건 A는 '사과를 받는다'를 뜻하고, 사건 B는 '바나나를 받는다'를 의미하며, 사건 C는 '사탕을 받는다'라고 하자. 다시 말해서 사과보다 사탕이 선호되고, 바나나보다 사과가 선호된다. 이런 상황에서 피험자(편의상 수잔이라고 부르자)에게 질문을 던지게 된다. "사탕이나 바나나를 받게 될 가능성이 50-50인 것보다 틀림없이 사과를 받는 쪽을 선호합니까?" 만약 수잔이 그렇지 않다고 답하면 두 대안 중 어떤 쪽이든 상관없다고 답을 할 때까지 확률을 80-20, 40-60 등으로 조절한다. 가령, 수잔이 100%의 확률로 사과를 받게 되건 사탕을 받을 확률이 65%, 바나나를 받을 확률이 35%이건 상관없다고 밝혔다고 생각해보자. 폰 노이만과 모르겐슈타인은 바나나보다 사탕을 좋아하는 수잔의 선호도를 1.0이라고 표시한다면, 이 질문에 대한 수잔의 대답은 "바나나보다 사과를 좋아하는 수잔의 선호도가 바나나보다 사탕을 좋아하는 선호도의 0.65배"라는 의미라고 설명했다.

지금은 독자 여러분이 이 문제에 대해 생각할 필요가 없을 수도 있다. 갑작스레 해결책을 내놓은 사람은 폰 노이만과 모르겐슈타인이었다. 하지만 두 사람은 단순히 숫자놀음을 한 것이 아니었다. 그들은 자신들의 숫자놀음을 정당화할 '근거'를 제시해야 한다는 사실을 잘 알고 있었다. 이를 위해 폰 노이만과 모르겐슈타인은 일련의 공리를 제시했다.

수학자에게 공리란 요리사에게 필요한 기본 식재료와 같다. 공리는 수학 이론(혹은 수플레)의 필수적인 구성 요소다. 공리 없이는 아무것도 할 수 없지만 공리가 있으면 온전한 우주를 만들 수 있다. 이런 개념을 대표하는 사례로 유클리드 5대 공리를 들 수 있다. 평면기하학plane geometry의 모든 것을 확립하기 위해서는 5대 공리만 있으면 된다. 반면, 그중 하나인 평행선 공리parallel axiom를 생략하면 쌍곡기하학hyperbolic geometry이나 타원기하학elliptic geometry같이 완전히 다른 우주가 탄생한다.

그렇다면 폰 노이만과 모르겐슈타인이 어떤 공리계axiom system를 제안했는지 살펴보자.* 첫 번째 문제는 사람들이 항상 확실한 선택을 하지는 못한다는 것이다. 많은 독자들이 어린 시절 심술궂은 친척들의 추궁에 화가 났던 기억이 있을 것이다. 가령 "엄마랑 아빠 중에 누가

---

* 뒤에서 폰 노이만과 모르겐슈타인이 제안한 공리계보다 좀 더 단순한 형태로 공리를 소개했다. 이 같은 설명이 독자 여러분들의 이해에 도움이 되기 바란다.

더 좋니?" 식의 질문 말이다. "전 둘 다 똑같이 사랑해요."라고 답하는 아이들도 있을 테지만 당황하며 대답을 거부하는 아이들도 있다. 한마디로 결정을 못 하기 때문이다. 게임 이론을 적용하면 이런 일이 발생할 수 없다. 게임 이론은 항상 명백한 답을 요구한다. 그러니 공리가 필요하다. 그렇게 해서 폰 노이만과 모르겐슈타인의 첫 번째 공리가 등장했다.

- 완전성completeness : A와 B, 두 가지 사건이 있는 상황에서 B보다 A를 선호할 수도 있고, A보다 B를 선호할 수도 있고, 둘 중 어떤 것이든 상관하지 않을 수도 있다. 수학 기호로는 이를 A⟩B, 혹은 B⟩A, 혹은 A=B라고 표시할 수 있다.

이번에는 다음과 같은 상황을 생각해보자. 사과보다 사탕이 선호되고 바나나보다 사과가 선호되면 당연히 바나나보다 사탕이 선호된다. 당연한 논리다. 독자 여러분들도 그렇게 생각할 것이다. 하지만 다시 생각해보기 바란다. 사실 반드시 그런 것이 아닐 수도 있다는 사실이 밝혀졌다.[*] 가령 피터와 폴, 메리가 저녁 식사 후에 어떤 술을 마실지 결정하고 그 술을 구매해야 하는 상황이라고 가정해보자. 피터는 그라파Grappa(이탈리아에서 생산되는 브랜디-옮긴이)보다 아마레토Amaretto(아몬드 향이 나는 이탈리아의 증류주-옮긴이)를 선호하고, 리

---

[*] 슈피로, 2010b 참조.

몬첼로Limoncello(이탈리아 남부에서 생산되는 레몬주-옮긴이)보다 그라 파를 선호한다. 폴은 리몬첼로보다 그라파를 선호하고 아마레토보다 리몬첼로를 선호한다. 마지막으로 메리는 아마레토보다 리몬첼로를 선호하고 그라파보다 아마레토를 선호한다. 도표 형태로 나타내면 다음과 같다.

| 피터 | 아마레토 〉 그라파 〉 리몬첼로 |
|---|---|
| 폴 | 그라파 〉 리몬첼로 〉 아마레토 |
| 메리 | 리몬첼로 〉 아마레토 〉 그라파 |

민주주의적인 가치를 중요하게 여기는 세 사람은 다수결의 원칙을 따르기로 한다. 세 사람이 투표를 하자 선호도가 금세 명확해진다. 다수(피터와 메리)가 그라파보다 아마레토를 선호하며, 다수(피터와 폴)가 리몬첼로보다 그라파를 선호한다. 세 사람은 두 차례의 투표를 통해 결정을 내릴 수 있다. 즉, 아마레토 한 상자를 구매하기로 결정할 수 있다. 하지만 놀라운 일이 벌어진다. 폴과 메리가 결정에 이의를 제기한 것이다. 도대체 어떻게 된 것일까? 1인 1 투표라는 가장 합리적인 방안을 사용했음에도 불구하고 세 사람은 여전히 만족하지 못하고 있다. 게임 중간에 규칙을 바꾸고 싶어 하는 것일까?

당연하게도 세 사람은 서로 불만을 쏟아 놓게 된다. 폴과 메리는 자신들은 가장 낮은 점수를 받은 리몬첼로를 아마레토보다 선호한다고 지적한다. 왜 그럴까? 한 가지 결정적인 사실이 있다. 캠핑 중이었던 세 사람이 리몬첼로와 아마레토 중 어떤 것이 좋은지 세 번째 투표를 했더라면 다수(폴과 메리)가 리몬첼로를 선택했을 것이다. 그러니 리몬첼로를 사게 내버려두고 이 이야기는 이쯤에서 접어두는 것이 좋을 수도 있다.

하지만 잠깐만 다시 생각해보자. 리몬첼로를 사면 피터와 폴이 격렬하게 반발할 것이다(그렇다. 아마레토가 싫다는 이유로 세 번째 투표를 해야 한다고 주장했던 바로 그 폴 말이다). 피터와 폴은 리몬첼로보다 그라파를 좋아한다. 이렇게 해서 또 역설이 생겨난다. 맛에 대한 언쟁은 없다. 피터와 폴, 메리는 완벽하게 합리적인 선호도를 갖고 있다. 아무리 열심히 따져봐도, 최종적인 결과는 아마레토가 그라파보다 선호되고, 그라파가 리몬첼로보다 선호되고, 리몬첼로가 아마레토보다 선호되고, 아마레토가 그라파보다 선호되고, 그라파가 리몬첼로보다 선호된다는 것이다. 이와 같은 방식으로 끝도 없이 나열할 수 있다.

이런 상황은 프랑스의 귀족이자 수학가이며 철학자이자 정치인인 마리 장 앙투안 니콜라 드 카리스타, 콩도르세 후작Marie Jean Antoine Nicolas de Caritat, the Marquis de Condorcet의 이름을 따 콩도르세의 역설Condorcet cycle('Condorcet's Paradox'라고도 불리며 단순한 다수결을 통한 투표가 구성원의 선호를 제대로 반영하지 못할 수도 있음을 입증하기 위한 논리-옮긴이)이라고 불린다. 선택 결과가 무엇이건, 다수는 항상 다른 대안을 선호한다는 것이 바로 콩도르세의 역설이다. 수학적인 용어를 사용하면 "다수결의 의견은 이행적transitive이지 않다."라고 표현할 수 있다(수학에서 이행적이라는 것은 a가 b와 관계가 있고 b가 c와 관계가 있으면, a가 c와 관계가 있다는 의미다.—옮긴이). 민주주의를 생각하면 얼마나 심각한 결과인가.[*] 게임 이론에도 얼마나 문제가 되겠는가. 그러니 다시 검증된 행동 방식으로 되돌아가 보자. 다시 말해서 또 다른 공리를 만들어내보자.

- 이행성transitivity : A가 B보다 선호되고 B가 C보다 선호되면 A가 C보다 선호된다. 수학 기호로는 $A \succ B \succ C \rightarrow A \succ C$라고 표시할 수 있다.

앞서 언급한 문제에 등장한 수잔 이야기로 되돌아가 보자. 수잔은 사과를 받을 확률이 100%인 상황과 사탕과 바나나를 받을 확률이 각각 65%, 35%인 상황 중 한쪽을 특별히 선호하지 않았다. 수잔은 정말로 양쪽을 차이 없이 똑같이 받아들이는 이 같은 상황을 이토록 정확하게 표현할 수 있을까? 그렇다면 사탕을 받을 확률 63%와 바나나를 받을 확률 27%는 어떨까? 이렇게 공표하기는 매우 힘들다. 하지만 걱정할 필요는 없다. 그냥 세 번째 공리를 상정하면 된다.

- 연속성Continuity : A가 B보다 선호되고 B가 C보다 선호되면, 의사 결정자가 A와 C의 가중 평균치와 B 중 한쪽을 특별히 선호하지

---

[*] 제7장 앞부분에서 가위바위보 게임을 언급했던 것을 떠올려보자. 가위바위보 게임이 끝없이 따분하게 이어지는 이유는 가위, 바위, 보가 하나의 주기를 형성하기 때문이다.

않을 확률이 있다. 수학 기호로는 $p$는 0과 1 사이에 존재하는 숫자이며 $B=pA+(1-p)C$라고 표현할 수 있다.

네 번째 공리가 어쩌면 가장 이상한 것일 수도 있다. 네 번째 공리는 무관한 변수의 독립성independence of irrelevant alternatives이라고도 불린다. 두 대안 중 하나를 선택할 때 관련 없는 요인의 영향을 받아서는 안 된다는 개념이다. A가 B보다 선호되는 상황이라면, 갑작스러운 C의 등장이 A와 B 중 하나를 선택하는 데 영향을 미쳐서는 안 된다. 레스토랑에서 관찰되는 다음과 같은 장면을 통해 이 같은 상황을 설명할 수 있다.

웨이터가 고객에게 "오늘의 메뉴는 애플파이와 브라우니입니다."라고 알려주자 고객은 메뉴가 너무 제한적이라고 지적한 후 애플파이를 먹겠다고 결정한다. 그로부터 몇 분 후, 웨이터가 허둥지둥하며 다시 고객에게 돌아와 아이스크림도 고를 수 있다고 이야기하는 것을 깜빡했다고 알린다. 고객은 잠깐 고민한 후에 "그렇다면 브라우니를 먹을게요."라고 답한다.[*]

불쌍한 웨이터는 완전히 혼란스러워했다. 그럴 만했다. 사실 그 손님은 아이스크림을 선택할 수 있다는 이야기를 듣고도 아이스크림을 선택하지 않았으니 어떤 식으로든 아이스크림에는 관심이 없었다고 보는 것이 옳다. 하지만 갑작스레 아이스크림이라는 메뉴를 선택할 수

---

[*] 컬럼비아대학교 철학자 시드니 모겐베서Sidney Morgenbesser가 언급한 일화이다(슈피로, 2010b).

있게 되자 나머지 두 대안, 즉 애플파이와 브라우니 중에서 선택을 번복했다. 우리의 직감은 이런 일은 벌어지지 않을 것이라고 이야기한다. 고급 레스토랑에서 이런 식의 비합리적인 행동이 벌어지리라 생각하지 않는 것이다. 합리적인 사람이라면 선호도가 낮고, 따라서 실제 선택과는 무관한 대안이 등장했다고 해서 선택을 번복해서는 안 된다. 그렇지 않은가?

하지만 그렇지가 않다! 다른 후보보다 당선 가능성이 낮았던 후보가 결코 당선될 수 없는 제3의 후보가 등장했다는 이유만으로 대통령 선거에서 당선되는 사례도 있다.[*] 이처럼 반직관적인 상황을 피하려면 어떻게 해야 할까? 그렇다. 공리로 만들면 된다.

- 독립성Independence : 어떤 대안이 존재하건 선호도는 달라지지 않는다. 수학적으로 표현하면 A〉B이면, C의 값이 무엇이건 $a$가 0과 1 사이에 존재하는 값이기만 하면, $aA+(1-a)C > aB + (1-a)C$ 이다.

A가 B보다 선호되는 상황이라면, 어느 정도 확률이 있는 다른 사건이 벌어지더라도 A가 B보다 선호된다. 아무런 문제가 없는 것처럼 들리는 네 번째 공리는 처음 생겨난 지 불과 몇 년 후에 학자들의 뇌리를

---

[*]    2000년 미국 대선에서 다수가 앨 고어Al Gore를 선택했을지도 모르는데 조지 W. 부시George W. Bush가 당선된 것은 당선 가능성이 전혀 없었던 랠프 네이더Ralph Nader가 제3의 후보로 출마했기 때문이라고 주장할 수도 있다.

파고들었다(제9장 참조).

내가 개인의 선택이 아니라 여러 사람이 다수결로 결정을 내리는 상황을 가정한 것은 두 번째 공리와 세 번째 공리를 설명하기 위해서라는 사실을 기억하기 바란다. 개별적인 선호가 더해져 집단의 선택이 되면 추가로 다양한 문제가 발생한다. 이런 문제에 관한 내용은 이 책에서 다루지 않을 생각이다.[*] 공리가 무너지면 어떤 역설적인 상황이 발생할 수 있는지 알려주기 위해 이런 예시를 들었을 뿐이다.

지나고 나서 보면, 공리는 너무 뻔한 선택이었던 것 같다. 모르겐슈타인은 당시 폰 노이만이 아주 놀랐다고 회상했다.

"둘이 함께 공리를 정했을 때 폰 노이만은 자리에서 벌떡 일어나서 깜짝 놀란 듯 '아무도 보지 못했겠지?'라고 소리쳤다."[**]

이 같은 공리를 정한 후, 폰 노이만과 모르겐슈타인은 그중 하나라도 어기는 사람은 비합리적이라고 단언했다. 아주 조금 가혹하게 느껴질 수도 있다. 사실 '카푸치노를 마실 확률이 100%인 상황'과 '코코아를 마실 확률이 26%, 민트차를 마실 확률이 74%인 상황' 중 어떤 쪽이 더 마음에 드는지 결정하지 못하는 모든 사람이 비합리적인 것은 아니다. 하지만 두 사람은 과학자였기 때문에 네 가지 공리를 모두 따르는 사람이 합리적이라고 그냥 명시해버렸다. 나는 조금 더 신중하게 접근해 공리를 따르는 사람을 '폰 노이만과 모르겐슈타인의 기준에

---

[*]    이 주제에 대해서 좀 더 자세히 살펴보고 싶다면 '슈피로, 2010b'를 참고하기 바란다.

[**]    모르겐슈타인, 1976, 809.

따르면 합리적인'$_{vNM\text{-}rational}$ 사람이라고 정의할 것이다. 다시 말해 가끔 공리를 어기는 사람, 즉 '폰 노이만과 모르겐슈타인의 기준에 따르면 비합리적인'$_{vNM\text{-}irrational}$ 사람이라 하더라도 실생활에서 반드시 정신이 나간 사람은 아니라는 뜻이다. 이 책의 뒷부분에서 독자 여러분과 나처럼 아주 정상적인 사람들이 폰 노이만과 모르겐슈타인이 정의한 합리성$_{vNM\text{-}rationality}$에서 벗어나는 여러 사례를 살펴볼 생각이다.


## 역사를 바꾼
## 게임 이론의 탄생


어쨌든 이렇게 공리를 찾아낸 후부터 '진짜 연구'가 시작됐다. 다시 말해 이런 공리가 효용함수로 이어진다는 사실을 증명해야 하는 단계에 접어들었다는 얘기다. 원고 작성을 마무리할 무렵 이미 공리가 효용함수로 이어진다는 사실을 증명할 수 있게 됐지만 1944년에 초판을 찍을 당시 폰 노이만과 모르게슈타인은 관련 내용을 책에 포함하지 않았다. 두 사람은 머지않아 과학 학술지에 관련 내용을 발표하겠다고 약속했다. 하지만 그런 일은 일어나지 않았다. 두 사람은 그로부터 3년 후에 제2판을 찍을 때 16쪽짜리 부록을 추가했다. 두 사람은 부록에서 효용함수를 가지려면 이 공리를 따르는 것이 필요충분조건이라는 점을 수학적으로 엄격하게 증명해 보였다.

두 사람은 증명이 "상당히 길고 수학을 전공하지 않은 사람들에게는 다소 지루할 수도 있다."라고 사과했다. 그러나 이 같은 표현은 적절하지 않았다. 두 사람의 증명은 수학을 전문적으로 공부한 사람들에게는 너무 지루했고, 수학을 전공하지 않은 독자들에게는 완전히 이해 불가한 수준이었다. 뿐만 아니라, 수학자들에게도 두 사람의 증명은 "심미적으로 그다지 만족스럽지 않았던" 데다 "심층적인 것으로 여겨질 수 없었다(이 부분은 최대의 모욕이라 할 만하다)." 몇 쪽에 걸쳐서 지루하게 단계별 전개를 늘어놓은 끝에, 어떤 사람의 선호를 고려하면 "함수가 존재"(즉, 효용함수)하며 어떤 식이건 이런 함수가 2개 모이면 서로 선형 변환이 가능하다는 선언으로 증명을 끝맺었다.[*]

온도를 측정하는 서로 다른 두 척도인 화씨와 섭씨로 온도를 비교해 후자와 관련된 내용을 좀 더 자세히 살펴보자. 화씨 73도는 화씨 69도보다 따뜻하지만 화씨 105도(약 섭씨 40도)가 섭씨 100도보다 따뜻하다고 주장할 수는 없다. 하지만 화씨온도와 섭씨온도의 관계는 선형적이기 때문에(화씨 32도는 물이 어는 온도, 화씨 212도는 물이 끓는 온도) 문제를 해결할 간단한 방법이 있다. 비교해보자면 섭씨온도에 1.8을 곱한 다음 32라는 상수를 더하면 화씨온도를 구할 수 있다. 따라서 섭씨로 표현하면 물이 어는 온도는 0도, 끓는 온도는 100도이다.[**]

이 책의 부록은 기대되는 역할을 해냈다. 모든 합리적인 사람은 결

---

[*]  폰 노이만과 모르겐슈타인, 1944, 617, 618, 627.

[**]  폰 노이만과 모르겐슈타인의 이론에 의하면, 이는 곧 $f(x)$와 $g(x)$가 동일한 인물의 효용함수라면 모든 수 $a$와 모든 양수 $b$는 $g(x)=a+bf(x)$가 된다. 또한, $f(x)$가 어떤 사람의 효용함수이면 $h(x)=c+df(x)$로 나타낼 수 있는 다른 함수 $h(x)$가 그 사람의 효용함수 역할을 할지도 모른다.

과를 숫자로 변환할 수 있는 효용함수, 인수와 상수까지 계산 가능한 함수를 갖고 있음을 증명했다. 가장 중요한 점은 당시 명확하게 정의되어 있었던 효용함수의 개념 덕에 확률 이론의 핵심 개념을 의사결정 이론에 적용할 수 있었다는 것이다. 돈이 걸린 내기에서 기대 결과를 구할 때는 발생 가능한 모든 결과에 확률을 기준으로 가중치를 부여한 다음 더하면 된다. 예를 들면 50달러를 딸 가능성이 80%, 100달러를 딸 가능성이 20%라면 기대 결과는 60달러(=0.80×50+0.20×100)가 된다. 어떤 사람이 계속 반복해서 이런 내기를 하면, 이 사람은 한 게임당 평균 60달러를 얻게 된다. 마찬가지로 확률에 따라 결과의 효용에 가중치를 부여해 더하면 기대효용을 구할 수 있다. 여러 선택 방안이 주어진 상황에서, 폰 노이만과 모르겐슈타인의 기준에 따른 합리적인 의사결정자는 기대효용이 극대화되는 행동 방침을 선택할 것이다.

모르겐슈타인과 폰 노이만의 이론은 모든 사람이 효용함수를 갖고 있으며, 따라서 여러 대안을 비교할 수 있고, 그러므로 어떤 것이 더 커다란 효용을 주는지 판단할 수 있음을 입증해 보인다.[*] 하지만 서로 다른 사람의 효용을 비교할 수는 없다는 사실을 강조하지 않을 수 없다. 여러 사람의 효용을 더해서 '공동 효용함수'를 만들 수는 없다는 얘기다. 사람은 누구나 다른 사람의 효용함수와 비교할 수 없는 자신

---

[*] 사실 모두가 무한히 많은 효용함수 중 한 가지를 고를 수 있다. 인수와 상수를 자유롭게 선택할 수 있기 때문이다.

만의 효용함수를 갖는다. 그래서 단순히 상수와 인자를 찾아내 한 사람의 효용을 다른 사람의 효용으로 바꾸는 것이 불가능하다. 심지어 두 사람의 효용함수가 상당히 다른 모양을 하고 있을 수도 있다. 다시 말해서 '취향은 논쟁거리가 될 수 없다'de gustibus non est disputandam.

폰 노이만과 모르겐슈타인이 가정한 효용함수는 위쪽으로 경사져 있을까? 그렇다. 무언가를 선호한다는 것은 곧 효용이 크다(즉, 숫자가 커진다)는 의미이기 때문이다. 그렇다면 경사가 반드시 감소해야 할까? 그렇지 않다. 반드시 그런 것은 아니다. 폰 노이만과 모르겐슈타인은 공리에서도, 혹은 다른 어디에서도 그래야 한다고 이야기하지 않는다. 게임 이론이 성립하기 위해 한계효용이 감소해야 하는 것은 아니다. 위험을 감수하는 행동을 한다고 해서 꼭 비합리적인 것은 아니라는 얘기다.

1942년 크리스마스가 가까워질 무렵, 폰 노이만과 모르겐슈타인은 원고를 마무리했다. 1943년 1월에 두 사람이 서문을 작성하자 책이 완성됐다. 이제 프린스턴대학교 출판부에 100쪽짜리 소책자가 점점 늘어나 그래프와 방정식으로 가득한 1,200쪽짜리 원고가 됐다고 설명해야 할 때가 됐다. 다행스럽게도 출판부 편집자들은 제2차 세계대전이 한창이라 재원이 넉넉하지는 않지만 책을 출판할 수 있도록 최선을 다하겠다며 관대한 태도를 보였다. 그들은 프린스턴대학교와 고등연구소로부터 각각 500달러의 보조금을 받아 원고를 깔끔하게 다시 타이핑할 수 있었다. 당시 적국이었던 일본의 어느 젊은 수학자가 원래 원고에 있던 모든 공식을 입력하는 역할을 맡았다. 원고는 1943년에 인쇄소로 넘겨졌고 조판, 도표 작업, 편집, 교정 과정이 1년 동안 진행됐다.

익명 기부자의 도움을 받아 600쪽짜리 책《게임 이론과 경제 행동》 Theory of Games and Economic Behavior은 1944년 9월 18일, 비로소 세상에 나왔다. 모르겐슈타인과 폰 노이만이 공동 작업을 시작한 지 5년 만이었다.

두 사람으로 이뤄진 연구 팀에서 모르겐슈타인은 팀원의 역할을 했던 것이 틀림없다. 모르겐슈타인은 자신의 이론 능력이 제한적이라는 사실을 인정했다. 하지만 두 사람이 만나지 않았다면 게임 이론이 과연 이렇게 발전할 수 있었을지 의심스럽다. 모르겐슈타인이 게임 이론 수립에 가장 크게 이바지한 점은 흥미롭고 도발적인 질문을 던져 폰 노이만의 천재성을 자극하는 촉매의 역할을 했다는 것이다.

모르겐슈타인이 연구 팀의 리더 격이었던 폰 노이만과 지적으로 차이가 있기는 했다. 하지만 사실상 모든 사람이 그랬다. 따라서 게임 이론가 해럴드 쿤Harold Kuhn이 두 사람의 대표작《게임 이론과 경제 행동》기념판 도입 부분에서 언급했듯이, 폰 노이만이 게임 이론의 '아버지이자 어머니'라면 모르겐슈타인은 게임 이론의 '산파'였다. 더 놀라운 점은 폰 노이만이 수학, 컴퓨터 과학, 물리학, 원자폭탄 등 다른 분야에 기여한 바와 비교하면 경제학 분야로의 외유는 짧고 가벼운 수준에 불과했다는 것이다.

## 《종의 기원》에 견줄 만큼
## 과학사에 한 획을 그은 책

《게임 이론과 경제 행동》이 금세 베스트셀러가 되지는 않았다. 이 책에는 기존 경제학과는 너무도 다른 내용이 담겨 있었다. 《게임 이론과 경제 행동》은 최대치나 최소치에 관한 평범한 문제는 다루지 않았으며, 실생활 경제와 관련해서는 평범한 교환 상황이나 평범한 독과점 상황에 국한시키지 않았다. 이 책은 시장 참가자의 착취, 개발, 대체, 상보성, 연합, 힘, 특권 등에 관한 내용을 다뤘다. 이런 식으로 경제학을 훨씬 넘어서서 정치학 및 사회학의 영역까지 뻗어 나갔다. 그러다 보니 책이 출판된 직후에는 반응이 기껏해야 미온적이었을 뿐이었다. 두 저자는 자신들의 이론이 인정받으려면 한 세대가 지나야 할지도 모른다는 사실을 인정했다. 독일 물리학자 막스 플랑크Max Planck가 이야기했듯이, "과학적 진실이 승리할 수 있도록 꼭 반대 세력을 설득하고 그들을 이해시켜야 하는 것은 아니다. 반대 세력도 언젠가는 죽을 테니, 그들이 죽고 과학적 진실에 익숙한 새로운 세대가 나타나면 그제야 비로소 과학적 진실이 승리하게 된다."[*]

폰 노이만과 모르겐슈타인은 플랑크의 이 같은 견해에 대해 알지 못했을 수도 있다. 플랑크가 세상을 떠난 후 1950년에 출판된 자서전에 이 같은 내용이 실려 있었기 때문이다. 하지만 플랑크의 견해는 정곡

---

[*]  플랑크, 1948. 22.

을 찌르는 것이었다.

다행스럽게도 그들의 이론이 받아들여지기까지는 한 세대가 아니라 1년 반밖에 걸리지 않았다. 1946년 3월, 〈뉴욕타임스〉The New York Times는 일요일판 첫 면에 《게임 이론과 경제 행동》에 관한 긴 논평을 실었다. 논평은 이렇게 시작됐다.

> 포커, 체스, 솔리테르(혼자 하는 카드 놀이-옮긴이) 같은 수학적 전략 게임에 관한 이론을 발전시켜 지금껏 설명되지 않은 비즈니스 전략 문제에 적용해 난제를 풀고자 하는 새로운 경제 분석 접근 방법이 경제학자들 사이에서 반향을 불러일으키고 있다.[*]

정말 으쓱하게 만드는 표현 아닌가? 하지만 솔리테르라고? 그렇다. 상대편은 없지만 솔리테르는 혼자서 하는 전략 게임이다. 오직 확률 이론에 지배될 뿐 게임 이론과는 관련이 없는 룰렛과는 전혀 다른 종류의 게임이다. 〈뉴욕타임스〉 논평의 저자는 매우 설득력 있는 개요를 제시했다. 레오니트 후르비치Leonid Hurwicz(2007년 노벨 경제학상 수상자) 가 그 무렵 《미국 경제 평론》American Economic Review에 기고한 이 책에 관한 17쪽짜리 글이 어느 정도 영향을 미쳤던 듯했다. 후르비치는 "통찰력의 대담함과 인내가 느껴지는 세부사항들과 이 책의 거의 모든 쪽에 드러나는 생각의 깊이를 존경할 수밖에 없다."라고 쓴 후 《게임 이

---

[*] 리스너, 1946, 1.

론과 경제행동》같이 훌륭한 책이 등장하는 것은 정말 드문 일이다."라고 결론 내렸다. 미국 경제학자 제이콥 마샥Jacob Marschak은《정치경제학 저널》Journal of Political Economy 1946년 4월호에서《게임 이론과 경제 행동》을 "특출한 책"exceptional book이라고 표현했으며, 허버트 사이먼Herbert Simon(1978년 노벨 경제학상 수상자)은《미국 사회학 저널》American Journal of Sociology에 "모든 사회학자들은 체계적이고 철저한 방식으로 합리적인 인간의 행동에 관한 이론을 발전시키고자 하는《게임 이론과 경제 행동》을 꼭 읽도록 할 것"이라고 썼다. 리처드 스톤Richard Stone(1984년 노벨 경제학상 수상자)은《경제학 저널》에 기고한 16쪽짜리 논평에서 이 책을 "어마어마하게 영향력이 있고 중요한 책"이라고 표현했다. 수학계에서도 이 책의 영향력은 엄청났다. 미국 수학자 아서 코플랜드Arthur Copeland는《미국 수학회지》Bulletin of the American Mathematical Society에서 "후손들은 이 책을 20세기 전반의 가장 중요한 과학 업적 중 하나로 여길 수도 있다."라고 표현했다.[*]

당연하게도《게임 이론과 경제 행동》은 금세 매진됐다. 1947년, 프린스턴대학교 출판부는 효용함수의 존재를 증명하는 내용의 부록이 포함된 제2판을 출판했다. 제3판은 1953년에 출판됐고, 그 후로도 수없이 재인쇄가 이루어졌다. 2004년에는 60번째 기념판이 발행됐다. 구글에서 제공하는 색인 인용 데이터베이스 구글 스칼라Google Scholar를 보면《게임 이론과 경제 행동》60번째 판만 무려 3만 5,000회 인용됐

---

[*] 후르비치, 1945, 924; 마샥, 1946, 98; 사이먼, 1945, 559; 스톤, 1948, 200; 코플랜드, 1945, 498.

다는 것을 알 수 있다. 뿐만 아니라 게임 이론에 관한 콘퍼런스와 전문 학술지도 굉장히 많고 관련 서적은 말 그대로 수백 권에 달한다.《게임 이론과 경제 행동》은 아이작 뉴턴의《프린키피아》Principia, 찰스 다윈의 《종의 기원》에 견줄 만한 결정적인 과학 서적의 반열에 올라섰다고 해도 과언이 아니다.

# 제8장

# 구불구불한
# 곡선

《게임 이론과 경제 행동》이 출판되자 관련 연구가 쇄도했고 오늘날까지도 이런 현상은 사그라지지 않고 있다. 한 가지 질문에 답을 할 때마다 새로운 질문이 등장한다. 가장 먼저 떠오른 질문 중 하나는 "왜 사람들은 도박을 하는가?"라는 것이었다. 다니엘 베르누이는 17세기에 인간의 효용이 증가하는 속도가 점점 둔화하기 때문에 위험을 회피하게 되고, 따라서 위험 회피를 위해 보험료를 기꺼이 지급한다는 사실을 증명해 보였다. 이것이 바로 사람들이 집과 자동차, 다른 소유물과 관련된 위험을 회피하기 위해 보험에 가입하는 이유다. 그런 의미에서 '보험료'premium라는 단어는 탁월한 선택이라고 볼 수 있다. 보험회사가 요구하는 돈이 기대손실$_{\text{expected loss}}$보다 크기 때문이다(보험료를 뜻하는 영어 단어 'premium'에는 '할증료'라는 뜻도 있다.-옮긴이). 보험료가 발생 가능한 모든 손실의 보험계리적 가치 $_{\text{actuarial value}}$보다 높기 때문에 보험회사가 존립하고 수익을 낼 수 있다.

하지만 위험을 대하는 사람들의 태도에는 또 다른 측면이 있다. 그것은 바로 많은 사람이 도박을 좋아한다는 사실이다! 제법 이상하게 느껴질 수도 있다. 사람은 일반적으로 위험을 싫어해 회피하는데 누가 돈을 내면서까지 위험을 감수한단 말인가? 이는 반직관적으로 느껴진다.

그러나 사실 이는 전혀 놀라운 일이 아니다. 인간은 태곳적부터 도박을 해왔다. 인간이 운에 따라 승패가 갈리는 게임을 좋아했음을 보여주는 선사시대 유적으로는 메소포타미아(오늘날의 이라크)에서 발굴된 기원전 3000년에 사용된 주사위 등이 있다. 비슷한 시기에 제작된 이집트의 평판$_{\text{tablet}}$에서도 역시 도박의 흔적이 보인다. 그리스 시인 소포클레스는 기원전 5세기에 작성된 문서에서 주사위를 언급했다. 뿐만 아니라 중국에서는 기원전 3세기에 전쟁 자금을 마련하기 위해 복권을 발행하고, 이후에는 만리장성을 짓기 위해 복권을 발행했다는 기록이 있다.

이 같은 장점에도 불구하고 운에 따라 승패가 결정되는 게임은 대개 꼴사나운 존재로 여겨졌다. 부처(기원전 480~400년)는 팔정도$_{八正道}$(열반으로 이어지는 여덟 가지 올바른 길을 일컫는 말로 불교의 실천 원리 중 하나-옮긴이)에서 운에 따라 승패가 결정되는 게임을 비난했다. 반면, 고대 인도의 사상가이자 정치인이었던 카우틸랴Kautilya(기원전 371~283년)는 이런 게임을 허용하는 데서 그치지 않고 규제 방안까지 마련했다. 카우틸랴는 도박 시설 소장에게 게임 활동을 관리토록 했으며 그 대가로 상금의 5%를 주었다.

고대 로마인들은 비잔티움 제국 황제 유스티니아누스 1세Justinian I(서기 482~565년)가 《로마법대전》Corpus Iuris Civilis에서 도박을 금지하기 전까지 도박을 허용했다. 사실 대부분의 종교가 도박이라는 악덕 행위를 못마땅하게 여겼다. 하지만 이런 비난에도 불구하고 많은 교회가 빙고같이 운에 따라 승패가 결정되는 게임을 통해 자금을 조달하는 방안을 주저 없이 활용했다. 마찬가지로, 여러 나라에서 교육 같은 공공 사업과 서비스에 필요한 자금을 조달할 목적으로 복권 사업을 진행한다. 사실 복권은 하버드, 예일, 프린스턴 같은 명문대를 짓는 데도 엄청난 도움이 됐다.

자, 앞서 언급했던 "누가 돈을 내면서까지 위험을 감수하겠는가?"라는 질문으로 돌아가 보자. 사실 자동차 경주, 번지점프, 암벽등반, 리조트 코스가 아닌 자연설에서 타는 스키같이 위험한 신체 활동을 할 때 아드레날린이 솟구치는 느낌을 좋아하는 사람들이 있다. 하지만 베르누이 시대 이후의 통념에 의하면 인간은 금전적으로 위험한 모험을 위해 기꺼이 돈을 내는 존재가 아니다. 그렇다면 평범한 남녀가 복권을 사기 위해 돈을 내는 이유는 무엇일까? 기대 상금은 틀림없이 복권 구입에 쓰는 비용보다 낮다. 결국, 도박장이 계속 영업을 할 수 있는 것은 '할증료'가 기대 상금보다 높기 때문이다.

더욱 놀라운 사실은 온갖 위험에 대비해 보험에 가입하면서 그와 동시에 힘들게 번 돈으로 도박을 하는 사람이 있다는 것이다. 도대체 무슨 일이 벌어지고 있는 것일까? 위험을 피하려고 돈을 내면서 그와 동시에 보험 비용보다 더 많은 돈을 치르고 위험을 떠안다니 말이다.


## 밀턴 프리드먼:
## 시카고 학파를 탄생시킨 자유주의자

이 난제에 대해 가장 먼저 의견을 제시한 사람 중에는 밀턴 프리드먼Milton Friedman과 시카고대학 교수이자 통계학자인 레너드 새비지Leonard Savage가 있었다. 때는 1948년이었다. 당시 서른여섯 살이었던 프리드먼은 몇 년 전 제2차 세계대전이 끝을 향해 가던 무렵 컬럼비아대학교에서 무기 설계, 군사 전략, 금속공학 등에 관한 문제를 연구했었다. 하지만 그것보다 더 중요한 사실은 프리드먼이 이론경제학theoretical economics 세계의 떠오르는 스타였다는 것이다.

프리드먼의 가족은 당시 오스트리아-헝가리 제국에서 헝가리 쪽에 속했던 베렉사스(현재는 우크라이나로 편입되어 베레호베라고 불린다.-옮긴이) 출신이었다. 베렉사스의 인구는 약 1만 명 정도였고, 그중 대부분은 프리드먼 가족과 같은 유대인이었다. 1890년대 말, 두 명의 10대가 각자 미국으로 이민을 왔다. 그로부터 몇 년이 흐른 후, 두 사람은 뉴욕에서 만나 결혼을 했고 브루클린에 살림을 차렸다. 프리드먼은 1912년

● 밀턴 프리드먼

출처: 위키미디어 커먼스, 교육 선택을 위한 프리드먼 재단

바로 이곳에서 태어났다. 프리드먼의 아버지는 돈을 많이 벌지 못하는 상인이었고, 그의 어머니는 공장 노동자였다. 조숙했던 프리드먼은 열여섯 살의 나이에 장학금을 받고 럿거스대학교에 입학했다. 프리드먼은 소매점에서 점원으로 일하고, 공짜 점심을 제공받는 대가로 레스토랑에서 웨이터 일을 하고, 여름 방학에도 일을 하는 등 필요한 돈을 벌어야만 했다. 프리드먼은 보험계리인이 되고자 시험을 쳤지만 몇 개 과목을 통과하지 못해 좌절한 상태였다. 바로 그때 시카고대학교 경제학부가 프리드먼에게 대학원 장학금을 제안했고, 프리드먼은 학업을 이어나가기로 마음을 굳혔다.

시카고대학교에서 프리드먼은 뛰어난 여러 경제학자들과 함께 연구를 지속하는 행운을 누렸다. 그곳에서 그는 수줍음이 많고 내성적이지만 매우 똑똑한 경제학과 학생 로즈 디렉터Rose Director도 만났다. 그로부터 6년 뒤 대공황에 대한 걱정이 사라졌을 무렵 두 사람은 결혼했다. 컬럼비아대학교에서 박사 과정을 마친 후 전미경제조사회 National Bureau of Economic Research, NBER와 미 재무부, 미네소타대학교를 두루 거친 프리드먼은 시카고대학교로 돌아갔다. 그리고 30년 동안 시카고대학교 경제학과의 뛰어난 지성으로 남았다. 시카고대학교를 떠난 후 2006년 세상을 떠날 때까지, 프리드먼은 스탠퍼드대학교 후버연구소 Hoover Institution에서 30년 동안 연구하고 글을 썼다. 결혼 생활 내내 아내 디렉터는 프리드먼의 연구 활동을 적극적으로 도왔다.

프리드먼은 통화 공급이 국민 생산에 영향을 미치며 통화 공급을 이용해 인플레이션을 통제할 수 있다고 주장하는 통화주의monetarism 지지자였다. 또한 그는 정부 개입이 최소화된 자유 시장, 자유변동환율 freely floating exchange rate, 교육 바우처(학생이 선택한 학교에서 교육받기 위해 필요한 재원을 정부가 지원하는 방식-옮긴이), 모병제, 의사 면허 폐지 등을 지지했다.*

프리드먼은 반박의 여지가 없는 시카고대학교 경제학부의 지도자였다. 오스트리아 경제학파라는 이름이 그랬듯, 시카고 학파Chicago

---

* 프리드먼은 박사 논문에서 의학 전문가들의 독점력으로 의사들의 소득이 치과 의사보다 상당히 증가했다는 사실을 증명해 보였다.

School라는 이름 역시 탁월함의 상징이 됐다. 1976년, 프리드먼은 노벨 경제학상을 수상했으며[*] 1988년에는 미국 대통령 훈장Presidential Medal of Freedom과 국민 과학 훈장National Medal of Science을 받았다.


## 레너드 새비지:
## 통계로 경제학의 새로운 장을 열다


지금부터 이야기할 논문을 프리드먼과 함께 집필한 다섯 살 아래의 공동 저자는 '지미'Jimmie라는 미들 네임으로 널리 알려진 레너드 새비지다. 그의 할아버지의 성은 오그슈비츠Ogushevitz였다. 하지만 그의 아버지는 약간 사납게 들릴 수도 있지만 좀 더 익숙한 단어인 '새비지'savage('야만적이고 흉포하다'라는 의미가 있는 형용사—옮긴이)로 성을 바꾸었다.

새비지는 학교에서 두각을 나타내지 못했다. 뛰어난 성적을 자랑하기는커녕 교사들로부터 지적장애아라는 오해를 받기도 했다. 하지만 교사들이 그렇게 생각한 이유는 단지 그의 시력이 너무 나빴기 때문이었다. 새비지의 형은 한 매체와의 인터뷰에서 "동생은 학교에서 어떤 일이 벌어지는지 전혀 관심을 기울이지 않았다. 어떤 일이 벌어지

---

[*]　사실 이 상의 공식 명칭은 '알프레드 노벨을 기념하는 스웨덴중앙은행 경제학상'The Sveriges Riksbank Prize in Economic Sciences in Memory of Alfred Nobel이다.

는지 볼 수 없었기 때문이다."라고 이야기하기도 했다.[*] 실제로는 새비지가 똑똑한 아이였고 아마도 단조롭고 지루한 수업을 따분하게 여겼을 것이라는 사실을 알게 됐더라면 틀림없이 선생님들의 오해가 더욱 깊어졌을 것이다.

새비지의 성적은 평범한 수준에 그쳤지만 그의 아버지는 그를 미시간대학교 화학공학과에 입학시켰다. 하지만 안타깝게도 또다시 상황이 나쁘게 돌아갔다. 나쁜 시력 탓에 화학 실험실에 불을 내는 사고를 치고 그만 학교에서 쫓겨나고 만 것이다. 다행스럽게도 아버지가 힘을 써준 덕분에 학교로 다시 돌아갔지만 그는 화학보다 훨씬 안전한 물리학을 선택하기에 이른다. 하지만 결국 그의 마음을 사로잡은 건 화학도 물리학도 아닌 수학이었다. 그는 수학 분야로 학사 학위를 받고 몇 년이 지난 후에는 순수수학으로 박사 학위를 받았다.

뛰어난 박사 후 연구원으로 인정받았던 새비지의 다음 목적지는 프린스턴고등연구소였다. 거기서 그는 존 폰 노이만 밑에서 통계 담당 조교로 일하게 됐다. 새비지의 재능을 알아본 폰 노이만은 통계에 집중할 것을 권했다. 이후 새비지는 코넬, 브라운, 컬럼비아, 뉴욕, 시카고, 미시간을 거쳐 예일에 정착했다. 하지만 1971년에 쉰넷이 되는 날을 며칠 앞두고 세상을 떠날 때까지 새비지가 예일대학교에서 재임한 기간은 7년에 불과했다.

새비지의 가장 유명한 저서는 1954년에 출판된 《통계의 기초》

---

* 샘슨Sampson과 스펜서Spencer, 1999, 128.

● 레너드 새비지

출처: 레너드 새비지의 저작물(MS 695), 예일대학교

Foundations of Statistics였다. 프랭크 램지의 획기적인 연구(제6장 참조)와 폰 노이만과 모르겐슈타인의 게임 이론(제7장 참조)의 영향을 받은 새비지는 확신의 정도에 따른 주관적 효용subjective utility과 성격 확률personality probability에 관한 이론을 제안했다. 새비지의 이론은 일련의 공리를 기반으로 했다. 그중 하나는 폰 노이만과 모르겐슈타인이 제안한 전혀 위험하지 않은 공리, 즉 '무관한 변수의 독립성'이었다. 제10장에서 살펴보겠지만 이 공리는 기대효용 이론 전체에 어두운 그림자를 드리웠다.

당시 통계학 연구원이었던 새비지가 경제학 교수 프리드먼과 차후에 유명세를 얻은 논문을 공동 집필한 곳이 바로 시카고대학교였다.

그보다 1년 앞서, 인간이 효용함수를 가지려면 폰 노이만과 모르겐슈타인이 제안한 공리를 따르는 것이 필요충분조건이라는 지극히 중요한 증명이 첨부된《게임 이론과 경제 행동》제2판이 출판됐었다.


## 위험을 싫어하는 인간이
## 도박을 하는 이유


우리는 의사결정자가 위험이 없는 여러 대안 중 무언가를 선택할 때마다 상금을 극대화하는 방안을 택하리라는 것을 잘 알고 있다.[*] 이 경우에는 상금 극대화가 곧 효용 극대화와 같다. 하지만 위험이 존재하는 경우에는 상금의 기대효용expected utility of the payout을 극대화해야 한다. 그러나 상금의 기대효용은 '기대 상금의 효용'utility of the expected payout과는 다르다. 부가 늘어날수록 돈의 한계효용은 줄어들기 때문에 기대효용 극대화는 더 이상 기대 상금 극대화와 같지 않다. 또한 돈의 한계효용은 누구에게나 똑같이 감소하며 한계효용체감은 곧 위험 회피와 같은 의미이기 때문에 모두가 위험을 피하는 것이 틀림없다. 그렇지 않은가?

폰 노이만과 모르겐슈타인은 이 이론이 타당한 이유를 제시했고, 이들이 제시한 이유는 베르누이 시대부터 이치에 맞는 것으로 여겨져

---

[*]  어쨌든 제2장에서 많은 것이 적은 것보다 낫다는 사실을 증명해 보였다.

왔었다. 하지만 프리드먼과 새비지는 제8장 도입부에서 내가 언급한 바로 그 심오한 역설에 당혹감을 느꼈다. 그토록 많은 사람들이 온갖 위험에 대비해 보험에 가입할 정도로 위험을 싫어하면서 도박을 하는 이유는 무엇일까? 왜 집주인들은 재산을 보호하기 위해 보험에 가입하면서 복권을 사는 것일까? 두 사람은 이렇게 적었다.

"얼핏 보기에 한 사람이 보험에 가입하는 동시에 도박을 하는 것이 모순처럼 느껴질 수도 있다. 한편으로는 위험을 피하려고 기꺼이 보험료를 지급하면서 다른 한편으로는 위험을 떠안기 위해 돈을 내기 때문이다."

하지만 두 사람은 이 같은 역설적인 현상이 결코 드물지 않다고 지적했다. 사실 이런 현상은 너무 만연해서 "많은 정부가 복권을 효과적인 재원 조달 수단으로 여길 정도다."[*]

두 사람은 인간의 위험 감수 성향을 보여주는 모든 종류의 행동을 검토한 다음 "돈의 총효용 곡선을 약간 특수한 모양으로 만들면 이와 같은 실증적인 관찰 내용이 폰 노이만과 모르겐슈타인이 제시한 가설과 완전히 일치한다."라고 결론 내렸다. 그렇다면 '약간 특수한 모양'rather special shape이란 대체 무엇일까?

지금까지 여러 차례 반복해서 설명했듯이 부가 늘어날수록 부의 한계효용은 감소한다. 다시 말해 부의 효용은 늘어나지만 부의 효용이

---

[*] 2개의 인용문 모두 '프리드먼과 새비지, 1848, 286'에서 따온 것이다. 다른 인용문들 역시 모두 여기에서 인용했다.

늘어나는 정도는 점차 줄어든다. 즉, 효용 곡선의 기울기가 점점 평평해진다. 이미 언급했듯이 두 번째 아이스크림이 주는 쾌락은 첫 번째 아이스크림이 주는 쾌락보다 적고, 추가로 1달러의 돈이 생겼을 때 백만장자가 느끼는 쾌락이 빈곤한 사람이 느끼는 쾌락보다 적다. 그래프 종이에 그려보면 효용함수의 곡선 자체는 우상향하지만 기울기는 감소하는 모양을 띤다. 기술적으로 표현하면, 효용 곡선의 모양은 밑에서 바라보면 오목한 모양이다. 하지만 부의 스펙트럼에 따라 계속해서 이런 모양을 띠는 것은 아닐 수도 있지 않을까? 어쩌면 1달러와 100만 달러 사이 어딘가에 '부의 한계효용이 증가하는 구간'pockets of wealth 이 있을지도 모른다.

이것이 바로 프리드먼과 새비지가 주장했던 것이다. 두 사람은 가난한 노동자 계급 출신이 많은 돈을 추가로 얻어 중산층으로 발돋움할 수도 있다고 설명했다. 정말 고민해볼 만한 상황이다. 이 돈이 인생을 바꿔놓을 수도 있다. 이런 이유로 추가로 생긴 1달러의 돈은 그 존재가 거의 눈에 띄지 않을 수도 있지만 추가로 얻은 1만 달러의 돈은 추가로 얻은 1달러보다 1만 배 이상 커다란 효용을 제공할지도 모른다. 이는 곧 여기에 해당하는 부의 중간 구간에서는 한계효용이 증가한다는 뜻이다. 뿐만 아니라, 이 예시를 보면 바로 이런 이유로 사람들이 자신에게 불리한데도 기꺼이 도박을 한다는 것을 알 수 있다. 그렇다면 이쯤에서 폰 노이만과 모르겐슈타인이 '한계효용의 감소는 틀림없다'라고 명시하지 않았다는 점을 떠올려 보자. 다시 말해서 두 사람은 효용 곡선의 기울기가 반드시 평평해져야 한다고 명시하지 않았다.

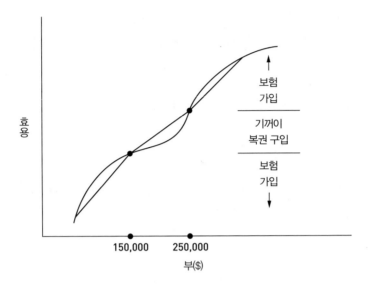

이해를 돕기 위해 적당히 여유 있는 형편의 쉴라라는 여성을 생각해

보자. 쉴라에게는 10만 달러짜리 집이 있고 쉴라의 은행 계좌에는 5만

달러가 들어 있다. 쉴라는 아마도 주택 보험에 가입할 것이다. 0달러

와 약 15만 달러 사이에서는 쉴라의 효용을 묘사하는 함수가 '오목'한

모양이기 때문이다. 하지만 쉴라가 정말로 바라는 것은 '25만 달러 이

상'의 부를 가진 계층에 진입하는 것이다. 쉴라는 이 목표를 이룰 수

있을지도 모른다는 생각에 복권을 사면 10달러를 잃을 수 있다는 사

실을 잘 알면서도 10만 달러의 상금을 탈 기회를 얻기 위해 10달러를

주고 기꺼이 복권을 구입한다. 쉴라가 기꺼이 도박에 참여하려 하는

이유는 약 15만 달러와 25만 달러 사이에서 쉴라의 효용함수가 '볼록'

하기 때문이다.

매우 낮은 가능성에도 불구하고 쉴라가 복권에 당첨돼 재산이 25만 달러로 늘어나면 다시 위험을 회피하는 성향으로 되돌아가 자신의 새로운 상태를 보호하려 들 것이다. 따라서 25만 달러를 넘어서면 쉴라의 효용 곡선이 '다시 오목'해진다(그래프 참조). 이는 곧 현재 15만 달러의 재산을 보유한 상황에서 쉴라가 복권도 사고 주택 보험에도 가입하지 못할 이유가 없다는 의미다. 역설이 해결됐다!

따라서 구불구불한 효용함수wiggly utility function(두 저자가 말하는 효용이 만족할 만한 수준이라고 해석되는 경우)는 그토록 많은 사람들이 한편으로는 보험에 가입하면서 다른 한편으로는 도박을 하는 이유를 설명해준다.

구불구불한 모양이 서로 다른 사회경제적 계층을 나타내는 것일 수도 있다. 첫 번째 오목 구간과 마지막 오목 구간은 각각 부의 수준이 낮은 계층과 부의 수준이 높은 계층을 나타내며 중간에 있는 볼록 구간은 좀 더 높은 계층으로 이동하기 위해 기꺼이 위험을 감수하려는 의향이 있는 사람들을 나타낸다. 뿐만 아니라 구불구불한 모양은 폰노이만과 모르겐슈타인이 제시한 틀과 제법 일치한다. 그들이 제시한 공리에 전혀 어긋나지 않으며 의사결정자들은 효용을 극대화한다(물론 일부 구간에서 효용 곡선이 볼록한 모양이긴 하지만 말이다).

프리드먼과 새비지가 제안한 이론은 비단 복권이나 카지노 도박뿐 아니라 투자 결정, 직업 선택, 기업가적인 프로젝트 같은 모든 종류의 위험한 행동에 관해 설명한다. 하지만 한 가지 수수께끼가 계속 이들을 어리둥절하게 만들었다. 두 사람은 이렇게 자문했다.

"사람들이 도박을 하거나 보험에 가입하기 전에 구불구불한 효용 곡선을 고려하고, 자신이 택할 수 있는 보험 상품과 도박의 배당률을 알고, 도박이나 보험 상품의 기대효용을 계산할 수 있고, 기대효용의 크기에 따라 결정을 내린다고 가정하는 것은 너무 비현실적인 일이 아닐까?"

그렇다. 틀림없이 비현실적이다. 결정을 내리기 전에 자신의 효용함수를 검토하고 복잡한 계산을 하는 사람은 아무도 없다. 하지만 프리드먼과 새비지는 이런 식의 이의는 적절하지 않다고 주장한다. 두 사람은 의사결정자들이 마치 효용함수를 검토한 것처럼, 마치 배당률을 알고 있는 것처럼, 마치 기대효용을 계산한 것처럼 행동한다고 보는 것이 적절하다고 주장한다. 이론의 타당성은 가설과 관련 있는 결정의 종류를 충분히 정확하게 예측할 수 있는가에 달려 있다. 두 사람은 비유하자면 당구를 치는 사람이 마치 탄성 충돌 방정식<sub>equations of elastic</sub> <sub>collisions</sub>을 알고 있는 사람처럼 눈대중으로 각도를 정확하게 측정하고, 재빨리 계산한 다음 공을 치는 것과 같다고 이야기한다.

어떤 일은 직접 경험해봐야만 알 수가 있다. 그런 맥락에서 구불구불한 효용 곡선은 꽤 잘 설명해주고 있다.

# 해리 마코위츠의
# 반론

    논문이 출판된 지 얼마 되지 않았을 무렵, 통찰력이 뛰어난 어느 대학원생이 프리드먼과 새비지가 보험과 도박의 역설을 설명하기 위해 의도치 않게 또 다른 역설을 만들어냈다고 지적했다. 두 사람이 제안한 모형에는 실생활에서 실제로 벌어진다면 반직관적으로 느껴질 법한 행동이 포함되어 있었다. 빈곤과 풍요의 정확한 중간 지점에 해당하는 중간 정도의 부를 소유한 앨버타라는 사람이 있다고 가정해보자. 프리드먼과 새비지의 설명에 의하면 효용함수는 부가 적은 구간과 부가 많은 구간에서 오목한 모양을 띠며 중간 구간에서는 볼록한 모양을 띤다. 앨버타는 볼록한 구간(즉, 위험 감수 구간)의 중간에 있다. 이제, 앨버타에게 동전을 던져서 지면 가난해지고 이기면 부자가 되는 도박을 제안해보자. 보험 통계의 측면에서 보면 이 도박은 공정하다. 기대 상금이 0이기 때문이다. 이 도박을 수차례 반복하면 앨버타는 평균적으로 지금과 같은 부의 상태에 머무르게 될 것이다.

  프리드먼과 새비지가 제안한 이론에 의하면, 현재의 재산 수준에서 위험을 감수할 의향이 있는 앨버타는 이 도박을 받아들여야 한다. 하지만 이 대학원생은 현실에서는 중간 정도의 재산을 가진 사람이 제정신이라면 자신을 부자로 만들 수도 있고 가난하게 만들 수도 있는 공정한 게임에 참여할 리가 없다고 주장했다. 굳이 그럴 이유가 있겠는가? 평균적으로 따져봤을 때 결국 원래 수준의 부로 되돌아가기 위해서 군이 이런 게임을 할 필요가 있을까? 하지만 프리드먼과 새비지의 세상에서 앨버타는 이런 도박을 사랑한다. 따라서 이 이론을 좀 더 발전시킬 필요가 있었다.

그 대학원생의 이름은 해리 마코위츠Harry Markowitz였다. 1927년에 모리스 마코위츠Morris Markowitz와 밀드레드 마코위츠Mildred Markowitz의 외동아들로 태어난 그는 대공황을 겪으며 성장했다. 당시 절망이 미국 전역을 뒤덮었지만 작은 식료품 가게를 운영하며 식품과 건어물류를 취급했던 그의 부모는 심각한 타격을 입지 않았다. 항상 먹을 것이 충분했고 따로 방도 있었다. 마코위츠는 야구와 태그 풋볼tag football(태클 없이 진행되는 약식 미식축구―옮긴이)을 즐기고 고등학교 오케스트라에서 바이올린을 연주했으며 많은 책을 탐독했다.

대학에 들어간 마코위츠는 철학과 물리학에 매력을 느꼈다. 하지만 시카고대학교에서 2년 만에 문과 학사 학위를 받고 졸업한 후, 마코위츠는 경제학을 선택한다. 마코위츠는 미시경제와 거시경제에 흥미를 느꼈지만 마코위츠를 진정으로 매료시킨 분야는 불확실성의 경제학이었다. 마코위츠는 《게임 이론과 경제 행동》을 읽고 기대효용에 관한 폰 노이만과 모르겐슈타인의 주장, 프리드먼과 새비지의 효용함수, 새비지가 주장하는 개인적 효용personal utility이라는 개념에 빠져들었다. 시간이 흘러 마코위츠는 시카고대학교에서 프리드먼과 새비지를 스승으로 맞는 행운을 누렸다.

프리드먼과 새비지의 논문에서 모순을 발견한 마코위츠는 더욱 깊이 파고들 필요가 있다고 생각했다. 마코위츠는 설문 조사를 위해 친구들에게 다음과 같은 질문을 던졌다.

→ 10센트를 받을 확률 100%와 1달러를 받을 확률 10% 중 어떤 쪽을 선호하는가?

→ 1달러를 받을 확률 100%와 10달러를 받을 확률 10% 중 어떤 쪽을 선호하는가?

→ 10달러를 받을 확률 100%와 100달러를 받을 확률 10% 중 어떤 쪽을 선호하는가?

→ 100달러를 받을 확률 100%와 1,000달러를 받을 확률 10% 중 어떤 쪽을 선호하는가?

→ 100만 달러를 받을 확률 100%와 1,000만 달러를 받을 확률 10% 중 어떤 쪽을 선호하는가?

마코위츠는 "이 질문에 대한 전형적인 답(소득 수준이 중산층 정도 되는 지인들이 내놓은)은 다음과 같다."라며 설문 내용을 소개했다. 대부분은 10센트를 확실하게 받는 쪽보다 1달러를 받기 위해 운에 맡기고 도박하는 쪽을 선택했다. 또한 대부분은 확실하게 1달러를 받는 것보다 10달러를 받기 위해 도박을 하는 쪽을 선호했다. 하지만 그 이후부터는 선호도가 갈리기 시작했다. 어떤 사람들은 100달러를 받기 위해 도박을 하는 것보다 10달러를 확실하게 받는 쪽을 선호했지만, 다른 사람들은 반대를 택했다. 뿐만 아니라 100달러를 확실하게 받는 쪽을 택하는 사람도 있었고 1,000달러를 받기 위해 도박을 하는 사람도 있다는 사실을 발견했다. 하지만 마지막 질문에 도달하자(확실하게 100만 달러를 받거나 1,000만 달러의 상금을 걸고 도박을 하거나) 단 한 명의 예외도 없이 모든 지인이 확실하게 100만 달러를 받는 쪽을 택했다.[*]

그런 다음, 마코위츠는 같은 식의 질문을 다른 방향으로 던졌다.

→10센트의 빚을 질 확률 100%와 1달러의 빚을 질 확률 10% 중 어떤 쪽을 선호하는가?

→1달러의 빚을 질 확률 100%와 10달러의 빚을 질 확률 10% 중 어떤 쪽을 선호하는가?

→10달러의 빚을 질 확률 100%와 100달러의 빚을 질 확률 10% 중 어떤 쪽을 선호하는가?

→100달러의 빚을 질 확률 100%와 1,000달러의 빚을 질 확률 10% 중 어떤 쪽을 선호하는가?

→100만 달러의 빚을 질 확률 100%와 1,000만 달러의 빚을 질 확률 10% 중 어떤 쪽을 선호하는가?

사람들은 대개 10%의 확률로 1달러의 빚을 지는 쪽보다 확실하게 10센트의 빚을 지는 쪽을 선호했으며, 10%의 확률로 10달러의 빚을 지는 쪽보다 확실하게 1달러의 빚을 지는 쪽을 선호했다. 또 그 후부터는 의견이 갈렸고, 마침내 마지막 질문에 다다랐다.

---

[*] 마코위츠, 1952a, 153. 다른 인용문들 역시 모두 여기에서 인용했다.

"사람들은 대개 100만 달러의 빚을 질 100%의 확률보다 1,000만 달러의 빚을 질 10%의 확률을 선호할 것이다."[*]

마코위츠는 설문 조사를 통해 무언가를 '얻게' 될 것인지, 혹은 '빚지게' 될 것인지에 따라 친구들의 행동이 달라졌음을 입증했다. 무언가를 받게 될 가능성과 마주한 상황에서는 금액이 적을 때는 위험을 감수하지만 금액이 커지면 위험을 회피한다. 반면, 손실이 발생할 가능성이 있는 상황에서는 금액이 적을 때는 위험을 회피하지만 금액이 커지면 위험을 감수한다.

이 같은 사실이 효용 곡선의 모양에 어떤 의미가 있을까? 프리드먼과 새비지는 논문에서 3개의 구간(부의 수준이 낮은 오목한 구간, 부의 수준이 중간 정도인 볼록한 구간, 부의 수준이 높은 또 다른 오목한 구간)을 가정했다. 마코위츠는 프리드먼과 새비지의 곡선보다 조금 더 구불거리는 곡선을 만들었다. 그는 현재의 부를 그래프의 중간에 위치시킨 다음 그 점을 기준으로 한쪽은 오목한 모양으로, 다른 쪽은 볼록한 모양으로 만들었다(그래프 참조). 현재의 부를 기준으로 오른쪽은 이익을 나타내는 곳으로, 첫 구간은 볼록한 모양이다. 현재의 부를 기준으로 왼쪽은 손해를 나타내는 곳으로, 첫 구간은 오목한 모양이다. 하지만 양쪽 끝에는 2개의 구간이 더 있다. 이익이 아주 큰 구간에서는 곡선이 다시 오목한 모양이 되며, 손해가 아주 큰 구간에서는 곡선이 다시 볼록한 모양이 된다.

---

[*]  이는 제12장과 제13장에서 설명할 행동경제학 이론보다 수십 년 앞선 것이다.

● 마코위츠의 구불구불한 곡선

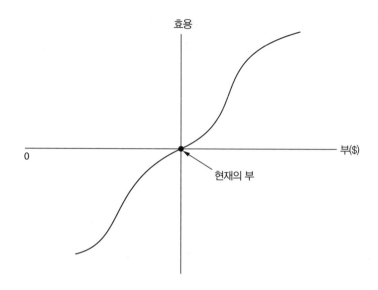

마코위츠는 "카드 게임, 주사위 게임 같은 부류의 게임을 할 때 사람들이 '적당히 돈을 잃는' 상황에서는 좀 더 보수적으로 (즉, 위험 회피적으로) 게임을 하고, '적당히 돈을 딸' 상황에서는 좀 더 거침없이 (즉, 위험을 감수하는 식으로) 게임을 하는 모습이 흔히 관찰되는 점에서 미뤄보면 이 같은 사실이 옳다고 볼 수 있다."고 주장했다.

마코위츠는 효용 곡선이 어떤 모양이어야 하는가에 관해 추가로 몇몇 의견을 제시했다. 마코위츠의 효용 곡선은 오른쪽으로 올라가는(이익) 속도보다 왼쪽으로 떨어지는(손해) 속도가 빠르며 위가 불룩한 구간과 아래가 불룩한 구간이 이어지고, 곡선의 양쪽 끝 굴곡 모양을 보면 부의 수준이 높은 구간이 부의 수준이 낮은 구간보다 현재의 부에서 더 멀리 위치한다. 프리드먼과 새비지의 효용 곡선과 마찬가지로,

마코위츠가 제안한 여러 차례 오르락내리락하는 곡선 모양은 사람들이 보험과 도박을 동시에 활용하는 이유를 설명해준다. 하지만 프리드먼과 새비지가 제안한 곡선과는 반대로 마코위츠의 곡선을 채택하면 중간 정도의 부를 가진 앨버타가 부유해질 수도 있고 가난해질 수도 있는 도박, 즉 보험 통계적으로 타당한 도박을 받아들여야 하는가를 둘러싼 앨버타의 역설을 피할 수 있다.

현대적인 기준으로 보면 마코위츠의 논문이 매우 철저하지는 않다. 친구들을 대상으로 한 피상적인 설문 조사를 제외하면 실질적인 검증이 이뤄지지 않았기 때문에 공개적으로 발표하기에는 미덥지 않은 것도 사실이다.[*] 논문의 마지막 문단에 기술된 내용을 보면 그도 그 같은 점을 잘 알고 있었던 것이 틀림없다. 마코위츠는 논문의 마지막 문단에서 이렇게 서술했다.

"이 논문에 등장하는 주장들은 얄팍한 근거를 토대로 하기 때문에 반대 의견이 있을지도 모르겠다. (…) 이 논문에 소개된 가설의 '진위'를 '의심의 여지없이' 입증하지 못했다는 사실을 깨달았다. 그동안 위험이나 불확실성이 수반되는 행동과 관련된 현상을 설명하거나 실험을 설계할 때 염두에 두어야 하는 가설을 제시하고, 이런 가설에 관심을 유도하고, 어느 정도는 이런 가설을 정당화하고 가설에 설득력을 부여하기 위해 노력해왔다."

대개 정당화를 주장하는 변명이 그렇듯, 심사위원과 독자들에게 보

---

[*] 마코위츠, 1952b.

내는 이 같은 메시지가 경고 신호를 보냈어야 마땅하다. 그럼에도 불구하고, 프리드먼과 새비지가 제안한 효용함수나 마코위츠가 제안한 효용함수는 보험-도박 역설에 대한 답을 제시하는 듯 보인다.


## '포트폴리오 이론'의
## 탄생


어쨌든 〈부의 효용〉Utility of Wealth이라는 논문은 마코위츠의 부수적인 연구 활동일 뿐이었다.[*] 같은 해에 마코위츠를 진정으로 유명하게 만들어준 논문 〈포트폴리오 선택〉Portfolio Selection이 《금융 저널》 Journal of Finance에 공개됐다. 이 논문은 마코위츠에게 유명세를 안겨줘도 될 만큼 뛰어난 연구였다.

당시 박사 과정 학생에 불과했던 마코위츠는 주식시장에 수학 기법을 적용하기로 마음먹었다. 마코위츠는 동료들과 우연히 대화를 나누던 중 이 같은 아이디어를 떠올렸다. 당시의 통념에 의하면 주식 가격은 미래 배당금의 현재 할인 가치present discounted value였다. 하지만 미래의 배당금은 불확실하기 때문에 마코위츠는 '기대되는' 미래 배당금의 현재 할인 가치가 주가를 결정한다고 해석했다. 마코위츠는 "하지만

---

[*] 오늘날에는 "이 질문에 대한 (소득 수준이 중산층 정도 되는 지인들이 내놓은) 전형적인 답"을 근거로 데이터를 분석한 논문을 받아들일 과학 저널은 없다. 학술 논문을 발표하기 위해서는 많은 것이 필요하지만 그중에서도 특히 대규모 표본과 T 통계량, 대조군이 필요하다.

● 노벨상을 수상하는 해리 마코위츠

출처: 해리 마코위츠 컴퍼니

투자자가 증권의 기대 가치에만 관심을 가진다면, 투자자는 포트폴리오의 기대 가치에만 관심을 두어야 한다."라고 지적했다. "또한 그러므로 포트폴리오의 기대 가치를 극대화하려면 단 하나의 증권에만 투자해야 한다. 그러나 필자는 투자자들이 이런 식으로 행동하지 않으며, 그래서도 안 된다는 사실을 알고 있다. 투자자들은 수익뿐 아니라 위험에도 관심이 있기 때문에 다각화를 택한다."*

이렇게 해서 오늘날 우리가 잘 아는 현대적인 포트폴리오 이론이 탄생했다. 여기에서 '현대적'modern이라는 수식어를 사용한 이유는 앞서

---

* 마코위츠, 1990.

제1장에서 설명했듯이 3세기 전에 다니엘 베르누이가 이미 다각화의 개념을 제안한 바 있기 때문이다. 마코위츠는 이 논문을 발표한 공로와 이후에 금융 경제학 발전에 기여한 바를 인정받아 1990년에 노벨 경제학상을 수상했다.

# 비교할 수 없는 것을
# 비교하다

앞서 언급했듯이 효용 이론의 약점은 서로 다른 사람끼리는 효용을 비교할 수 없다는 점이다. 문제는 측정에 있다. 무언가를 측정하는 가장 직접적인 방법은 '단위'를 헤아리는 것인데 눈에 보이지 않는 효용을 측정하는 객관적인 단위가 이 세상에는 존재하지 않는다.

객관적으로 측정하고 비교할 수 있는 단위는 무게와 길이가 대표적이다. 파리 근교의 국제 도량형국International Bureau of Weights and Measures에는 킬로그램원기와 미터원기가 보관되어 있다. 이와 같은 두 원기는 종류를 막론한 모든 측정의 기준 역할을 하며 측정되는 물질이 무엇인가는 중요하지 않다.<sup>*</sup> 따라서 감자 2킬로그램은 당근 1킬로그램보다 무게가 두 배 더 나간다. 20센티미터짜리 나무 자의 길이는 60센티미터짜리 철제 자의 3분의 1이다. 그러나 여기서 인위적인 척도가 사용되면 문제가 시작된다.

## 고통과 쾌락을
## 비교할 수 있는가?

나는 이미 제6장에서 모스 경도계를 이용하면 광물의 상대적인 경도와 긁힘 저항성을 측정할 수 있다고 설명한 바 있다. 따라서 다이아몬드(경도 10도)는 석영(경도 7도)에 흠집을 낼 수 있고, 활석(경도 1도)은 다른 어떤 광물과 부딪히건 흠집이 난다. 하지만 모스 경도계는 오직 상대적인 경도만을 측정하는 만큼 서열을 나타내는 것에 불과하다. 따라서 황옥(경도 8도)이 형석(경도 4도)보다 단단하긴 하지만 그렇다고 해서 황옥이 형석보다 두 배 단단하다고 말할 수는 없다.

온도의 경우에는 적어도 객관적인 측정 자료를 제공할 수 있다. 하지만 설령 그렇더라도 기온이 화씨 100도인 피닉스가 화씨 50도인 보스턴보다 두 배 더 덥다고 말할 수는 없다. 화씨를 섭씨로 바꿔보면 금

---

\* 1960년에 미터의 규격이 크립톤 원자가 방출하는 빛의 파장으로 바뀌었다. 킬로그램의 세부사항은 2019년 5월 20일에 변경됐으며, 현재는 양자역학에 나오는 개념인 플랑크 상수로 정의된다.

세 명확해진다. 섭씨로 표시하면, 피닉스는 37.7도, 보스턴은 10도이다. 어느 측정 방식을 이용하건 피닉스가 보스턴보다 덥다. 하지만 피닉스가 보스턴보다 두 배 더울까? 절대 그렇지 않다.

효용은 이와는 또 전혀 다르다. 효용은 무게, 기간, 길이와 달리 객관적으로 측정할 수 없을 뿐 아니라 광물의 경도처럼 서로 비교할 수도 없다. 효용은 일종의 '심리적인 개념'이기 때문에 우리가 알고 있는 방식의 측정을 거부한다. 감정을 자극하는 감각은 완전히 주관적이며 객관적으로 측정할 수 없다. 가령 고통의 경우를 생각해보자. 출산 중인 여자가 느끼는 고통이 신장 결석으로 힘들어하는 남자가 느끼는 고통보다 클까? 혹은 쾌락은 어떨까? 활기 넘치는 손주를 보는 기쁨을 평화로운 공원 산책이 주는 즐거움과 비교할 수 있을까?

마찬가지로 효용은 수치로 측정해서 나타낼 수 없다. 존 폰 노이만과 오스카르 모르겐슈타인이, 그보다 앞서 다니엘 베르누이와 가브리엘 크라메르가 상정한 인간의 효용을 설명하는 함수와 그래프는 특정한 사람에게만 의의가 있는 순서라고 정의할 수 있다. 사실 효용이 단조_monotone 법칙을 따르기만 하면, 즉 효용이 언제나 증가하면 온갖 수학 기법을 효용에 적용할 수 있을지도 모른다. 예를 들면 효용을 제곱하거나 효용에 10을 곱해도 순서가 바뀌지 않게 되는 것이다. 특히 폰노이만과 모르겐슈타인이 제안한 효용함수는 선형 변환이 가능하다. 다시 말해서 효용을 상수로 곱한 다음 또 다른 상수를 더해도 순서가 바뀌지 않는다. 섭씨는 화씨를 선형 변환시킨 것일 뿐이라는 사실에 주목해보자(섭씨로 변환하려면 화씨온도에서 32를 뺀 다음 나머지를 1.8로 나누면 된다). 따라서 수치로 표현한 값을 직접 비교할 수 없을지는 모르지만 섭씨를 기준으로 좀 더 덥다면 기준을 화씨로 바꾸더라도 마찬가지로 더 덥다.

베르누이는 부의 효용을 나타내는 지표로 로그를 제안했고 크라메르는 제곱근을 제안했다는 사실을 떠올려보기 바란다. 둘 다 타당한 지표다. 하지만 효용함수는 각 개인의 결정을 정확하게 설명하는 데는 도움이 되지만 화씨와 섭씨의 비교처럼 각기 다른 사람이 느끼는 효용을 비교하는 데는 도움이 되지 않는다. 어떤 사람이 느끼는 오렌지에 대한 효용을 다른 사람이 느끼는 바나나에 대한 효용과 비교할 수는 없을 뿐만 아니라, 어떤 사람이 느끼는 포도에 대한 효용과 또 다른 사람이 느끼는 똑같은 포도에 대한 효용 역시 비교할 수 없다. 어떤 사람이 첫 번째 쿠키를 먹었을 때 느끼는 효용과 그 사람이 10번째 쿠키를 먹었을 때 느끼는 효용 역시 10번째 쿠키의 효용이 첫 번째 쿠키의 효용보다 적다고 설명할 수 있을 뿐 그것을 수치로 정확하게 비교할 수는 없다.

서로 다른 사람의 효용을 비교할 수 없는 것은 효용이 모스 경도계와 마찬가지로 서수 척도(즉, 순위)일 뿐 킬로미터와 센티미터처럼 더하기와 빼기가 가능한 기수가 아니기 때문이다. 따라서 500달러보다 1,000달러가 샘에게 더욱 커다란 효용을 준다고 얘기할 수는 있지만 얼마나 많은 효용을 주는지는 얘기할 수 없다. 뿐만 아니라 200달러의 돈이 톰보다 샘에게 주는 효용이 더 큰지, 그렇지 않으면 더 작은지 확실하게 이야기하기란 불가능하다.

하지만 놀랍게도 사람 사이의 비교가 가능한 것이 하나 있다. '위험 회피의 정도'가 바로 그것이다. 미국 서부 해안의 교수 한 명과 동부의 교수 한 명이 서로 상대의 연구에 대해 전혀 알지 못한 상태에서 각각 위험을 대하는 인간의 태도를 측정하기 위한 지표를 개발했다. 그들은 바로 스탠퍼드대학교 경제학 교수 케네스 애로Kenneth Arrow와 하버드대학교 경영학 교수 존 프랫John Pratt이었다.

## 케네스 애로의
## 불가능성의 정리

뉴욕에서 태어난 케네스 조셉 애로Kenneth Joseph Arrow는 뉴욕에서 유년기와 학창시절을 보냈다.[*] 대공황이 닥치기 전 부유하게 살았던 애로의 가족은 그러나 대공황으로 대부분의 재산을 잃고 10년 동안 빈곤하게 살았다. 애로가 대학에 진학할 때가 되자 그의 부모는 간신히 학비를 지원해주었다. 다행히도 뉴욕시립대는 시민들에게 학비 없이 고등교육을 받을 기회를 제공했고 애로는 자신에게 그런 기회가 주어진 데에 평생 감사하며 살았다. 그는 대학에서 수학을 전공하면서 수학 교사가 되기로 마음먹는다. 그렇게 최고의 성적으로 골드 펠 메달Gold Pell Medal(펠 가문에서 성적이 우수한 학생들에게 수여하는 메달—옮긴이)을 받으며 학교를 졸업했지만 안타깝게도 당시 뉴욕시 학

---

[*]    제9장 내용의 일부는 '슈피로, 2003'과 '슈피로, 2010b'에서 발췌, 수정한 것이다.

교에는 수학 교사 자리가 다 차 있었다. 결국 애로는 컬럼비아대학교에 들어가 계속 수학을 공부했다. 그렇게 1941년에 석사 학위까지 받았지만 그럼에도 앞으로 무엇을 해야 할지 확신이 들지 않았다.

그러던 중 아주 운이 좋게도 컬럼비아대학 경제학과에서 학생들을 가르치고 있었던 통계학자 해럴드 호텔링Harold Hotelling의 수리경제학 수업을 듣게 됐다. 이 경험은 애로에게 결정적인 영향을 미쳤고, 그는 수리경제학에 자신의 인생을 바치기로 마음먹었다. 애로는 경제학과 특별 연구원 자리를 제안받았지만 제2차 세계대전이 발발하면서 학자로서의 삶은 중단되고 말았다. 1942년에 기상장교로 미 공군에 입대한 애로는 장기 일기예보 대대Long-Range Forecasting Group의 대위 자리까지 승진했다.

그러던 어느 날, 애로와 동료들은 자신들의 연구가 통계적으로 얼마나 정확한지 점검해보기로 마음먹었다. 그들은 비가 내리는 날이 얼마나 될지 한 달 앞서 예측한다는 목표를 성공적으로 달성했는지 검토했다. 당연하게도, 장기 일기예보 대대는 목표를 달성하지 못했다. 그들은 미 공군 장군에게 장기 일기예보 대대를 해체하는 것이 좋겠다는 내용의 서신을 보냈다. 반년 후에 도착한 답신에는 "장군님은 제군들의 예측 결과가 좋지 않다는 사실을 잘 알고 계신다. 하지만 계획을 수립하려면 예측 자료가 필요하다."*라는 내용뿐이었다. 어쩔 수 없이 애로와 대대원들은 정확도가 제비뽑기와 다르지 않은 기법을 이용해

---

\* 스타Starr, 2008, 233.

● 케네스 애로

출처: 척 페인터, 스탠퍼드 뉴스 서비스

맑은 날과 비 내리는 날을 계속 예측했다. 전쟁이 끝나고 난 1946년, 그는 공군을 떠났다. 하지만 군에서의 연구 활동은 긍정적인 결과로 이어졌다. 애로가 1949년에 〈비행 계획을 위한 최적의 바람 이용법에 대하여〉On the Optimal Use of Winds for Flight Planning 라는 제목의 첫 번째 과학 논문을 《기상학 저널》Journal of Meteorology에 발표했던 것이다.

전쟁이 끝난 후, 애로는 컬럼비아대학원에서 학업을 이어나갔다. 돈을 벌기 위해 잠시 생명보험 회사의 보험계리인이 되려고도 했으나 동료의 만류로 계속 연구에 매진하기로 결심한다. 그렇게 1947년, 애로는 시카고대학교 콜스 경제 연구 재단Cowles Foundation for Research in Economics에 합류했다. 그리고 그곳에서 "젊고 열정 넘치는 계량경제학자들과 수학을 좋아하는 경제학자들로 가득한 멋지고 지적인 환경"과 마주하게 된다.

폰 노이만과 모르겐슈타인이《게임 이론과 경제 행동》을 출판하고 몇 년이 지난 1948년부터 애로는 캘리포니아 산타 모니카에 있는 랜드연구소RAND Corporation에서 여름을 보냈다. 랜드연구소는 이후에 설립된 모든 싱크탱크의 기준을 제시한 최초의 글로벌 비영리 정책 연구소였다. 애로는 1949년에 스탠퍼드대학교의 경제통계학 조교수 대행으로 임명된 후 승진을 거듭해 경제학 교수 겸 경영 연구 교수가 됐다. 하버드대학교에서 11년을 보내고 케임브리지와 옥스퍼드, 시에나, 빈에서 방문 교수를 지낸 것을 제외하면 그는 1991년에 은퇴할 때까지 스탠퍼드대학교에서 모든 시간을 보냈다. 애로는 다양한 상을 받았다. 1957년에는 매년 40세 이하의 우수한 수학자에게 수여하는 존 베이츠 클라크 메달John Bates Clark Medal을 받았고, 잘 알려져 있듯이 1972년에는 존 힉스John Hicks와 함께 노벨 경제학상을 수상했다. 미국 국립 과학 아카데미National Academy of Sciences와 미국철학학회American Philosophical Society 회원으로 선출되면서 20개가 넘는 명예 학위를 받았다. 심지어 로마 교황청도 거들며 애로에게 교황청 사회과학 아카데미Pontifical Academy of Social Sciences 회원 자격을 수여했다. 애로는 그 외에도 다채로운 경력을 쌓아나갔다. 대표적으로, 계량경제학회Econometric Society 회장, 미국 대통령 경제자문 위원회U.S. Council of Economic Advisors 활동 등이 있으며, 다양한 학회의 회원으로 활동했다.

가장 널리 알려진 애로의 업적 중 하나인 저명한 '불가능성 정리'

Impossibility Theorem는 사실 그의 박사 논문에 포함된 내용이었다. 애로는 박사 논문에서 불가능성 정리에 대해 다음과 같이 기술한다.

"각기 다른 사람의 효용을 비교할 가능성을 배제하면, 각기 다른 개 개인이 생각하는 다양한 범주의 순위를 제대로 정의하고 반영하는 사회적 선호에 개인의 취향을 적용할 수 있는 유일한 방법은 강제하거나 독재적으로 강요하는 것뿐이다."[*]

쉽게 말해 민주적으로 지도자를 선출할 합리적인 방법이 존재하지 않는다는 것이다. 심지어 널리 칭송받는 다수결의 원칙에도 매우 심각한 문제가 있다.[**] 이처럼 우울한 상황이 발생하는 이유가 무엇일까? 바로 각기 다른 사람의 효용을 비교하는 것이 불가능하기 때문이다!


## 애로와
## 프랫의 역사적 만남

1960년대 초, 애로가 스탠퍼드대학교에서 경제학, 특히 불확실성의 경제학을 중점적으로 가르치는 동안, 미 동부에 있는 하버드 경영대학원에서 학생들을 가르치던 어느 젊은 교수는 비슷한 주제를 연구하느라 바빴다.

---

[*] 이 인용문은 '애로, 1951, 59'에서 발췌한 것이다. '슈피로, 2010b'도 참고하기 바란다.
[**] 다수결의 원칙이 소위 콩도르세의 역설로 이어질 수 있다. '슈피로, 2010b'를 참고하라.

1931년에 태어난 존 윈저 프랫John Winsor Pratt은 프린스턴에서 공부한 후 1956년에 스탠퍼드대학교에서 통계학 박사 학위를 받았다. 〈일모 수 다변량 폴리아형 분포 결정 이론의 일부 결과〉Some Results in the Decision Theory of One-Parameter Multivariate Polya-Type Distribution라는 그의 논문은 프랫이 평생 의사결정에 관심을 쏟을 징조가 됐다. 프랫은 1962년에 미국통계학회American Statistical Association 선임 연구원으로 뽑혔으며, 1988년에는 미국 예술 과학 아카데미American Academy of Arts and Sciences 회원이 됐다. 프랫은 1955년에 MIT 출판부가 출판한《통계 결정 이론 입문》Introduction to Statistical Decision Theory이라는 책을 공동 집필했으며 미국 국립 과학 아카데미에서 환경 감시 위원회, 인구 조사 방법론 위원회, 통계학의 미래 위원회 의장을 지냈다. 프랫은 결정 분석 분야에 대한 공헌을 인정받아 1999년에 결정분석학회Decision Analysis Society로부터 프랭크 P. 램지 메달Frank P. Ramsey Medal을 받았다. 결정분석학회가 수여하는 최고의 상인 프랭크 P. 램지 메달은 제6장에서 살펴본 바로 그 케임브리지의 수학자, 프랭크 램지를 기리기 위해 만들어진 상이었다.

특히 한 논문이 프랫에게 유명세를 안겨주었다. 1964년 1월《이코노메트리카》에 실린 〈국소적인 위험 회피와 전반적인 위험 회피〉Risk Aversion in the Small and in the Large라는 논문이 바로 그것이다. 이 논문은 당시 가장 빈번하게 인용된 경제학 논문 중 하나였는데 최근 들어서는 예전만큼 자주 인용되지는 않는다. 더 이상 의미가 없어서가 아니라 프랫이 설명한 개념이 주류 경제학의 일부가 되어 더 이상 매번 언급할 필요가 없기 때문이다.

프랫은 "이 논문은 돈의 효용함수에 관한 것이다."라는 말로 글을 시작했다. 프랫은 논문에서 "임의적인 위험에 대한 국소적인 위험 회피나 위험 프리미엄, 보험료를 측정하기 위한 척도"를 설명했다.[*] 그러면서 그는 무심코 비밀을 누설하고 말았다. 효용의 순위를 매길 수 있을 뿐 전통적인 의미에서 효용을 측정할 수는 없지만, 개개인이 위험 회피를 위해 기꺼이 지불하는 보험료와 연결하면 각 개인의 위험 회피 수준을 측정할 수 있다고 주장한 것이다. 이 접근 방법은 확률에 대한 믿음의 정도를 원래 가던 길에서 벗어나 기꺼이 이동하고자 하는 거리와 연결해서 설명했던 프랭크 램지의 접근 방법과 유사하다(제6장 참조).

프랫이 위험 회피를 측정하기 위해 어떤 척도를 제안했는지 설명하기에 앞서, 이 문제와 관련해 애로가 어떤 성과를 냈는지 간략하게 살펴보자.

프랫이 위험 회피 척도 개발을 위해 한창 연구를 진행 중이었던 1962년, 애로는 스탠퍼드 학생들에게 불확실성의 경제학Economics of Uncertainty이라는 과목을 가르치고 있었다. 애로는 여섯 번째 강의에서 유동성 선호liquidity preference(사람들이 수익이 예상되지만 손실이 날 수도 있는 위험한 투자 상품보다는 이자가 없더라도 위험이 없는 현금을 선호하는 현상)에 대해 설명했다. 특히 애로는 의사결정자가 자신이 소유한 부의 일부분을 현금으로 남겨둔 상태에서 투기적인 사업에 투자해도 되는

---

[*]　프랫, 1964, 122.

최적의 금액이 얼마인지 논했다. 그는 투자자가 얼마나 부유한가에 따라 이 금액이 달라진다는 사실을 증명해 보였는데, 자신의 논리를 전개하던 중 투자자의 위험 회피 정도를 측정하는 수학식을 찾아냈다. 애로가 찾아낸 수식은 프랫이 찾아낸 수식과 정확히 일치했다.

앞서 언급했듯이 프랫은 애로의 연구에 대해 알지 못했다. 당시는 인터넷이 생기기 전이었고, 애로가 가르치는 스탠퍼드 학생들을 제외한 그 누구도 그 같은 척도에 대해 들어본 적이 없었다. 얼마 후, 애로는 헬싱키에서 첫 번째 위뢰 얀손 강의Yrjö Jahnsson Lectures를 진행해 달라는 초청을 받았다. 사업을 해서 큰돈을 벌었지만 제법 젊은 나이에 세상을 떠난 핀란드의 경제학자 위뢰 얀손의 이름을 따서 만든 이 강의 시리즈는 당연하게도 유명세를 얻었다. 위뢰 얀손 강의를 한 적이 있는 강사 중 무려 10명이 노벨 경제학상을 받았기 때문이다. 애로는 그 자리에서 위험 회피에 관한 연구를 발표하기로 마음먹었다. 그는 1963년 12월에 "위험 부담 이론의 여러 측면"Aspects of the Theory of Risk Bearing이라는 제목의 강의를 진행했다. 그제야 애로의 연구에 대해 알게 된 프랫은 당시 쓰고 있던 논문의 마지막 부분에 "애로 교수의 관련 연구"Related Work of Arrow라는 내용을 추가했다. 그 이후, 두 교수가 따로 찾아낸 수식은 '애로-프랫 위험 회피 척도'Arrow-Pratt measure of risk aversion라는 이름으로 알려졌다. 그렇게 서로 다른 사람이 느끼는 효용은 비교할 수 없지만 위험 프리미엄은 비교할 수 있는 것으로 밝혀졌다.

## 효용은 비교할 수 없지만
## 위험 회피는 비교할 수 있다

　　　　제1장에서 살펴본 내용을 어렵겠지만 다시 기억해보자. 효용 곡선과 어떤 수준의 부에서 다른 수준의 부로 경사져 있는 직선이 가로로 얼마나 떨어져 있는가에 따라 누군가의 위험 프리미엄이 결정된다. 독자 여러분들이 다시 제1장으로 책장을 넘기는 노고를 덜 수 있도록 제1장에서 살펴본 개념과 그래프에 대해 다시 한 번 설명하고자 한다.

　투자자 핑포두 씨가 2,000두카트를 얻을 확률과 3,000두카트를 얻을 확률이 반반이라고 가정해보자. 따라서 핑포두 씨의 기대 부expected wealth는 2,500두카트(2,000두카트의 50% + 3,000두카트의 50%)이다. 위험을 피하고 싶어 하는 핑포두 씨는 2,440두카트를 확실하게 받을 수만 있다면 2,440두카트를 받는 데 만족할 것이다. 수학적으로 설명하자면 다음과 같다.

　먼저 $축에서 2,000두카트의 부(a)를 찾고 효용 곡선(b)에서 이 값의 위치를 찾은 다음 U축을 살펴보면 해당하는 효용값은 7.6(c)이다. 마찬가지로, $축에서 3,000두카트(d)를 찾아낸 다음 효용 곡선(e)에서 이 값의 위치를 찾아 U축에 표시된 효용값을 살펴보면 .0(f)이다. 이제 U축에 표시된 7.6과 8.0의 중간 지점(7.8(g))에서 기댓값을 찾을 수 있다(가능성이 50대 50이기 때문에 중간 지점이 기댓값이 된다. 두 사건이 일어날 가능성이 달라지면 가능성을 나타내는 수치에 따라 U축 상에서의 위치를 조절

● 부의 효용

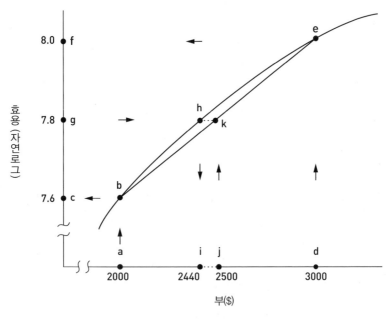

주: 점 b, h, e를 잇는 곡선은 자연로그이며, 점 b, k, e를 잇는 선은 단순한 직선이다

해야 한다). 이제는 몇 두카트가 7.8의 효용에 해당하는지 찾아내야 한다. 효용함수(h)에서 기대효용이 7.8이 되는 지점을 찾아보면 $축의 값은 2,440(i)이다. 하지만 수학적으로 계산한 도박의 금전적인 기댓값은 2,000두카트와 3,000두카트의 중간(2,500두카트(j))에 위치한다. 이제 끝났다. 2,440두카트라는 최종적이고 확실한 돈이 펑포두 씨에게 제공하는 효용은 펑포두 씨가 사업 제안에 돈을 걸었을 때 얻을 수 있을 것으로 기대되는 효용과 동일하다. i와 j 간의 금전적인 격차, 즉 60두카트는 펑포두 씨가 모험을 피하기 위해서 지불해야 하는 금액이다.

같은 상황에 부닥친 다른 사람은 70두카트, 혹은 55두카트, 혹은 또

308

다른 금액을 기꺼이 포기하고 싶어 할 수도 있다. 효용과는 반대로, 사람들이 기꺼이 포기하고자 하는 위험 프리미엄은 비교가 가능하다. 따라서 의사결정자의 위험 회피 정도는 직선과 효용 곡선이 가로로 얼마나 떨어져 있는가에 따라 결정된다.

지금 던져봐야 할 중요한 질문은 다음과 같다. 효용함수 그래프가 어떻게 두 선 사이에 존재하는 공간의 가로 폭을 좌우하는 것일까? 곡선의 기울기, $U'(부)$ 때문일까? 그렇지 않으면 곡선의 곡률curvature $U''$ $(부)$ 때문일까? 두 질문에 대한 대답은 모두 '그렇지 않다'이다. 기울기가 다르고 곡률이 달라도 위험 프리미엄은 같을 수도 있기 때문이다.[*] 즉, 기울기나 곡률이 단독으로 위험 회피 정도를 결정하지는 않는다. 애로와 프랫은 효용의 기울기와 곡률을 모두 고려해야 부의 효용함수로서의 위험 회피 척도를 찾아낼 수 있다는 사실을 발견했다.

$$부의 \ 함수로서의 \ 위험 \ 회피 = -U''(부)/U'(부)$$

사실상 애로와 프랫은 기울기에 따라 정규화되는 효용함수의 곡률이 위험 회피 척도라고 정의했다(다시 말해서 곡률이 기울기보다 몇 배 더 큰가?). 위험을 회피하려는 사람에게 $U''$는 음수이고 $U'$는 모든 사람

---

[*] 수학에서는 곡률의 다양한 정의가 존재한다. 이를 단순화하기 위해 여기에서는 그래프 곡률 대신 효용 곡선의 두 번째 도함수 $U''(부)$를 사용해보자. $U'(부)$가 양수면 사람들이 적은 것보다 많은 것을 선호한다는 의미이며, $U''(부)$가 음수면 사람들이 변화, 즉 위험을 싫어한다는 의미라는 것을 기억해야 한다.

에게 양수이기 때문에 위험 회피 정도는 대개 양수가 된다.[*] 뿐만 아니라 애로와 프랫은 다른 척도, 즉 상대적인 위험 회피relative risk aversion 정도를 측정한다. 여기에 정의되어 있듯, 절대적인 위험 회피에 부를 곱하면 상대적인 위험 회피 정도를 구할 수 있다.

한 가지 흥미로운 질문은 부가 증가하면 위험 회피가 증가하느냐, 감소하느냐 혹은 변하지 않느냐는 것이다. 사람은 저마다 달라서 여기에 정답은 없다. 부유해질수록 위험 회피 성향이 덜해지는 사람도 있겠지만 그렇지 않은 사람이 있을 수도 있다. 이 같은 사실은 중요한 의미를 내포한다. 프랫이 논문에서 지적했듯이, 절대적인 위험 회피가 줄어든다는 것은 곧 부유해질수록 의사결정자가 어떤 위험에 대비하기 위해 기꺼이 내고자 하는 보험료가 줄어든다는 뜻이며 절대적인 위험 회피가 증가한다는 것은 곧 부유해질수록 의사결정자가 위험에 대비하기 위해 기꺼이 내고자 하는 보험료가 늘어난다는 것이다. 혹은 애로가 강의에서 설명했듯, 절대적인 위험 회피가 감소한다는 것은 곧 부유해질수록 위험한 사업에 더 많이 투자하게 된다는 뜻이다. 상대적인 위험 회피도 마찬가지다. 상대적인 위험 회피가 감소한다는 것은 투자자가 소유한 전체 부에서 위험한 일에 투자하는 부의 비중이 늘어난다는 의미다. 혹은 자신의 자산을 위협하는 위험에 대비하기 위해 상대적으로 적은 보험료를 내고자 한다는 뜻이다.

---

[*]  수학을 좋아하는 독자라면 효용함수가 선형 변환까지만 정의되어 있지만 선형 변환이 이루어져도 위험 회피가 변함없다는 사실에 주목했을 것이다.

다양한 연구를 통해 부가 늘어날수록 사람들의 절대적인 위험 회피는 대개 줄어들며 상대적인 위험 회피는 대개 1.0 근처에 머무른다는 사실이 확인됐다.[*] 이 같은 사실은 매우 흥미롭다. 몇 차례 수식을 적용하면 1738년에 베르누이가 주장했듯이 로그 함수를 이용해 대다수 사람들의 효용을 가장 잘 정의할 수 있기 때문이다. 다시 말해 결국 얼마나 많은 부를 갖고 있건 투자자들은 대개 '일정한 비율의 부'를 위험한 일에 투자하고 싶어 한다.

---

[*] 예를 들면 슈피로, 1986.

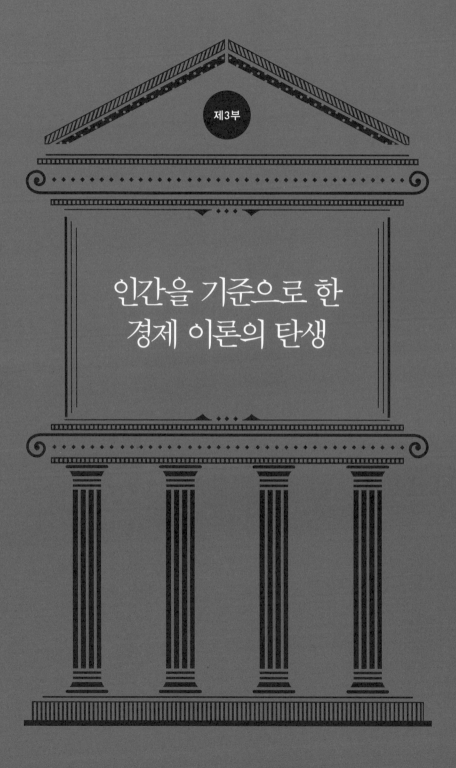

제3부

인간을 기준으로 한
경제 이론의 탄생

# 제10장

# 더 많은 역설이 나타나다

모리스 알레Maurice Allais가 세 살이 채 되지 않았던 1914년 8월, 그의 아버지는 징집되어 제1차 세계대전에 참전했다. 어린 프랑스 소년 알레는 다시는 아버지를 만나지 못했다. 독일군에 포로로 잡힌 그의 아버지는 7개월 후 억류된 상태에서 세상을 떠나고 말았다. 아버지의 사망은 알레의 유년기뿐 아니라 평생에 걸쳐 영향을 미쳤다.

# 모리스 알레:
## 좋은 세상을 꿈꾼 전방위 지식인

프랑스의 전형적인 노동자 계급 가정에서 태어난 알레의 외할아버지는 목수였고 아버지는 파리에서 작은 가게를 운영하는 치즈 장수였다. 아버지가 세상을 떠난 후 그의 어머니는 간신히 가난을 면할 정도로 근근이 살아가며 알레를 키웠다.

알레는 어렸을 때부터 남다른 재능의 징후를 보였다. 그는 프랑스어, 라틴어, 수학 등 거의 모든 과목에서 1등을 했을 정도로 학업에서 두각을 나타냈다. 하지만 그를 사로잡은 분야는 역사였다. 알레는 원래 고등학교 졸업 후에 역사를 공부할 생각이었지만 알레의 재능을 알아본 수학 선생님의 적극적인 만류로 과학 쪽으로 진로를 튼다. 프랑스의 고등교육 시스템이 엘리트주의라고 매도되는 경우가 많다. 하지만 부유하지도 않고 인맥도 없는 학생들이 명문 학교에 입학할 수 있는 것은 모두 이런 제도 덕분이었다. 알레는 1931년에 가장 뛰어난 인재만 들어갈 수 있고 경쟁도 매우 치열한 에콜폴리테크니크에 입학해 2년 후에 1등으로 졸업했다.

졸업 후 알레는 미국을 방문하게 된다. 1933년 당시 미국은 대공황으로 모든 것이 무너진 상태였다. 눈앞에 펼쳐진 광경에 경악한 알레는 어떻게 이런 일이 벌어질 수 있는지 알아볼 필요가 있다고 생각했다. 눈앞에 펼쳐진 '공장의 무덤'a graveyard of factories을 계기로 알레는 경제학 공부를 시작한다.

"이 세상이 직면한 많은 문제의 해결책을 찾고 삶의 조건들을 개선할 수 있으리라는 생각이 내게 동기를 부여했다. 그 생각이 나를 경제학으로 이끌었다. 그렇게 하면 사람들에게 도움이 되리라 생각했다."[*]

정부의 고위 관직이 프랑스로 돌아온 알레에게 손짓했다. 하지만 에콜폴리테크니크의 다른 졸업생들과 마찬가지로 그는 1년간 군에서 의무복무를 해야만 했다. 포병 부대에서 복무를 마친 알레는 파리에 있는 파리국립고등광업학교에서 2년간 공부하며 공학 학위를 땄다. 1937년, 학교를 갓 졸업한 스물여섯 살의 광업 엔지니어는 89개에 달하는 프랑스의 정부 부처 중 다섯 곳에서 일하며 철도 시스템, 광산, 채석장을 관리했다. 알레는 관직 생활을 하면서 경제에 관한 의견도 발전시켰다. 일주일에 80시간씩 일하면서 대개 독학으로 공부한 그는 중요한 연구 논문 두 편, 〈경제학을 찾아서〉À la Recherche d'une Discipline Économique(1943년)와 〈경제와 이자〉Économie et Interêt(1947년), 그리고 비교적 중요성이 떨어지는 논문 세 편을 발표하고 다양한 뉴스 기사를 썼다. 알레는 모든 논문을 자신의 모국어인 프랑스어로 쓰고 출판하기로 했는데 차후에 이 같은 결정이 그의 경력에 치명적인 선택이었음이 드러난다.

1948년, 알레는 공직을 떠나 연구와 후학 양성, 과학 논문 발표에만 집중했다. 그는 1944년부터 파리국립고등광업학교의 경제 분석 교수를 지냈으며 1946년부터 프랑스 국립과학연구센터Centre de la

---

[*] 마틴, 2010.

Recherche Scientifique, CNRS 연구 부문 책임자를 역임했을 뿐 아니라 파리대
학교(1947~1968년), 버지니아대학교 토머스 제퍼슨 센터Thomas Jefferson
Center(1958~1959년), 제네바에 있는 국제 연구 대학원Graduate Institute of
International Studies(1967~1970년)에서 학생들을 가르쳤으며 다시 파리대
학교로 돌아와 1985년까지 후학을 양성하는 데 일생을 바쳤다.

알레가 경제학에 그토록 많은 기여를 할 수 있었던 것은 대학을 졸
업한 직후 미국을 방문했을 때 얻은 통찰력 덕분이었다. 알레는 모든
경제의 근본적인 문제를 해결할 방법, 즉 용인 가능한 수준의 소득 분
배를 보장하는 한편 경제적인 효율성을 극대화할 방법을 찾기 위해
노력했다. "따라서 경제학자로서의 나의 소명은 교육 때문에 결정됐
다기보다 상황 때문에 결정된 부분이 크다. 이 같은 소명의 목적은 경
제 정책과 사회 정책을 제대로 수립할 수 있는 기반을 다지기 위해 노
력하는 것이다."*

그는 연구 성과를 인정받아 많은 상을 받았는데 1988년에 "시장 및
효율적인 자원 이용 이론에 선구적인 기여를 한" 공로를 인정받아 수
상한 노벨 경제학상이 그 정점에 있다. 알레는 당시 일흔일곱 살이었
고, 당시 많은 사람들이 노벨 위원회가 프랑스의 이 경제학자에게 영광
을 베풀기까지 왜 그토록 오랜 시간이 걸렸는지 궁금해했다. 특히 폴
새뮤얼슨Paul Samuelson(1970년), 존 힉스(1972년), 케네스 애로(1972년),
로버트 솔로Robert Solow(1987년) 같은 다른 수상자들이 알레가 이미 발표

---

* 알레, 1988, 3.

했거나 기틀을 마련해놓은 연구에 대한 공로를 인정받아 노벨 경제학상을 수상했던 터라 이런 궁금증이 커질 수밖에 없었다. 심지어 알레의 제자인 제라르 드브뢰Gérard Debreu도 알레보다 5년 앞서 노벨상을 수상했다. 왜 그런 일이 벌어진 것일까? 이유는 간단했다. 모든 과학 분야가 그렇듯 경제학 분야의 국제 공용어도 영어였지만 알레는 프랑스어로만 연구 내용을 기록했기 때문이다. 폴 새뮤얼슨은 알레의 초기 연구가 영어로 쓰였더라면 "한 세대의 경제 이론이 완전히 달라졌을 수도 있다."라고 이야기했다.[*]

알레는 응용 경제학, 즉 경제 운용, 과세제도, 소득 분배, 통화정책, 에너지, 운송, 채굴에도 관심을 갖고 있었다. 경제 발전에 영향을 미치는 요인, 국제 무역 자유화, 국제 경제 관계의 금전적인 조건에 관한 연구를 진행하며 흥미를 느낀 알레는 유럽 연방주의자 연합European Union of Federalists, 유럽운동European Movement, 단일 대서양 연합 운동Movement for an Atlantic Union, 유럽 경제 공동체European Economic Community 같은 다양한 조직에서도 활발하게 활동했다. 또한 북대서양 조약 기구North Atlantic Treaty Organization, NATO와 유럽 공동체 설립을 목표로 하는 여러 국제 콘퍼런스의 조사 위원을 역임했다.

그렇지만 알레는 단일 유럽 통화를 만드는 데는 반대했다. 유로 자체가 못마땅해서가 아니라 통화 통합에 앞서 먼저 유럽 국가들이 정치적으로 완전히 통합된 하나의 연합을 만들어야 한다고 믿었기 때문

---

[*]  새뮤얼슨, 1986, 84.

이다. 알레는 저명한 자유주의 싱크탱크 몽페를랭회Société du Mont Pélerin의 창립 회원이었지만 사유재산권을 지나치게 강조한다는 이유로 설립 서류 서명은 거부했다.

놀랍게도 알레는 경제학 외의 분야에서도 이름을 떨쳤다. 과학을 공부했던 알레는 계속해서 물리학에 매력을 느꼈고 1954년 여름에 이해할 수 없는 결과로 이어진 특별한 실험을 진행했다. 그는 30일이 넘는 기간 동안 특수 고안된 '원뿔 형태의 진자'paraconical pendulum가 어떻게 움직이는지 기록했다. 알레가 진자의 움직임을 측정하는 동안 개기일식이 발생했고 달이 태양 바로 앞을 지나가는 순간 진자의 속도가 빨라졌다.

일식이 20번 진행되는 내내 반복적으로 나타난 이 결과는 오늘날까지도 사람들을 혼란스럽게 만들 뿐 아니라 아직 그 이유가 밝혀지지도 않았다. 상상할 수 있는 한 가지 이론은 달이 태양 앞을 지나갈 때 중력파를 흡수하거나 휘게 만든다는 것이다. 부분적으로 행성체의 영향을 받는 에테르ether를 가로지르는 움직임 때문에 우주가 각기 다른 축을 따라 각기 다른 특성을 띠게 된다는 의미인데, 그러나 1887년 이후 이러한 에테르 이론theory of an ether은 틀린 것으로 밝혀졌다.

하지만 정말로 그랬을까? 알레의 실험이 거짓으로 밝혀진 이론에 다시 생명을 불어넣어 아인슈타인의 상대성 이론 일부에 의혹을 제기한 것은 아니었을까?

여러 가지 가정이 있겠지만, 만약 후자의 일이 벌어졌다면 아인슈타인이 앙리 푸앵카레Henri Poincaré의 연구를 표절했다고 확신했던 알레는 매우 기뻐했을지도 모른다.[*] 뿐만 아니라 그가 '알레 효과'$_{Allais\ effect}$라고 알려진 이 현상에 대한 설득력 있는 설명을 찾아냈더라면 어쩌면 그는 노벨상을 하나 더 받았을 수도 있다. 그랬더라면 이번에는 경제학상이 아닌 노벨 물리학상이 되었을 것이다.[**]

## '수학적'인 기대치를 뛰어넘는
## '심리적'인 기대치

이 책에서 우리가 살펴볼 내용은 1952년에 발표된 알레의 초기 연구다. 알레는 이전 연구를 통해 이미 시장경제가 균형에 도달하면 효율성이 극대화된다는 것을 증명해 보였다. 그는 그 이론을 불확실성이 있는 경제로 확대하고자 했다.

---

[*] 푸앵카레가 프랑스 사람이었기 때문에 알레가 국수주의적 마음까지는 아니더라도 애국심 때문에 이런 논란에 자청해서 뛰어들었을 수도 있다. 어떤 경우건 아인슈타인이 푸앵카레를 표절했다는 주장은 근거가 없는 것으로 밝혀졌다(슈피로, 2007 참조). 또한 여기에도 약간 문제가 있다. 한편으로 알레는 아인슈타인이 상대성 이론을 표절했다고 주장했지만 다른 한편으로는 실험을 통해 바로 이 이론이 틀렸음을 입증해 보였다.

[**] 나는 1988년 6월에 부다페스트에서 열린 제4회 효용, 위험, 결정 이론의 기초 및 응용에 관한 국제 콘퍼런스$_{International\ Conference\ on\ Foundations\ and\ Applications\ of\ Utility,\ Risk,\ and\ Decision\ Theory}$에서 알레를 만난 적이 있었다. 알레가 콘퍼런스에서 나의 강연에 귀를 기울이고 나와 일대일로 마주 앉아 자신의 인생과 업적에 대해 자세한 이야기를 들려주었다는 사실에 제법 우쭐한 기분이 들었다. 콘퍼런스가 끝나고 며칠이 흐른 후, 알레의 과학 논문들을 인쇄한 서류 한 더미가 소포로 우리 집에 배달됐다. 나는 충실하게 내가 몸담고 있는 스위스 일간지 〈노이에 취르허 차이퉁〉$_{Neue\ Zürcher\ Zeitung}$에 콘퍼런스에 관한 기사를 실었다. 물론 기사에서 알레가 경제 이론에 있어서 얼마나 중요한 인물인지를 언급했다. 시간이 흐른 후에야 알레가 나를 찾아온 것은 그다지 대단할 것도 없는 나의 과학 연구가 우수해서도 아니고 내가 매력적인 사람이어서도 아니며, 내가 언론인이기 때문이라는 사실을 깨달았다. 당시는 알레가 노벨상 수상을 불과 4개월 앞두었을 때였다.

당시는 존 폰 노이만과 오스카르 모르겐슈타인이 누군가가 효용함수를 갖기 위해서는 그들이 정한 네 가지 공리를 따르는 것이 필요충분조건이라는 증거를 추가해《게임 이론과 경제 행동》제2판을 출판한 지 5년이 됐을 무렵이었다. 두 사람의 설명에 따르면 합리적인 사람이라면 누구나 자신의 효용에 대한 기대치를 극대화해야 한다.

알레는 이 같은 입장을 받아들일 수 없었다. 의사결정을 내리는 사람 역시 인간이라는 사실을 고려하지 않는 주장이었기 때문이다. 알레는 의사결정을 내릴 때 '수학적인 기대치'가 가장 중요한 요인이 될 수 없다고 결론 내렸다. 그는 '심리적인 기대치'가 가장 중요한 요인이 되어야 한다고 생각했다. 위험 이론을 구성하는 근본적인 심리적 요인 psychological element을 나타내는 것은 평균 주위의 효용 확률 분포가 아니라 평균 주위의 심리적 가치의 확률 분포다.

다니엘 베르누이는 증가 속도가 점점 둔화하는 효용함수를 규정할 때 이미 인간의 심리를 대거 고려한 바 있다. 이후 폰 노이만과 모르겐슈타인, 밀턴 프리드먼, 레너드 새비지, 해리 마코위츠가 이 이론을 발전시켰으며, 프랭크 램지와 새비지는 확률(객관적인 지표가 존재한 적이 있는지는 모르겠지만 만약 객관적인 지표가 존재한다면 그나마 확률이 객관적인 지표라고 볼 수 있다)마저도 심리학적인 관점에서 고려해야 한다고 주장했다. 하지만 알레는 더 나아가 이 같은 이론을 엄청나게 발전시켰다.

알레는 기대효용 이론의 근본적인 가정, 특히 기대효용 이론의 공리를 시험하기 위해 확률 이론에 대해 잘 알고 있는 100명의 피험자와 함께 복잡한 실험을 진행했다. 어떤 합리적인 기준으로 보더라도 그들은 합리적으로 행동한다고 여겨지는 사람들이었다. 알레는 그들에게 두 가지 질문을 던졌다. 아래 질문을 읽으면서 여러분이라면 어떤 대답을 할지 생각해보기 바란다. 첫 번째 질문은 다음과 같다.

다음 중 어떤 상황을 선호하는가?
(a) 100%의 확률로 100만 달러를 받는 상황[*]
혹은
(b) 500만 달러를 받을 확률이 10%,
     100만 달러를 받을 확률이 89%,
     아무것도 받지 못할 확률이 1%인 상황


독자 여러분들은 위의 두 상황 중 어떤 쪽을 선호하는가? 알레의 피험자 대부분은 (a), 즉 100%의 확률로 100만 달러를 받는 상황을 선호한다고 답했다. 그런 다음, 알레는 두 번째 질문을 던졌다.

다음 중 어떤 복권을 선호하는가?
(c) 100만 달러를 받을 확률이 11%,
     아무것도 받지 못할 확률이 89%인 상황
혹은

---

[*]  알레는 프랑스의 화폐 단위 프랑을 이용했다.

(d) 500만 달러를 받을 확률이 10%,

아무것도 받지 못할 확률이 90%인 상황


이번에도 둘 중 어떤 것을 선호하는지 자문해보기 바란다. 응답자 대부분은 약간 많은 상금을 받게 될 약간 낮은 확률을 선호했다. 다시 말해서 (c)보다 (d)를 선호했다.

놀랍지 않은가! 다수가 선호한 선택, 즉 (b)보다 (a), (c)보다 (d)라는 선택은 폰 노이만과 모르겐슈타인, 새비지, 그리고 '합리적'으로 생각하는 체했던 다른 사람들이 선택했던 '무관한 변수의 독립성'이라는 악명 높은 공리와 모순된다.

왜 그럴까? 위와 같은 상황에서는 이 같은 사실이 명확하게 드러나지 않으므로 상황 (a)를 복권 (a′)로 살짝 바꿔서 생각해보자. 100%의 상황을 89%와 11%, 두 가지 경우로 나누었다는 점을 기억하기 바란다. 따라서 다음과 같은 두 가지 중 하나를 택해야 한다.


(a′) 100만 달러를 받을 확률이 11%,

100만 달러를 받을 확률이 89%인 상황

혹은

(b′) 500만 달러를 받을 확률이 10%,

100만 달러를 받을 확률이 89%,

아무것도 받지 못할 확률이 1%인 상황

두 복권에서 "100만 달러를 받을 확률이 89%"라는 조건은 동일하기 때문에 이 조건은 선택과는 무관하다. 폰 노이만과 모르겐슈타인의 네 번째 공리에 의하면 이 조건은 무시되어야 마땅하다. 따라서 알레의 질문을 다음과 같이 줄일 수 있다.

(a′) 100만 달러를 받을 확률이 11%인 상황

혹은

(b′) 500만 달러를 받을 확률이 10%,

아무것도 받지 못할 확률이 1%인 상황


알레의 실험에 참여한 사람들은 (b′)보다 (a′)를 선호했다. 아마 독자 여러분들도 마찬가지였을 것이다. 이 선택이 금전적인 결과를 극대화하는 것은 아니다. 하지만 부의 한계효용체감(즉, 위험 회피)을 통해 이런 현상을 설명할 수 있다.

여기까진 좋다. 그러니, 이제 다시 (c′)와 (d′)를 비교해보자. (c′)와 (d′)는 다음과 같이 표현할 수 있다.


(c′) 100만 달러를 받을 확률이 11%,

아무것도 받지 못할 확률이 89%인 상황

혹은

(d′) 500만 달러를 받을 확률이 10%,

아무것도 받지 못할 확률이 89%,

아무것도 받지 못할 확률이 1%인 상황

이 경우에도 "아무것도 받지 못할 확률이 89%"라는 조건은 동일하기 때문에 이 조건은 선택과 무관하다. 이 조건은 무시되어야 한다. 따라서 알레의 두 번째 질문은 다음과 같이 줄일 수 있다.

(c′) 100만 달러를 받을 확률이 11%

혹은

(d′) 500만 달러를 받을 확률이 10%,

아무것도 받지 못할 확률이 1%인 상황.

대부분의 참가자들은 (c′)보다 (d′)를 선호했다. 통찰력 있는 독자들이여! (a′)-(b′)가 (c′)-(d′)와 완전히 똑같다는 사실을 알아챘는가? 그럼에도 불구하고 많은 사람이 한편으로는 (b′)보다 (a′)를 선호하면서 다른 한편으로는 (c′)보다 (d′)를 선호한다. 정말 역설적이지 않은가! 두 복권에 모두 "100만 달러를 받을 확률이 89%"라는 조건을 더하면 사람들은 (b)보다 (a)를 선호한다. 하지만 두 복권에 모두 "아무것도 받지 못할 확률이 89%"라는 조건을 추가하면 사람들은 (c)보다 (d)를 선호한다.

이 역설을 확인할 수 있는 또 다른 방법은 기대 상금을 계산하는 것이다. 도박 (a)의 기대 가치는 100만 달러, (b)의 기대 가치는 139만 달러이며, (c)의 기대 가치는 11만 달러, (d)의 기대 가치는 50만 달러다.

따라서 기대효용 이론에 따라 (b)가 (a)보다 선호되고, (d)가 (c)보다 선호되어야 한다. 첫 번째 도박에서는 기대효용이 높은 선택보다 상대적으로 덜 위험한 선택이 선호되는 반면, 두 번째 도박에서는 상대적으로 덜 위험한 선택보다 기대효용이 높은 선택이 선호됐다.

이 덫에 빠진 사람 중 하나가 바로 레너드 새비지였다. 알레는 1952년 5월에 파리에서 "위험 부담 이론의 기초와 응용"Foundations and Applications of the Theory of Risk Bearing이라는 콘퍼런스를 준비했다. 경제 이론계의 유명인사, 즉 모든 중요인사들이 참석했다. 물론, 프리드먼(1976년 노벨상 수상)과 새비지도 참석했고, 랑나르 프리슈Ragnar Frisch(1969년 노벨상 수상), 폴 새뮤얼슨(1970년 노벨상 수상), 케네스 애로(1972년 노벨상 수상)를 비롯한 많은 유명인들이 참석했다.

알레는 점심 식사 도중 새비지에게 자신이 준비한 질문을 던졌다. 이 세상 누구보다 합리적인 의사결정에 대해 잘 알고 있었던 통계학자 새비지는 금세 (a)와 (d)를 선택했다. 알레가 '비합리성'을 지적하자 새비지는 매우 당황했다. 자신이 확립한 이론을 직접 어기고 말았던 것이다! 반면 알레는 득의양양했다. '무관한 변수의 독립성'이라는 공리에 이의를 제기한 알레의 점심 퀴즈는 알레가 다소 오만하게 "합리적인 결정 이론(폰 노이만과 모르겐슈타인, 새비지가 너무도 훌륭하게 발전시켜온 이론)을 주장하는 미국 학파"American School of rational decision theory라고 불렀던 사람들을 혼란에 빠뜨렸다.

알레는 비합리적일지는 몰라도 심오한 심리적 현실이라고 볼 수 있는 '확실에 가까운 안정성에 대한 명백한 선호'로 이 역설을 설명했다.

이 실험이 보여주듯이 알레의 역설이 무관한 변수의 독립성이라는 네 번째 공리를 대신했다.

기대효용 이론에는 이런 식의 합리성 부재가 설 자리가 없었기 때문에 다른 설명이 필요했다. 알레는 이렇게 기술했다.

"많은 사람이 별다른 생각 없이 이 공리를 받아들인다면, 그것은 이 공리에 어떤 의미가 있는지 미처 깨닫지 못한 탓일 테다. 사실 그중 일부는 합리적이기는커녕 특정한 심리적 상황에서는 상당히 비합리적인 것으로 밝혀질지도 모른다."[*]

요컨대, 위험에 직면했을 때 기대효용 이론에 따라 행동하는 합리적인 사람은 세상에 존재하지 않는다.


## 미국의 역사를 바꾼
## 대니얼 엘즈버그의 등장

그로부터 몇 년 후, 또 다른 역설 때문에 기대효용 이론은 다시 한 번 커다란 타격을 입게 된다. 이 내용은 1971년에 발생한 역사적인 사건과 관련이 있다. 미 국방부의 극비 문서 펜타곤 페이퍼Pentagon Papers가 〈뉴욕타임스〉와 〈워싱턴포스트〉Washington Post, 그 외 10여 개가 넘는 뉴스 매체에 폭로된 악명 높은 사건이 바로 그것이다. 미국의 베

---

[*]  알레, 1953, 527.

트남전 군사 개입에 관한 이 문서는 로버트 맥나마라<sub>Robert McNamara</sub> 미국방장관의 지시에 따라 진행된 일들을 담고 있었다. 이 문서에는 당혹스러운 내용이 많이 담겨 있었지만 그중에서도 특히 어떻게 미국 국민들이 알지도 못하는 상태에서 베트남전이 캄보디아와 라오스로 확대됐고, 어떻게 미국의 여러 행정부가 의회를 호도했고, 어떻게 여러 대통령이 대중에게 거짓말을 했는지에 관한 내용이 자세히 기록되어 있었다. 문서 내용은 극비로 분류되어 복사본은 단 15부에 불과했다. 그중 두 부는 케네스 애로가 1940년대 말에 여름을 보내곤 했던 캘리포니아 소재 싱크탱크 랜드연구소로 보내졌다. 이후 펜타콘 페이퍼의 내용은 대니얼 엘즈버그<sub>Daniel Ellsberg</sub>라는 이름의 랜드연구소 연구원 때문에 엄청난 의혹에 휩싸이게 된다.

1931년에 시카고에서 태어난 엘즈버그는 매우 똑똑한 소년이었다. 그의 부모는 유대인이었지만 독실한 크리스천 사이언스(기도로 병을 고칠 수 있다고 믿는 기독교 교파의 일종-옮긴이) 교도였다. 엘즈버그 가족과 친하게 지낸 지인들은 그의 부모들이 크리스천 사이언스교를 그 무엇보다 중요하게 여기는 냉정한 사람들이었다고 기억했다. 엘즈버그 가족은 매일 아침 기도하고, 매주 성경을 공부했으며, 수요일 저녁 예배에 참석하고, 매주 일요일 교회에 갔다. 똑똑했던 소년 엘즈버그는 학교에서 두각을 나타냈다. 하지만 그의 어머니는 아들이 전문적인 피아노 연주자가 되기를 바라는 마음으로 혹독하게 몰아붙였다. 평일에는 하루에 6~7시간씩, 토요일에는 12시간씩 피아노를 연습하도록 강요했다. 하지만 어느 유명한 피아노 강사가 엘즈버그를 제자로 받아

● 대니얼 엘즈버그

출처: 위키미디어 커먼스, 크리스토퍼 미셸

들여 달라는 청을 거절하자 그의 어머니는 엄청난 충격을 받았다. 어머니의 압박이 얼마나 컸던지 엘즈버그는 "나는 지옥에서 살았다."라고 당시를 회상했다.[*]

하지만 엘즈버그가 열다섯 살 때 벌어진 끔찍한 자동차 사고로 모든 계획은 순식간에 물거품이 되어버렸다. 가족 행사에 참석하기 위해 미시간에서 덴버로 향하던 중, 오랜 운전에 극도로 지친 엘즈버그의 아버지가 졸음운전을 하다가 콘크리트 교량을 들이받고 만 것이다. 아버지와 엘즈버그는 살아남았지만 어머니는 즉사했고 엘즈버그의 여동

---

[*]  웰스Wells, 2001, 49.

생은 사고 몇 시간 후 사망하고 말았다. 엘즈버그 역시 36시간 동안 혼수상태에 빠져 있었다. 정신이 돌아온 엘즈버그는 별다른 감정을 보이지 않았다. 어머니의 죽음과 함께 그동안 엘즈버그를 짓눌렀던 압박감도 함께 사라져버린 듯했다. 알려진 바에 의하면 정신을 찾은 엘즈버그의 머릿속에 가장 먼저 떠오른 생각 중 하나는 더는 피아노를 연습할 필요가 없다는 것이었다고 한다. 많은 시간이 흐른 후 엘즈버그가 정신 분석에 관심을 느낀 것은 전혀 놀라운 일이 아니었다. 그러나 엘즈버그의 이 같은 선택은 차후에 예기치 못한 결과로 이어지게 된다.

엘즈버그는 아무런 문제없이 자신이 선택한 하버드대학교에 입학했으며 펩시콜라Pepsi-Cola 장학금을 받고 하버드에서 경제학을 공부했다. 대학을 수석으로 졸업한 엘즈버그는 우드로우 윌슨Woodrow Wilson 장학금을 받고 1년간 케임브리지대학교에서 공부했다. 1954년, 해병대에 입대한 후 수에즈 위기Suez Crisis(이집트 나세르 대통령이 수에즈 운하를 국유화하면서 영국을 포함한 연합군이 이집트를 침공한 사건-옮긴이)가 발발했을 때 제6함대(지중해를 지키는 미 해군 함대-옮긴이)에서 6개월을 복무하는 등 총 3년 동안 소대장과 중대장을 역임한 후 제대했다. 그런 다음 그는 하버드로 돌아가 3년 동안 신임 연구원 자격으로 대학원 공부를 했다. 1962년에는 하버드에서 〈위험, 모호성, 결정〉Risk, Ambiguity, and Decision이라는 제목의 논문으로 박사 학위를 받았다.

하버드에서 박사 논문을 쓰던 중 엘즈버그는 랜드연구소의 전략 분석가로 취직하게 된다. 이 같은 선택은 결코 우연이 아니었다. 결정 이론이라는 새롭게 떠오르는 분야를 이끌어가는 싱크탱크였던 랜드연구소의 업무 환경 자체가 지적으로 매우 강렬한 자극을 주었기 때문이다. 노벨상 수상자 중 랜드연구소 출신이 지금까지 30명이 넘을 정도다. 하지만 뛰어난 인재로 가득한 랜드연구소의 남다른 환경 속에서도 엘즈버그는 단연코 눈에 띄는 존재였다. 해병대 장교 출신에 하버드 박사 학위를 갖고 있으며 명성 있는 과학 저널에 여러 건의 논문을 발표한 인물인 엘즈버그는 이상적인 인재였다. 일급비밀보다 높은 수준의 기밀문서 취급 인가를 필요로 하는 극비 연구를 진행하던 그는 핵전쟁을 시작할지 말지 같은 고차원적인 의사결정 이면에 어떤 과정이 숨어 있는지 잘 알게 됐다. 엘즈버그가 발견한 내용은 그다지 유쾌한 것이 아니었다. 충격적이게도 그는 "핵전쟁의 위험은 어느 한쪽이 기습 공격을 감행할 공산에서 비롯되는 것이 아니라 위기가 단계적으로 확대될 가능성에서 비롯된다."라는 사실을 깨닫는다. 엘즈버그는 이 같은 사실을 알게 되자 "부담감이 생겼고, 그 부담감이 그 후로 줄곧 내 인생과 연구에 영향을 미쳤다."라고 고백했다.[*]

  미 공군과 계약을 체결한 엘즈버그는 태평양 사령관, 국방부, 국무부를 상대로 차례로 컨설팅을 진행했으며 최종적으로 백악관에도 컨설팅을 했다. 그는 핵무기 명령과 통제, 핵전쟁 계획, 위기 의사결정 문제 등에 대한 컨설팅을 전문적으로 제공했다. 쿠바 미사일 위기(소련이 핵미사일을 쿠바에 배치하려는 움직임을 보이자 미국과 소련이 대치하여 핵전쟁 직전까지 갔던 사건-옮긴이)가 시작된 1962년 10월, 엘즈버그는

---

[*] 엘즈버그, 2006.

워싱턴으로 호출되어 일주일 동안 미국 국가안전보장회의National Security Council 집행 위원회에 보고하는 세 곳의 특별 조사 위원회 중 두 곳에서 활동했다. 그 후 상부의 지시에 따라 베트남전 확전을 위한 비밀 계획을 추진하기에 이른다. 사실 엘즈버그는 개인적으로 확전 계획이 틀렸을 뿐 아니라 위험하다고 여겼다.

1965년 중반, 엘즈버그는 베트남 근무를 자청해 국무부로 전근한다. 사이공에 있는 미 대사관에서 일하는 동안 그가 맡은 역할은 최전선에서 게릴라 진압 활동이 얼마나 잘 이뤄지고 있는지 평가하는 것이었다. 엘즈버그는 가망 없는 전쟁을 가까이서 지켜보기 위해 해병대에서 훈련받았던 경험을 살려 부대원들을 따라 전투 현장으로 갔다. 그러던 와중에 간염에 걸리고 말았는데 아마도 논에서 작전을 벌이던 중 감염된 것으로 보인다.

랜드연구소로 복귀한 엘즈버그는 차후에 펜타곤 페이퍼라는 이름으로 알려졌으며, 맥나마라의 지시로 진행된 "베트남에서의 미국의 의사결정, 1945~1968년"U.S. Decision-making in Vietnam, 1945-1968이라는 극비 연구에 참여했다. 이 연구를 진행하는 동안 엘즈버그는 해리 트루먼, 드와이트 아이젠하워, 존 F. 케네디, 린든 존슨 등 네 명의 대통령을 거치는 동안 미국 정부가 계속해서 국민을 기만하고 어리석은 의사결정을 내린 기록이 은폐됐다는 사실을 깨달았다. 심지어 다섯 번째 대통령인 리처드 닉슨 행정부 역시 전쟁을 은밀히 확대해나가기 위해 똑같은 일을 벌이고 있다는 사실을 알게 되면서 "의회와 대중이 좀 더 제대로 된 정보를 얻어야만 전쟁을 무한정 연장하고 더욱 확대해나가려는 시도를 막을 수 있을 것 같다."라고 결론 내렸다. 감옥에 갈 위험을 무릅쓰면서까지 자신이 부당하다고 생각하는 전쟁에 나가 싸우기를 거부한 양심적인 징집 거부자들을 만난 후, 엘즈버그는 "이제 나는 이 문제를 해결하기 위해서라면 감옥에 갈 각오도 되어 있는데, 이 전쟁이 빨리 끝나도록 하려면 어떻게 해야 할까?"라고 자문했다.

1969년 가을, 그는 중대한 결정을 내린다. 맥나마라의 지시로 진행된 7,000장 분량의 연구를 복사해 미 의회 상원 외교위원회Senate Foreign Relations Committee 의장 윌리엄 풀브라이트William Fulbright 상원의원에게 전달한 것이다. 그러나 닉슨 행정부의 보복이 두려웠던 풀브라이트 상원의원은 해당 내용을 공개하지 않고 그냥 묵살했다. 1971년 2월, 몹시 화가 난 엘즈버그는 직접 내용을 폭로하기로 마음먹었다. 엘즈버그는 처음에는 〈뉴욕타임스〉, 그다음에는 〈워싱턴 포스트〉, 그런 다음에는 17개의 다른 신문사에 연구 내용을 폭로했다. 엘즈버그는 남은 평생을 감옥에서 보내게 될 것이라고 확신했다.

닉슨 행정부는 펜타곤 페이퍼 공개를 중단시켜 달라며 소송을 제기했고, 사건은 곧 대법원까지 올라갔다. 대법원 판사들은 수정 제1조를 언급하며 신문사에는 펜타곤 페이퍼를 공개할 권한이 있다며 6 대 3의 의견으로 신문사의 손을 들어주었다. 좌절감에 사로잡힌 닉슨 행정부는 유출자의 신뢰성에 의혹을 제기하려 애썼다. 아니면 엘즈버그를 억압하려고 애썼다고 볼 수도 있다. 닉슨 행정부 아래의 수사관들이 엘즈버그를 진료하는 정신 분석가의 진료실에 침입해 그의 진료 서류를 훔치려는 시도도 있었다. 아마도 그들은 엘즈버그를 협박하거나 비

방해 앞으로 폭로되는 내용의 신빙성을 떨어뜨리려고 했던 듯하다. 하지만 엘즈버그를 진료한 정신 분석 전문의가 환자 기록을 가명으로 보관하고 있었던 탓에 그들은 어떤 것도 찾을 수 없었다. 그들은 심지어 내부고발자가 되어버린 엘즈버그에게 상해를 가하거나 아예 죽여버리려는 계획을 세우기도 했다.

엘즈버그는 12건의 연방 중죄 혐의로 기소됐다. 기소된 혐의를 모두 더하면 최대 115년형을 선고받을 수 있는 상황이었다. 학계나 행정부에서 가장 높은 자리까지 올라갈 수 있으리라 여겼을 정도로 전도유망했던 이 용감하고 뛰어난 젊은 청년은 미국 정부가 국민을 속여왔다는 사실을 폭로하기 위해 자신의 경력과 자유, 심지어 목숨까지 버릴 각오를 한 것이었다. 하지만 엘즈버그는 절대로 흔들리지 않았다. 그는 공개 성명서에서 다음과 같이 이야기했다.

"미국 시민으로서, 그리고 책임감 있는 시민으로서, 더 이상 이 정보를 감추는 일에 협조할 수가 없었습니다. 제가 위험해질 수 있음을 분명하게 알고서 이 일을 한 것입니다. 저는 이 결정에 뒤따르는 결과를 감수할 준비가 되어 있습니다."[*]

엘즈버그는 운이 좋았다. 재판 도중 판사가 정부를 대표하는 인물들이 자신을 찾아와 미 연방 수사국Federal Bureau of Investigation, FBI 국장직을 권하며 자신을 매수하려 했다는 사실을 폭로했던 것이다. 그뿐 아니라 검찰이 불법 도청 기록이 분실됐다고 주장하자 판사는 진절머리를 냈

---

[*] UPIUnited Press International, 1971.

다. 판사는 무효 재판을 선언했고 모든 혐의는 '재소 불가능'with prejudice

한 조건으로 기각됐다. 다시 말해서 엘즈버그가 저질렀다고들 하는 그

범죄를 이유로 검찰이 또다시 엘즈버그를 기소할 수 없게 됐다.


## 왜 사람은 공리를 어기고
## 비합리적으로 행동하는가


펜타곤 페이퍼로 악명을 날리기 몇 년 전에 엘즈버그는 완전히 다른 상황에서 유명세를 떨쳤다. 하버드대학교에서 연구원으로 있을 당시, 그는 사람들이 확률을 대하는 방식에 관한 문제를 다룬 논문을 발표했다. 엘즈버그가 《계간 경제학 저널》Quarterly Journal of Economics에 발표한 〈위험, 모호성, 멋진 공리〉Risk, Ambiguity, and the Savage Axioms 라는 제목의 논문은 현재까지도 의사결정 이론 분야에서 등장한 획기적인 사건으로 여겨진다.

엘즈버그는 알레의 선례를 따라 다음과 같은 실험을 고안했다. 독자 여러분에게 90개의 공이 담긴 항아리가 있다고 가정해보자. 30개는 빨간 공, 나머지 60개는 파란 공이나 초록 공이다. 초록 공이나 파란 공이 몇 개인지는 알 수 없다. 초록 공이 0개, 파란 공이 60개일 수도 있고, 초록 공이 1개, 파란 공이 59개일 수도 있으며 그 반대일 수도 있고, 두 공의 합이 60개이기만 하면 어떤 식의 조합도 가능하다. 어떤 공을 뽑게 될지 정확하게 예측하면 상을 받는다. 하지만 공을 뽑기 전

에 빨간 공에 돈을 거는 쪽을 선호하는지, 초록 공에 거는 쪽을 선호하는지 답을 해야 한다.[*]

물론 정답은 없다. 초록 공을 택하는 사람도 있을 테고 빨간 공을 택하는 사람도 있을 것이다. 그런 다음, '빨간 공'을 택한 사람에게는 두 번째 질문을 던진다. '빨간 공 혹은 파란 공'에 돈을 거는 것과 '초록 공 혹은 파란 공'에 돈을 거는 것 중 어떤 쪽을 선호하는가? 이번에도 역시 정답은 없다. 하지만 많은 사람이 '초록 공 혹은 파란 공'을 선택한다.

후자의 그룹에서(이들이 다수건 그렇지 않건) 역설이 관찰된다. 엘즈버그는 "만약 당신이 이 그룹에 속한다면 당신은 지금 새비지의 공리를 어긴 셈이 된다."라고 이야기한다.[**] 그 이유를 한번 살펴보자.

항아리에는 빨간 공 30개와 파란 공이나 초록 공이 60개 담겨 있다. 단, 파란 공과 초록 공의 조합이 어떤지는 알 수 없다. 피험자(편의상 버사라고 하자)는 빨간 공에 거는 것과 초록 공에 거는 것 중 어느 쪽을 선호할까? 틀림없이 많은 사람들이 그러겠지만, 버사가 빨간 공을 선택한다면 그것은 항아리 속에 들어 있는 초록 공의 개수가 30개보다 적다고 생각한다는 뜻이다. 따라서 버사의 생각에 따르면 항아리에는 파란 공이 30개 이상 들어 있어야 한다.

---

[*] 엘즈버그는 질문을 약간 다르게 표현했다. 내가 이 질문들을 이런 방식으로 표현한 이유는 '무관한 변수의 독립성'이라는 공리를 좀 더 쉽게 이해할 수 있도록 돕기 위해서다.

[**] 엘즈버그, 1962, 651.

그렇다면 버사는 '빨간 공 혹은 파란 공'에 돈을 거는 것과 '초록 공 혹은 파란 공'에 돈을 거는 곳 중 어떤 쪽을 선호할까? 몇몇 사람들도 그런 선택을 하겠지만, 만약 버사가 '초록 공 혹은 파란 공'에 돈을 거는 쪽을 선호한다고 답한다면 버사는 비합리적이다. 그 이유가 무엇일까? 버사는 빨간 공이 30개라는 사실을 잘 알고 있으며 첫 번째 질문에 대한 버사의 답에서 드러나듯이 파란 공이 30개가 넘는다고 믿고 있다. 따라서 버사는 자신의 믿음에 따라 '빨간 공 혹은 파란 공'에 돈을 거는 쪽을 택해야 한다. 빨간 공과 파란 공을 더하면 공의 개수가 60개가 넘기 때문이다.

방금 빨간 공과 초록 공 중 하나를 고르라고 했을 때 버사가 빨간 공을 골랐다는 사실을 기억하기 바란다. '빨간 공 혹은 파란 공'과 '초록 공 혹은 파란 공' 중 하나를 고르라고 하자 버사는 후자를 골랐다. '혹은 파란 공'이라는 조건이 더해지자 버사는 선택을 번복해 자신의 믿음에 반대되는 행동을 했다!

상당히 놀라운 일이다. 당시는 램지가 이미 주관적인 확률 이론theory of subjective probabilities의 기초를 마련한 때였다. 하지만 엘즈버그는 심지어 스스로 확률을 평가한 다음에도 사람들이 비합리적으로 행동한다는 사실을 증명해 보였다.

이런 상황이 발생하는 근본적인 이유는 버사가 무관한 변수의 독립성이라는 공리를 어겼기 때문이다. 합리적인 사람이라면 초록 공의 개수가 몇 개라고 생각하건 빨간 공과 초록 공을 비교한 것과 같은 방식으로 '빨간 공 혹은 파란 공'과 '초록 공 혹은 파란 공'을 비교해야 한다. 알레가 실험에서 추가한 '100만 달러를 받을 확률이 89%'라는 조건이 결정에 영향을 미쳐서는 안 되는 것처럼 '혹은 파란 공'이라는 구절은 무관한 변수이기 때문에 버사의 선택에 영향을 미쳐서는 안 된다. 또다시 같은 상황이 펼쳐진 것이다.

엘즈버그는 이 실험 결과를 토대로 이론적인 연구에서 벗어나지 못한 자신보다 나이가 많은 동료들을 비난했다.

"이런 상황에서조차 공리를 위반하지 않거나 공리를 위반하지 않을 것이라고 이야기하는 사람들이 있다. (중략) 어떤 사람들은 즐겁게 공리를 어겼다. 심지어 열정을 갖고 공리를 어기는 사람도 있었다. (중략) 그러나 다른 사람들은 슬프게도, 하지만 끈덕지게 자신의 마음을 들여다보며 공리와 모순되는 점을 찾아낸 다음, 자신의 선호를 따르고 공리를 어기게 되는 상황은 그냥 내버려두기로 마음먹었다. 또 다른 사람들은 직관적으로 공리를 어기지만 공리를 어겼다는 사실에 죄책감을 느끼고 다시 추가로 분석하는 경향을 보였다. (중략) 지적일 뿐 아니라 합리적이기도 한 많은 사람들은 자신의 선택을 고수하고 싶다는 결론을 내린다."

엘즈버그는 공리에 대한 신념을 갖고 있지만 자신이 공리를 어기고 '싶어 한다는' 사실을 깨닫고 깜짝 놀란(심지어 경악한) 사람들이 후자의 그룹에 포함된다고 설명한다.

램지와 새비지는 확률을 '객관적인 것'으로 여겨서는 안 된다고 추정했다. 하지만 엘즈버그는 심지어 주관적인 확률조차도 앞뒤가 맞지 않는다는 사실을 증명해 보였다. 이런 식으로 행동하는 사람이 비합리적일까? '합리적'이라는 것을 어떻게 정의하느냐에 따라 이 질문에 대한 답은 달라진다. 어쨌든 그들의 행동은 기대효용 이론과는 모순된다. 엘즈버그는 그들의 선택이 모호성을 회피하려는 데서 비롯된다고 생각했다. 다시 말해 사람들은 승산을 완전히 파악할 수 없을 때보다는 승산을 파악할 수 있는 상황에서 위험을 감수하는 쪽을 선호하는 것으로 보인다. '초록 공 혹은 파란 공'을 선택할 때, 사람들은 공이 총 60개라는 사실을 알고 있다. 만약 '빨간 공 혹은 파란 공'을 선택하면 공의 개수는 30~90개가 된다.[*] 하지만 이런 현상을 어떤 식으로 불러도 좋다. 엘즈버그처럼 "모호성 회피"ambiguity aversion라고 불러도 좋고, 알레처럼 "확실성에 가까운 안정성에 대한 선호"라고 불러도 좋고, 게임 이론에 따라 사람들의 행동이 비합리적이라고 표현해도 좋다. 알레의 역설은 주관적인 효용의 문제점을 보여주고, 엘즈버그의 역설은 주관적인 확률의 불완전함을 보여준다. 그리고 두 결함은 모두 '무관한 변수의 독립성'이라는 공리를 위반한 탓에 발생한 것이다.

---

[*]  미국 경제학자 프랭크 나이트Frank Knight는 가능성이 확인된 위험(예: 90개의 공 중 60개)과 그렇지 않은 불확실성(90개의 공 중 30~60개)을 구분했다.

제11장

# 이상적 인간과
# 현실 속 인간의 대결

전통적인 경제학 이론은 '경제적'economic 존재인 '경제적 인간'이 '합리적'rational이기도 하다고 가정한다. '경제적 인간'은 자신을 둘러싼 환경의 중요한 측면에 대해 잘 알고 있을 뿐 아니라 체계적이고 안정적인 선호 체계와 선택 가능한 여러 행동 방안 중 무엇을 택해야 자신의 준거 척도에서 가장 높은 점수에 도달할 수 있는지 계산할 수 있는 기술을 가진 사람으로 가정된다.[*]

---

[*] 사이먼, 1955, 99.

카네기멜론대학교 허버트 사이먼 교수가 1955년에《계간 경제학 저널》에 기고한 〈합리적인 선택의 행동 모델〉A Behavioral Model of Rational Choice 논문은 이렇게 시작됐다. 그나저나 사이먼은 정확히 어떤 분야의 교수라고 해야 옳을까? 경제학자, 컴퓨터 과학자, 심리학자, 사회학자, 정치학자 등 다양한 직업으로 묘사되는 이 박식가의 관심사는 행정, 경영 과학, 경제학에서부터 인공지능, 정보 처리, 과학철학에 이르기까지 다양했다. 이 모든 분야의 공통점은 의사결정 이론과 관련이 있다는 것이었다.

## '제한된 합리성'이라는
## 개념의 탄생

1916년에 밀워키에서 태어난 사이먼은 고등학생 때 처음으로 과학에 관심을 가지게 됐다. 당시 사이먼은 자신이 원하는 것이 정확히 어떤 과학 분야인지 알지 못했지만 과학에 매력을 느꼈다. 사이먼이 좋아했던 것은 수학도, 물리학도, 화학도, 생물학도 아니었다. 그의 관심을 사로잡은 것은 '인간의 행동'이었다. 사이먼은 당시 인간 행동에 관한 연구가 과학적으로 정확하게 이뤄지고 있지 않다고 생각했다. 사이먼은 노벨 경제학상을 수상했던 1978년에 공개한 자서전에서 이렇게 적었다.

"'어려운' 과학이 그토록 눈부신 성공을 거둘 수 있도록 만들어준 바

출처: 카네기멜론대학교

로 그런 종류의 엄격함과 수학적 기초가 사회학에도 필요하다고 생각
했다. 나는 수리사회학자가 될 준비를 했다."[*]

시카고대학교에 입학한 사이먼은 가장 먼저 경제학을 공부하기로
마음먹었다. 하지만 경제학을 공부하려면 회계 과목을 들어야 한다는
사실을 알게 된 사이먼은 정치학으로 진로를 수정한다. 그러나 결국
사이먼은 행정학 연구에 끌렸다. 사이먼은 학부 시절에 조직의 의사결
정에 관한 훌륭한 논문을 발표해 시정부에서 연구 보조 일을 하게 됐
고, 그런 다음에는 캘리포니아대학교 버클리캠퍼스가 운영하는 연구

---

* 사이먼, 1978.

단체 책임자가 됐다. 그는 버클리에서 연구를 하면서 시카고대학교에 제출할 행정 분야에서의 의사결정에 관한 논문을 완성했으며 우편으로 박사 학위 시험을 치렀다.

1942년에는 미국에 일자리가 많지 않았다. 하지만 사이먼은 시카고에 있는 일리노이 공과대학에서 정치학을 가르치게 됐다. 사이먼에게 뜻밖의 행운이 찾아온 셈이었다. 당시에는 콜스 경제 연구 위원회Cowles Commission for Research in Economics가 시카고대학교에 있었기 때문이다.[*] '이론과 측정'Theory and Measurement이라는 모토에 걸맞게 콜스 경제 연구 위원회는 경제 이론을 수학 및 통계학과 연결하는 것을 목표로 삼고 있었다. 그는 위원회에서 주최하는 세미나를 비롯해 여러 세미나에 참석했다. 위원회 연구원 중에는 미래의 노벨상 수상자가 여섯 명이나 됐던 덕에 사이먼은 가장 뛰어난 인재들과 교류하며 경제학, 특히 수리 경제학에 입문할 수 있었다.

1949년, 사이먼은 카네기멜론대학교의 전신인 피츠버그 소재 카네기 공과대학으로 자리를 옮겼다. 그 후 반세기 동안 과학자, 교사 그리고 대학교 이사로서 카네기 공과대학을 여러 분야에서 두각을 나타내는 뛰어난 학교로 발돋움시키는 데 중요한 역할을 했다. 사이먼은 산업 행정 대학원, 컴퓨터 과학 대학원, 로봇 연구소, 심리학과 소속 인지 과학 그룹을 공동 설립했다. 오늘날 가장 중요한 여러 과학 분야를 창시

---

[*] 시카고대학교 경제학과에서 분쟁이 일어난 후 예일대학교로 옮겨갔으며, 콜스 경제 연구 재단Cowles Foundation for Research in Economics으로 이름이 바뀌었다.

한 인물이자 학자라는 명성 덕에 사이먼은 컴퓨터 과학 분야의 인재에게 수여되는 튜링상, 미국심리학회American Psychological Association가 수여하는 심리학 평생 기여상, 미국정치학회American Political Science Association가 수여하는 제임스 매디슨 상, 운용 연구 분야의 우수 인재에게 수여되는 폰 노이만 이론상, 미국행정학회American Society of Public Administration가 수여하는 드와이트 왈도상, 국가과학훈장 등 여러 분야에서 상을 받았으며, 물론 노벨 경제학상도 수상했다. 사이먼은 2001년에 세상을 떠났다.

사이먼을 가장 유명하게 만들고 노벨상도 안겨준 개념은 '제한된 합리성'bounded rationality과 '만족화'satisficing다. 사이먼은 개인과 기업의 의사결정을 이해하기 위해 '경제적 인간'을 둘러싼 이론을 검토한 후 이 이론에 무언가가 심각하게 결여되어 있다는 사실을 발견했다. 사이먼은 1955년에 발표한 논문에서 이렇게 기술했다.

"경제학, 특히 기업 이론 부문에서 최근 나타나고 있는 변화를 보면 경제적 인간에 대한 이런 도식적인 모델이 이론을 수립하기에 적절한 기초를 제공하는지 의구심이 든다."

사이먼은 새로운 패러다임을 추구했다. 논문에서 사이먼이 어떻게 설명을 이어갔는지 살펴보자.

"나의 목표는 경제적 인간의 전반적인 합리성을, 실제 환경 속에서 실질적인 계산 능력 및 정보 접근성을 바탕으로 하는 합리적인 행동으로 대체하는 것이다."*

---

\* 두 인용문 모두 사이먼, 1955, 99에서 발췌한 것이다.

진정한 패러다임 변화였다. 먼저, 아리스티포스와 에피쿠로스 이후로 나타난 의사결정 모델들은 의사결정자가 쾌락이 됐건, 부가 됐건, 효용이 됐건 무언가를 극대화한다고 가정했다. 그런 다음, 다니엘 베르누이 이후로는 부의 효용을 극대화할 때 의사결정자들이 합리적으로 행동하며 합리적인 선택을 한다고 여겨졌다. 그런 다음, 존 폰 노이만과 오스카르 모르겐슈타인 이후로는 의사결정자들이 특정한 공리를 따른다고 여겨졌다. 한동안 게임 이론이 지배적인 영향력을 행사했고 유일하게 이용 가능한 것이 수학이었다. 이제 무언가 새로운 것이 뿌리를 내리려 하고 있었다.

## 수학 모델이 아닌
## 인간이 기준이 된 경제학

메리엄-웹스터 사전에 따르면 경제학의 정의는 수천 년까지는 아니라 하더라도 수백 년 동안 "재화와 서비스의 생산, 분배, 소비를 묘사하고 분석하는 것"이었다. 또한 경제학 연구를 위해서는 오직 묘사와 비유, 일화만이 사용됐다. 19세기 말에 한계주의의 개념이 도입되면서 수학이 처음으로 경제학의 영역에 진출하게 됐다. 앞서 제4장에서 살펴봤듯이 레옹 발라가 자신이 경제학 연구에 이바지한 바를 생각하면 노벨 평화상을 받을 자격이 있다고 생각했을 정도였다.

안타깝게도 발라는 너무 일찍 등장했다. 20세기 중반에 이르러서야 때가 무르익었고, 스웨덴 국립은행은 1968년이 되어서야 비로소 노벨 경제학상을 제정했다. 그때까지는 수학이 과학의 필수 요건이었고, 처음 10여 년 동안은 노벨 경제학상이 수학자 외의 그 누구에게도 허락되지 않는 상처럼 보였다. 결국, 수학 모델이 유일하게 용인되는 과학 탐구 방식이 됐고 경제학자들은 물리학자, 화학자, 생물학자들과 경쟁하고 싶어 했다. 실험 없이 이런 일을 해내려면 적어도 엄격한 수학 기법을 채택해야만 했다. 모델이 특정한 가정 즉, 시장과 경쟁은 완벽하다, 제품은 모두 같다, 정보는 완벽하다, 거래 비용은 0이다, 행위자는 충분하고 합리적이다 등을 기반으로 한다면, 설사 이런 가정이 완전히 비현실적이라도 명쾌하게 설명되기만 한다면 아무런 문제도 없다고 여겨졌다.

하지만 그런 상황은 오래가지 않았다. 머지않아 기존의 상황을 뒤흔드는 문제가 등장했기 때문이다. 모리스 알레, 대니얼 엘즈버그 같은 회의론자들은 무관한 변수의 독립성이라는 공리를 문제 삼으며 평범한 인간은 항상 이 공리를 위반한다는 사실을 증명해 보였다. 이로써 이들은 현대 의사결정 이론의 토대가 된 필수 강령 하나를 없애버렸다. 그리하여 분위기는 급반전되기 시작했다. 전통적인 수학 모델은 지극히 합리적이고, 계산에 능숙하며, 모든 것을 알고 있는 '경제적 인간'이 이윤이나 부를 극대화하기 위해 어떻게 행동해야만 하는지 규정했지만, '진짜 사람'이 어떻게 '이런 결정을 내리게 되는지' 설명하지 못했다.

베르누이는 한계효용체감의 원리를 이용해 상트페테르부르크 역설을 설명했다. 밀턴 프리드먼과 레너드 새비지는 구불구불한 효용 곡선을 이용해 보험과 도박의 역설 문제를 풀었으며, 해리 마코위츠는 여기에 구불구불한 구간을 추가했다. 하지만 더 많은 역설과 모순, 오류, 모순처럼 보이는 현상이 튀어나왔다. 어느 저자는 사람들이 비합리적으로 보이는 선택을 하는 수십 개의 상황을 나열하기도 했다.

그들은 비이행성intransitivity을 드러내 보이며, 통계적 독립성을 오해하고, 무작위적인 데이터를 패턴이 있는 데이터로 오해하거나 반대로 패턴이 있는 데이터를 무작위적인 데이터로 오해한다. 대수의 법칙 효과와 통계적인 우세를 인정하지 않고, 새로운 정보를 기반으로 확률을 갱신할 때 실수를 저지르며, 주어진 표본의 중요성을 실제보다 축소해서 받아들이고 가장 단순한 $2 \times 2$ 분할표의 공변共變조차도 제대로 이해하지 못한다. 인과관계에 대해서 엉뚱한 추론을 하고, 관련 있는 정보를 무시하며, 상관없는 정보를 사용하고(매몰비용 오류 등), 확실치 않은 근거보다 확실한 근거가 중요하다는 사실을 과장하며, 틀리기 쉬운 예측 변수의 중요성을 과장하고, 이미 발생한 무작위적인 사건의 사전 확률을 과장한다. 근거에 비해 판단에 지나치게 자신감을 보이며, 초기의 신념과 비교했을 때 부당성을 증명하는 근거보다 사실임을 보여주는 근거를 과장한다. 또한 가설의 부당성을 증명하는 테스트는 거리낌없이 훼손시키며 자신의 가설이 사실임을 보여주는 테스트를 반복적으로 시행한다. 삼

단논법 같은 연역적 추론 과정에서 빈번하게 실수를 저지르거나, 실험자가 '현상 유지 상태'로 조작한 상황에 더 높은 가치를 부여하거나, 일관되게 미래를 제대로 할인하지 못하고 반복되는 선택을 하는 과정에서 여러 기간에 걸친 관련 요인들을 고려하지 못하는 등 많은 문제를 보인다.*

그때까지 중요한 역할을 했던 수학자와 경제학자들이 마침내 새로운 인재들에게 자리를 내주어야 할 때가 찾아왔다. 아직 대규모 실험을 진행하기에 적합한 상황은 아니었지만(프리드먼, 새비지, 마코위츠, 알레, 엘즈버그는 자기 성찰을 토대로 의견을 개진하고 지인들 사이에서 소규모로 여론 조사를 진행했다) 그럼에도 완전히 이론적인 추측에서 벗어나 인간에 관한 수학 모델이 아니라 '인간 자체'를 척도로 삼아야 할 때가 당도한 것이었다.

결국 합리성은 정의의 문제다. 그렇다면 상트페테르부르크 역설, 알레의 역설, 엘즈버그의 역설, 보험과 도박의 역설 같은 역설과 비합리성은 어떨까? 이런 것들이 역설이 되는 이유는 누군가가 공리를 가정한 후 이 공리를 따르지 않는 사람은 비합리적이라고 독단적인 결정을 내리기 때문이다. 사이먼은 이런 접근 방법에 문제를 제기한 최초의 인물이었다. 공리를 비난해야 하는 것일까?

경제학자들은 인간이 이윤, 효용, 비용 등 무언가를 최적화하는 한

---

* 콘리스크Conlisk, 1996, 670.

은 합리적인 존재라고 정의한다. 수학자들은 행위자들이 일련의 공리를 따르는 한은 합리적인 존재라고 여긴다. 반면, 심리학자들은 인간에 관한 미심쩍은 부분을 좋게 해석하는 데서부터 출발한다. 다시 말해서 인간이 무엇을 하건 명백히 정신 나간 짓을 하는 것만 아니라면 엄밀히 말해서 합리적이지 않다고 하더라도 적어도 본질적으로 '정상'normal이라는 것이다.

경제학자들은 규범경제학과 실증경제학이라는 두 가지 새로운 개념을 확립해 이와 같은 이분법을 받아들였다. 규범경제학은 어떤 목표에 도달할 가능성을 극대화하거나 최소화하려면 경제적 인간이 어떻게 행동해야 하는지 다소 거만하게 '규정'prescribe 한다. 반면, 좀 더 신중하게 접근하는 실증경제학은 온갖 결점과 약점을 가진 일반적인 사람이 '실제로' 어떻게 행동하는지 '묘사'describe 한다. 허버트 사이먼은 후자의 방법을 택했다. 그는 인간이 실제로 어떻게 결정하는지 이해하려고 했다.

합리적이라고 여겨지는 경제적 인간, 혹은 '호모 오이코노미쿠스'(제7장 참조)라는 좀 더 허세 가득한 이름으로 불리는 존재는 명백한 선호, 방대한 지식, 완벽한 정보, 무한한 계산 능력을 갖춘 것으로 가정된다. 노벨상 수상자 라인하르트 젤텐Reinhard Selten이 늘 이야기했듯 "완전히 합리적인 사람은 모든 수학 문제에 대한 답을 알고 얼마나 어렵건 즉각 모든 계산을 해낼 수 있는 신화 속에 나오는 영웅이다."[*]

---

[*] 젤텐, 2001, 14.

하지만 안타깝게도 선호는 애매모호할 때가 많고(즉, 효용함수의 값이 여러 개일 수도 있다), 정보 접근성은 불완전하며, 계산 역량은 제한적이다. 사이먼은 곧 진짜 인간은 경제적 인간에게 기대되는 일을 해낼 수 없다는 심오한 깨달음에 도달했다. 이것이 바로 우리가 역설처럼 보이는 문제에 걸려드는 이유다.

예를 들어 콜옵션의 가격을 생각해보자. 상인들은 수백 년 동안 온갖 상품에 대한 옵션을 거래해왔다. 역사를 통틀어 구매자와 판매자들은 옵션 가격을 결정하기 위해 육감에 의존해왔다. 그러다 1973년에 피셔 블랙과 마이런 숄즈, 로버트 머튼이 콜옵션의 정확한 가격, 즉 합리적인 거래자가 콜옵션에 지불해야 하는 가격을 구하기 위한 공식을 만들어냈다.*

$$C(S,t) = N(d_1)S - N(d_2)Ke^{-r(T-t)}$$

$d_1$과 $d_2$의 값은 다음과 같이 구한다.

$$d_1 = \frac{Ln(\frac{S}{K}) + (r - \frac{\sigma^2}{2})(T-1)}{\sigma\sqrt{T-t}}$$

$$d_2 = d_1 - \sigma\sqrt{T-t}$$

---

* 머튼과 숄즈는 1997년에 노벨 경제학상을 받았다. 좀 더 자세한 내용이 궁금하다면 '슈피로, 2011'을 참고하기 바란다.

이 공식의 기호와 변수에 관해서 굳이 설명할 생각은 없다. 다만, 시그마($\sigma$)가 과거의 데이터를 기반으로 하는 상당히 정교한 도구가 있어야만 추산 가능한 기본 주가의 변동성$_\text{volatility}$을 상징한다는 사실만 짚고 넘어갈 생각이다. 경제학자들은 정말로 합리적인 거래자들이 이렇게 복잡한 공식에 부합하는 가격에 옵션을 사고팔 것이라고 믿을까? 사실 옵션 가격 책정이 극단적인 사례일 수도 있지만 집을 나설 때 우산을 갖고 갈지 말지 결정하는 것과 같은 간단한 선택을 할 때도 데이터 수집 및 저장, 확률 평가, 비용 및 편익 계산, 결과 처리가 필요하며, 마지막으로 의사결정도 필요하다. 그리고 그 결정은 빛의 속도로 내려져야만 한다.

누군가가 실제로 이런 과정을 다 거쳐 결정을 내리리라고 가정하는 것은 분명히 터무니없다. 따라서 사이먼은 "인간이 실제로 합리성을 추구하는 수준은 기껏해야 게임 이론 모델 같은 것에 함축된 보편적인 합리성 같은 것을 아주 대충 간소하게 만든 수준에 불과하다."라고 결론 내렸다.[*] 그래서 유감스럽게도 의사결정을 하는 인간의 행동은 폰 노이만과 모르겐슈타인 같은 사람들이 개발하고 수학의 아름다움에 매료된 경제학자들이 받아들인 모델을 따르지 않는다. 사이먼은 이 모델들이 가치나 부, 효용을 극대화할 방법을 찾기 위한 지침으로는 받아들일 만하다고 생각했지만 이런 모델들이 실제로 인간이 의사결정을 하는 방법을 제대로 묘사하지는 못한다고 여겼다.

---

[*]  사이먼, 1955, 101.

하지만 알레나 엘즈버그와는 달리 사이먼이 이런 모델을 비웃은 이유는 공리를 부인해서가 아니었다. 사이먼이 합리적이라 추정되는 수학 모델을 거부한 까닭은 이런 모델이 의사결정자에게 부담을 지우는데다 인간의 역량에는 한계가 있기 때문이다. 다시 말해 인간이 비합리적이라고 생각해서가 아니라 데이터를 수집하고 복잡한 계산을 수행해야 할 필요성이 인간의 능력 범위를 벗어난다고 생각했기 때문이다. 사이먼은 의사결정을 내리는 인간 자체가 비합리적이라기보다 인지 제약 때문에 인간이 '제한된 합리성'을 갖게 된다고 주장했다. 반대로 말하면 제한적인 범위 내에서는 인간도 합리적이라는 뜻이다.

## 제한적으로 합리적인 인간은
## 선택의 지름길을 택한다

그렇다면 사이먼은 수학 모델 대신 무엇을 제안했을까? 그는 인간의 의사결정을 좀 더 현실성 있게 묘사하려면 경제적 인간이라는 이상화된 생각을 버리고 인간의 마음 그 자체를 파헤쳐야 한다고 설명했다. 이를 위해서는 수학이 아니라 심리학에서 답을 찾아야만 했다.* 그런 이유로 사이먼은 1955년에 발표한 획기적인 논문에서

---

* 하지만 베르누이는 부의 한계효용체감을 가정함으로써 사실상 인간의 마음, 즉 심리학을 이미 경제 의사결정 연구에 반영했다는 사실을 기억하기 바란다.

경제적 인간의 합리성이 "실제 환경에서 실질적인 계산 능력 및 정보 접근성을 바탕으로 행할 수 있는 합리적인 행동"으로 대체될 것이라고 기술했다.[*]

사이먼은 너무 많은 선택 방안이 존재하고, 모든 선택 방안을 분석하기가 어렵고, 모든 것을 처리할 시간이 부족한 탓에 사람들은 최고의 대안을 선택할 수 없다고 설명한다. 대신, 인간은 정의하기 어려운 최적의 선택을 해야 하는 상황에 부닥치면 지름길을 택한다. 다시 말해 자신의 능력과 시간을 효율적으로 활용해 용인되는 방안을 찾아내고 그 방안을 따르는 것이다.

인간은 자신의 욕구를 충족시키기에 충분한 수준이 무엇인지 결정한 다음 그 수준을 충족하거나 뛰어넘는 첫 번째 방안을 선택한다. 이러한 방식으로 인간은 최적이라고 볼 수는 없지만 충분히 흡족한 해결 방안, 자신의 열망을 만족시키는 해결 방안, 즉 '최소한의 필요조건을 만족시키는 해결 방안'을 추구한다.

하지만 그것이 전부가 아니다. 의사결정자들은 진정한 최적의 방안을 찾기 위한 힘든 탐색 과정을 회피할 뿐 아니라 최적은 아니지만 최소한의 필요조건을 만족시키는 선택 방안을 찾기 위해서 '휴리스틱'heuristics을 활용하는 경우가 많다.

사실 휴리스틱은 '경험 법칙'rule of thumb을 그럴듯하게 표현한 말에 불과하다. 예를 들어 크지 않은 수준으로 두 차례에 걸쳐 성장이 이뤄

---

[*]  사이먼, 1955, 99.

진 경우를 생각해보면, 성장률을 나타내는 두 수를 더하는 것만으로 총 성장률을 알아낼 수 있을지도 모른다. 좀 더 자세히 설명하면 먼저 10%만큼 성장한 다음 추가로 40%만큼 성장했다면 대략 50% 성장했다고 근사치를 낼 수 있다. 물론 정확한 성장률은 $1.1 \times 1.4 = 1.54$(즉, 54%)이다. 하지만 대다수의 사람들이 곱하기보다는 더하기가 쉽다고 여기는 만큼 상대적으로 낮은 숙고 비용이 사소한 결과의 오류를 상쇄한다.

이처럼 간단한 방법은 제한된 합리성을 가진 사람들이 많은 비용이 들고 시간이 오래 걸릴 뿐 아니라 어쨌든 실행 자체가 불가능할 수도 있는 계산을 해야 한다는 부담감에서 벗어나, 만족스러운 해결 방안을 얻는 데 도움이 된다.

이렇게 사이먼은 기대효용 이론과 게임 이론을 비판한 다음 제한된 합리성 이론을 제시했다. 최적화를 기반으로 하는 분석이 만족화와 휴리스틱을 기반으로 하는 모델로 대체된 것이다.

우리는 여기서 제한된 합리성은 '비합리성'과 전혀 다르다는 사실을 짚고 넘어갈 필요가 있다. 모든 비용을 고려하면 휴리스틱을 이용하는 것은 상당히 합리적이다. 경험 법칙을 이용하면 부담스럽고, 종종 불가능하기까지 한 정신적인 수고를 하지 않고도 만족스러운 해결 방안을 찾아낼 수 있기 때문이다. 그러므로 총 탐색 비용에 데이터 수집 비용, 정보 처리 비용, 모든 사실을 숙고하는 비용이 모두 포함된다고 가정하면 '합리적'이라는 단어가 가진 전통적인 의미를 고려했을 때, 휴리스틱을 이용해 비용 효과적인 방식으로 필요조건을 만족시키는 것이 상당히 '합리적'이다. 그야말로 최적의 방안을 찾기 위한 탐색과 합리적인 숙고 비용 사이에 존재하는 절충안일 뿐이다.

## 경험 법칙의
## 함정

사람들은 학습과 경험, 환경과의 상호작용, 피드백을 통해 휴리스틱을 발전시킨다. 휴리스틱은 종종 '상식'common sense, 혹은 '지식을 바탕으로 하는 추측'educated guess으로 가장되는 경우가 많다. 그러나 안타깝게도 경험 법칙을 택하면 정신적인 노고는 줄어들지만 그로 인해 실수와 왜곡이 발생하기 마련이다. 그래서 제12장에서는 대부분의 사람들이 체계적인systematic 방식으로 흔히 '편향'bias이라고 불리는 이런 실수를 저지르는 현실을 살펴볼 것이다. 가령 항상 결과를 실제보다 적게 추산하는 경험 법칙을 적용하는 탓에 두 양수를 곱해야 하는 상황에서 두 수를 더하는 실수를 저지르는 식이다.

인간은 어떤 종류의 휴리스틱을 활용할까? 사람들이 어떤 비합리적으로 보이는 절차를 활용해 결정을 내리는지 살펴보기만 하면 된다. 그중 몇 가지를 언급하면 사람들은 관련이 있건 중요하지 않건 당장 사용할 수 있는 정보를 활용하며, 낮은 확률은 0%로 반내림하고 높은 확률은 100%로 반올림하며, 자신의 편견을 확인시켜주는 근거를 신뢰하고, 단조로운 근거보다는 강렬한 근거의 중요성을 과장하며, 새로운 정보를 무시하고, 자신이 생생하게 기억하는 무작위적인 사건에 높은 확률을 부여하며, 자신의 판단을 과신하고, 무작위 데이터 속에 존재하는 패턴을 포착하고, 관련 없는 대안을 외면하지 못한다. 이에 대한 더 자세한 내용을 뒤에서 살펴보도록 하자.

제12장

# 매몰비용, 도박꾼의 오류,
# 그 외의 오류

　　제11장에서 살펴보았듯이 사람들은 상황을 평
가하고 결정을 내리기 위해 일상적으로 경험 법칙을 활용한다. 휴리스
틱이라고 알려진 경험 법칙은 손쉬운 방법을 제공한다. 불확실한 상
황에서 결정을 해야 할 때는 특히 그렇다. 허버트 사이먼이 처음 휴리
스틱을 제안한 시기는 1950년대 중반이었다. 당시 사이먼은 제한된
합리성과 만족화가 기대효용 극대화의 대안이 될 수 있다고 제안했
다. 사실 모리스 알레 이후에 등장한 다른 학자들이 이미 기대효용 이
론(혹은 기대효용 가설)에 이의를 제기해온 상황이었다. 하지만 가장 큰
영향을 미친 것은 이스라엘의 심리학자 아모스 트버스키<sub>Amos Tversky</sub>와

대니얼 카너먼Daniel Kahneman이 20년 후에 집필한 논문이었다. 1974년에 미국 최고의 학술지《사이언스》Science에 공개된 이 논문은 경제학 전문가들뿐 아니라 과학계 전체를 뒤흔들었다. '합리적인 경제적 인간'이라는 통념을 문제 삼은 이 논문은 기대효용 이론이라는 아이디어 자체를 좌절시켜버렸다.

트버스키와 카너먼은 "사람들은 확률을 평가하고 값을 예측하는 복잡한 과정을 좀 더 단순한 판단 문제로 축소해버리는 몇 가지 휴리스틱 원칙에 의존한다."라고 서술한 후 하지만 안타깝게도 휴리스틱 덕에 시간과 노력을 절약하고 편의를 얻을 수 있지만 그에 대한 대가가 따른다고 지적했다. 두 사람이 언급한 대가란 바로 결과가 정확하지 않다는 것이었다. "대개 이런 휴리스틱은 상당히 유용하지만 이따금 심각하고 체계적인 오류로 이어지기도 한다."[*] 하지만 한 가닥의 희망이 있었다. 앞서 인용한 문장에서 가장 중요한 단어는 '체계적'이라는 단어이다. 트버스키와 카너먼은 오류와 편향이 무작위가 아니며, 대개 같은 방향으로 움직이고, 철저하게 추적하고 검토할 수 있다는 사실을 발견했다.

---

[*] 두 인용문 모두 '트버스키와 카너먼, 1974, 1124'에서 인용한 것이다.

# 두 심리학 교수의
# 만남

아모스 트버스키와 대니얼 카너먼은 당대 과학자들 사이에서 스타로 여겨졌다. 두 사람의 인생과 공동 연구, 우정, 최종적인 결별에 관한 내용을 담은 책이 최근 베스트셀러가 됐다는 사실은 그들이 진행한 연구의 중요성을 여실히 증명한다.[*]

1934년에 팔레스타인에서 태어난 카너먼은 화장품 회사 로레알 L'Oréal의 화학자로 근무하는 아버지를 따라 파리로 건너가 그곳에서 유년기를 보냈다. 유대인을 색출해 강제 수용소에 보내던 시절, 카너먼의 아버지도 수용소로 끌려갔다. 하지만 운 좋게도 나중에 나치 동조자로 밝혀진 고용주가 카너먼의 아버지가 석방될 수 있도록 힘을 써주었다. 그의 연구가 로레알에 필요하다는 판단 때문이었다. 그 직후, 카너먼의 가족은 파리를 떠나 프랑스 남부로 달아났다. 카너먼 가족은 유대인을 찾으려고 혈안이 돼 있는 나치나 비쉬 정권 부역자들, 현상금 사냥꾼들에게 발각될지도 모른다는 두려움에 사로잡혀 프랑스를 떠돌았다. 결국 리모주 외곽의 어느 마을에 있는 양계장에 은신했고, 카너먼의 아버지는 그곳에서 당뇨로 세상을 떠났다. 대니얼 카너먼과 나머지 가족들은 전쟁이 끝날 때까지 살아남아 이스라엘 건국 몇 달 전 팔레스타인으로 이주했다.

---

[*] 루이스, 2016.

고등학교를 졸업한 카너먼은 예루살렘에 위치한 히브리대학교에 진학해 심리학을 전공했다. 대학을 졸업하고 의무복무를 위해 이스라엘 공군에 입대한 그는 그곳에서 장교 후보생들을 평가하기 위한 테스트를 고안하는 임무를 수행했다. 군 복무를 마친 후에는 캘리포니아대학교 버클리캠퍼스에 들어가 박사 논문을 쓰고 1961년에 박사 학위를 받았다.

카너먼보다 세 살 어린 아모스 트버스키는 1937년에 영국 위임통치령 팔레스타인의 일부인 하이파에서 태어났다. 수의사였던 그의 아버지와 사회 운동가였던 그의 어머니는 유대 국가 이스라엘의 건국 세대였다. 이스라엘 노동당Workers' Party 대표였던 그의 어머니는 이스라엘 국회에 입성해 국회의원이 됐다.

군에 징집된 트버스키는 힘들기로 악명 높은 낙하산 부대에 자원했고 그곳에서 용맹한 군인으로 이름을 떨쳤다. 한번은 훈련 중 한 군인이 폭발물의 기폭 장치를 당긴 후 충격에 빠져 몸을 숨길 생각도 못한 채 꼼짝 않고 서 있던 적이 있었다. 트버스키는 자신의 안전은 생각지도 않은 채 얼음이 되어버린 병사에게 달려가 그를 구해냈다. 그 덕에 그는 무공훈장을 받았다. 물론, 남은 평생 폭발물 파편을 몸에 지니고 살게 된 것은 말할 것도 없다. 트버스키는 대위로 제대한 후, 히브리대학교에서 심리학과 수학을 공부했고, 1964년 미시간대학교에서 심리학으로 박사 학위를 땄다. 당시 트버스키는 의무복무를 끝낸 상태였지만 여전히 이스라엘 방위군 예비역 장교였기 때문에 1967년에 벌어진 6일 전쟁(제3차 중동 전쟁이라고도 불리는 아랍과 이스라엘 간의 전쟁-옮긴이), 1973년에 벌어진 욤 키푸르 전쟁(제4차 중동 전쟁이라고도 불리며 이집트와 시리아가 이스라엘을 공격하여 벌어진 전쟁-옮긴이) 등 몇 년 후에 전쟁이 벌어졌을 때 연구를 중단하고 전투 교관 임무를 수행하기도 했다.

카너먼이 자신보다 어린 동료 트버스키에게 대학원생들을 위한 세미나에서 강연을 해달라고 요청하면서 두 심리학 교수는 히브리대학교에서 첫 만남을 갖게 된다. 두 사람의 공동 연구는 강의 내용에 대한 의견 충돌에서부터 시작됐다. 트버스키는 자신만만하고 재기 넘치는 인물이었고 카너먼은 과묵하고 자기 회의로 가득한 사람이었다. 서로 전혀 다른 성격을 지닌 두 사람이 그토록 많은 연구를 함께하며 조화롭게 시간을 보낼 수 있었다는 사실 자체가 경이로운 일이었다. 두 사람의 협력은 전설이라 해도 될 만큼 대단한 일이었다. 두 사람은 오랫동안 매일같이 문을 닫아걸고 많은 시간을 함께 보내며 인간의 마음이 어떻게 작용하는지 연구하는 등 서로 떼려야 뗄 수 없는 관계가 되어버린 듯했다. 두 사람은 혁신적인 연구 결과를 내놓았으며 멋진 시간을 보내는 듯했다. 연구실 밖에서는 두 사람의 웃음소리 외에는 아무것도 들리지 않았다.

하지만 오랫동안 공동 연구를 진행해 온 그들에게 먹구름이 드리웠다. 트버스키가 스탠퍼드의 교수직을 제안받은 반면 카너먼은 널리 알려지긴 했지만 그 명성은 스탠퍼드에 훨씬 못 미치는 브리티시컬럼비아대학교의 교수가 됐기 때문이다. 전반적으로 말이 많은 트버스키가 항상 차분한 카너먼보다 뛰어난 성과를 보였다. 맥아더상MacArthur

● 대니얼 카너먼

● 대니얼 카너먼

출처: 위키미디어 커먼스, 렌조 페드리

● 아모스 트버스키

출처: 에드 소우자,
스탠퍼드 뉴스 서비스

Fellowship 수상, 미국 과학 아카데미American Academy of Sciences 회원 자격 획득, 미국 국립 과학 아카데미National Academy of Sciences 회원 자격 획득 같은 영광은 거의 트버스키의 몫이었고, 이 같은 문제가 한동안 두 사람 사이에 갈등을 초래했다. 하지만 트버스키가 불과 쉰아홉의 나이에 암으로 세상을 떠난 1996년 즈음, 두 사람은 다시 화해했다. 그로부터 6년이 지난 2002년, 프린스턴대학교에서 교수로 재직 중이었던 카너먼은 "경제학에 관한 심리학적 연구, 특히 불확실성 아래에서의 인간의 판단과 의사결정에 관한 연구를 통해서 통합적인 통찰력을 발견한" 공로를 인정받아, 즉 트버스키와 함께 진행한 연구의 공로를 인정받아 노벨 경제학상을 수상했다.[*] 하지만 카너먼은 자신의 승리에 대해 너그러운 태도를 보였다. 카너먼의 노벨상 수상 소감 첫 문장은 "노벨 위원회가 인용한 연구는 고故 아모스 트버스키와 오랫동안 아주 긴밀하게 협력하여 공동으로 진행한 것입니다."였다.[**]

## 불확실성 속에서 작동하는
## 세 종류의 휴리스틱

과학 분야에 주어지는 노벨상에 비하면 카너먼과 트버스키가 제안한 이론들은 어쩌면 가장 쉬운 부류에 속할지도 모른다. 사실 유일하게 일반인들이 이해할 수 있는 수준의 이론이라고 해도 과언이 아니다. 사이먼의 연구를 예외로 볼 수 있을지는 모르겠지만, 화학, 물리학, 경제학 분야에서 노벨상을 받은 연구는 대개 수학식으로 가득하다. 반면, 카너만과 트버스키의 연구는 확률 이론과 통계를 넘어서지 않는다.

두 사람은 1974년에 발표한 획기적인 논문 〈불확실성 아래에서의 판단: 휴리스틱과 편향〉Judgment Under Uncertainty: Heuristics and Biases에서 우리

---

[*] 카너먼은 버논 스미스Verson Smith와 노벨 경제학상을 공동 수상했다(사후에는 노벨상이 수여되지 않기 때문에 트버스키는 노벨상을 받지 못했다). 인용문은 노벨상 공식 사이트NobelPrize.org, 2017b에서 인용한 것이다.

[**] 카너먼, 2002.

모두가 인식조차 하지 못한 채 결정을 내리는 데 사용하는 세 종류의 휴리스틱을 제안하고 분석했다. 대표성 휴리스틱representativeness heuristic, 가용성 휴리스틱availability heuristic, 기준점 휴리스틱anchoring heuristic이 바로 그것들이다.

### • 대표성 휴리스틱: 논리가 아닌 특성을 보는 경향

대표성 휴리스틱이 무엇이며 이것이 어떤 식으로 인간을 잘못된 방향으로 이끄는지 알려주는 가장 유명한 사례가 바로 '은행 창구 직원 린다' 사례다. 이 사례는 하나의 실험을 기반으로 한다. 연구진은 실험에 참여한 피험자들에게 약간의 정보를 제공한 후 평가를 요청했다.

린다는 거침없이 제 생각을 밝히고 매우 똑똑한 서른한 살의 미혼 여성으로 철학을 전공했다. 학생이었을 때, 린다는 차별과 사회 정의 문제에 커다란 관심을 가졌으며 반핵 시위에도 참여했다. 그렇다면 다음 중 어떤 쪽의 확률이 더 높을까?

1. 린다는 은행 창구 직원이다.
2. 린다는 은행 창구 직원이며 페미니즘 운동에 활발하게 참여한다.

트버스키가 이 실험을 제안했을 때, 카너먼은 회의적이었다. '린다는 은행 창구 직원이다'가 정답인 것이 너무도 분명했기 때문이다. 이것은 '의견'을 묻는 문제가 아니라 수학적으로 명백한 사실이었다. 결국, '은행 창구 직원'은 페미니스트를 포함하는 포괄적인 범주다. 따라서 린다가 은행 창구 직원일 확률이 얼마이건 린다가 은행 창구 직원이면서 페미니스트일 확률은 린다가 은행 창구 직원일 확률보다 낮을 수밖에 없다.

카너먼은 마지못해 실험을 진행했다. 하지만 정말 놀랍게도 피험자 대부분은 2번을 선택했다. 2번을 고른 피험자들은 린다가 단순히 은행 창구 직원일 가능성보다는 은행 창구 직원'이면서' 페미니스트일 가능성이 더욱 높다고 생각했다.

카너먼과 트버스키는 사람들이 주어진 정보에 따라 린다의 심적 표상mental representation을 만들었다고 결론 내렸다. 평균적인 은행 창구 직원은 전혀 린다 같지 않다. 은행 창구 직원의 상당수가 남자이기 때문이다(적어도 이 실험을 진행할 당시에는 그랬다). 하지만 린다는 페미니스트인 여성 은행 창구 직원들을 상당히 잘 대표한다.

카너먼과 트버스키는 여기서 심오한 진실을 찾아냈다. 사람들은 논리를 받아들이기보다 묘사된 내용이 대표하는 것을 받아들이는 경향이 있다는 사실이었다. 예를 들어 어떤 사람에 대한 묘사가 미군 4성 장군의 특징과 매우 유사하다면(체력이 좋고, 근엄하며, 매우 기량이 뛰어나고, 규율을 강조하는 인물), 사람들은 이 인물이 고등학교 체육 선생님이 아닌 장군이라고 생각할 수도 있다. 하지만 실제로는 어느 시기가 됐건 미군의 4성 장군은 20여 명에 불과해서 어떤 사람이 4성 장군일 가능성은 매우 낮다.

노벨상 수상 소감 발표 당시, 카너먼은 또 다른 예를 언급했다. 한 세트의 물건을 평가할 때, 평균이나 대푯값typical value은 해당 세트의 기본적인 표상에 포함되지만, 총합 같은 좀 더 복잡한 통계 수치는 여기에 포함되지 않는다.[*] 따라서 대표성 휴리스틱은 한 세트의 총합을 평균으로 대체한다. 피험자들에게 여덟 개의 접시로 이뤄진 접시 한 세트를 준 다음 해당 세트의 가치를 판단해볼 것을 요구하는 기발한 실험이 진행된 적이 있었다.[**] 연구 팀은 피험자들에게 똑같은 접시 여덟 개에 깨진 접시 2개, 깨지지 않은 접시 2개가 추가로 들어 있는 다른 접시 세트를 제공했다.[***] 놀랍게도 사람들은 대체로 깨진 접시가 포함된 세트가 첫 번째 세트보다 가치가 적다고 판단했다.

이번에도 역시 수학적으로 잘못된 판단이다. 두 번째 세트에 깨진 접시(따라서 쓸모없는 접시) 2개가 들어 있긴 했지만, 그 세트에는 10개의 완벽한 접시가 들어 있는 만큼 여덟 개의 접시가 들어 있는 첫 번째 접시 세트보다 좀 더 가치가 높을 수밖에 없다. 하지만 사람들은 부지불식간에 평균을 계산한다. 예를 들어, 접시 여덟 개가 들어 있는 세트의 가치를 8달러(즉, 접시 1개당 1달러)로 판단한다고 해보자. 그렇다면 두 번째 세트에 들어 있는 접시 10개의 가격은 10달러가 돼야 하고, 아무런 가치가 없는 깨진 접시 2개는 그냥 무시하면 된다. 하지만 두 번째 세트에 들어 있는 접시 12개 각각의 '평균값'은 약 83센트(10달

---

[*]   인간의 머리로는 틀림없이 총합보다는 평균이 좀 더 계산하기 쉽다.

[**]  독자들의 이해를 돕기 위해 실험 내용을 좀 더 간단하게 변경했다.

[***] 광고에서도 항상 이처럼 원칙에 어긋나는 상황을 목격할 수 있다. 예를 들어 스포츠카의 보닛 위에 앉아 있는 섹시한 슈퍼모델은 자동차의 품질과는 아무런 관련이 없으므로 광고에 등장하는 매력적인 모델은 무시해야 한다. 하지만 모델을 추가로 등장시키면 그 자동차를 구매하고자 하는 남성들의 욕구가 틀림없이 높아진다(혹은 적어도 광고주는 그럴 것이라고 기대한다).

러÷12)에 불과하다. 따라서 좀 더 복잡한 특성인 총합 대신 평균값이 세트의 가치를 대표한다고 간주하면 부정확하게도 두 번째 세트가 첫 번째 세트보다 가치가 낮은 것으로 간주된다.

린다 사례와 깨진 접시 사례는 모두 '무관한 변수의 독립성'이라는 성가신 공리를 또다시 위반했다. 만약 "린다는 여자다. 린다가 은행 창구 직원일 가능성이 높을까, 은행 창구 직원이면서 페미니스트일 가능성이 높을까?"라고 질문했다면, 대부분의 사람은 다른 수식어가 없는 은행 창구 직원을 택했을 것이다. 하지만 특징을 묘사하는 데 도움이 되지 않는 데다 무관한 정보(거침없이 제 생각을 밝히고, 매우 똑똑하며, 반핵을 주장한다는 정보)가 추가되자 많은 사람이 마음을 바꾸었다. 깨진 접시 시나리오도 마찬가지다. 피험자들은 단순히 깨진 접시를 무시해버리기보다는 이런 접시를 접시 세트에 추가하면 접시 세트의 가치가 줄어든다고 생각했다.*

### • 가용성 휴리스틱: 떠올리기 쉬우면 발생 확률도 높다는 착각

이번에는 가용성 휴리스틱에 대해 살펴보자. 가용성 휴리스틱이란 말 그대로 관련성 따위는 고려하지 않고 사용 가능한 모든 정보를 활용하는 것을 뜻한다. 사실 그다지 좋은 방법은 아니다. 하지만 사람들은 상황을 평가하기 위해 대개 당장 사용 가능한 것을 고려하곤 한다.

빈도와 확률을 판단할 때는 관련 있는 사례의 용이성, 즉 관련 있는

---

\* 트버스키와 카너먼, 1974, 1128.

사례가 머릿속에서 얼마나 쉽게 떠오르는가가 관건이다. 어떤 사례가 머릿속에서 쉽게 떠오르는 이유는 해당 사례가 강렬해서일 수도, 잘 알려져서일 수도 있으며, 최근에 벌어진 일이어서일 수도 있다. 이것이 인류의 역사를 통해 진화한 대응 기제coping mechanism 일지도 모른다. 물론, 카너만과 트버스키는 좀 더 짧은 기간에 관심을 보였다. 두 사람은 이렇게 추정했다.

"일생의 경험은 우리에게, 대개 발생 빈도가 상대적으로 낮은 부류의 사례보다는 발생 빈도가 높은 사례가 좀 더 빨리, 잘 생각나며 발생 가능성이 높은 일은 발생 가능성이 낮은 일보다 상상하기가 쉽고, 여러 사건이 함께 발생하는 경우가 잦으면 그 사건 간의 연상 관계가 강화된다는 사실을 가르쳐주었다."

즉, 가용성 휴리스틱은 "정보 검색이나 구성, 연상 같은 적절한 정신 작용을 수행할 때의 용이성을 기준으로 어떤 사건의 발생 가능성, 혹은 공동 발생할 빈도"를 추정하는 절차를 제시한다.[*]

안타깝게도 이런 손쉬운 방법은 오류로 이어진다. 실제로 물건을 잃어버린 장소가 아니라 불빛이 밝은 곳에서 물건을 찾으려 드는 것과 다소 비슷하다.[**] 예를 들면 'k로 시작하는 영어 단어'와 '세 번째 스펠링이 k인 영어 단어' 중 어떤 게 더 많을 것 같은지 물어보면 사람들은 전

---

[*] 트버스키와 카너먼, 1974, 1128.

[**] 어느 날 저녁, 어두운 거리를 걷던 피터는 가로등 옆에서 무언가를 찾고 있는 폴을 만난다. 폴은 "주차장에서 자동차 열쇠를 잃어버렸어요."라고 이야기한다. 피터는 "그런데 왜 자동차 열쇠를 거기가 아니라 여기에서 찾는 거죠?"라고 묻는다. 폴은 "가로등이 여기 있으니까요."라고 답한다.

자가 더 많으리라고 판단한다. knee(무릎)와 key(열쇠) 같은 단어들이 acknowledge(인정하다)나 like(좋아하다)보다 좀 더 쉽게 떠오르기 때문이다. 하지만 실제로는 세 번째 스펠링이 k인 단어가 세 배나 많다.

또 다른 훨씬 심각한 오판 사례로(실은 사기였다) 앤드루 웨이크필드 Andrew Wakefield라는 영국인 돌팔이 의사의 장난질을 들 수 있다. 웨이크필드는 그 사건으로 의사 면허가 취소됐다. 웨이크필드는 아동을 위한 백신 접종이 자폐를 초래한다고 주장했다. 하지만 백신 접종 대상 아동의 나이가 약 두 살 정도인 경우에만 이런 일이 벌어진다. 사실 두 살은 자폐 증상이 처음 나타나는 시기다. 이것은 우연의 일치에 불과하다. 뒤이어 속속들이 증명됐듯이 둘 사이에 상관관계가 존재한다는 것은 완벽한 착각이었다. 그러나 안타깝게도, 순진한 부모들은 우연의 일치와 근거를 혼동해 자녀들에게 백신을 맞히지 말아야 한다는 선동에 넘어가고 말았다.

이번에는 가용성 휴리스틱의 한 예로 많은 사람들이 갖고 있는 비행에 대한 두려움을 생각해보자. 자동차 사고를 당하는 사람보다 비행기 사고를 당하는 사람이 훨씬 적다. 하지만 비행기 사고가 벌어졌을 때 언론은 훨씬 커다란 관심을 보인다. 그런 탓에 비행공포증을 앓는 사람이 많다. 하지만 교통사고에 대해서 좀 더 생각해볼 필요가 있다. 어느 연구진이 사람들에게 자동차 사고와 폐암 중 어떤 쪽이 더 많은 사람의 목숨을 앗아가는지 질문했을 때, 57%가 자동차 사고라고 답했다. 하지만 실제로는 폐암으로 인한 사망이 세 배 정도 더 많다. 하지만 자동차 사고는 자주 언론에 보도되는 반면(물론 비행기 사고보다는 훨씬 덜 두드러지지만) 폐암에 걸려 사망한 사람의 소식이 뉴스에 나오는 경우는 드물다. 카너먼과 트버스키의 표현을 빌리면, "참사를 상상할 수 있는 용이성이 반드시 참사의 실제 발생 가능성을 반영할 필요는 없다."[*]

### • 기준점 휴리스틱: 먼저 숫자를 제시하는 쪽이 이긴다

카너먼과 트버스키가 논문에서 언급한 세 번째 경험 법칙은 기준점 휴리스틱이다. 수많은 일류 레스토랑들이 그 누구도 주문할 엄두조차 내지 못할 정도의 값비싼 와인을 리스트에 올려둔다는 사실을 아는가? 아마 소믈리에도 그 와인을 누군가에게 팔기 위해 리스트에 올려두지는 않았을 것이다. 사실 아주 값비싼 와인을 리스트에 적어두는 데는 다른 이유가 있다. 만약 어떤 고객이 와인 리스트 제일 위에 5,000달러짜리 1865년산 샤또 라피트가 있는 것을 본다면, 리스트 저 아래쪽에 있는 250달러짜리 2008년산 도멘느 르플레브 퓔리니-몽라셰 레 폴라띠에 프르미에 크뤼는 공짜처럼 느껴질 것이다. 이것이 바로 기준점 휴리스틱의 한 예다. 신비로운 문제를 마주한 의사결정자는 어떤 숫자에 혹하게 되고, 그 숫자가 뉴노멀이 된다. 심지어 의사결정자가 마음을 빼앗긴 숫자가 실제로는 아무런 관련이 없는 것일 수도 있다.

카너먼과 트버스키는 이 휴리스틱을 굳건한 기반 위에 올려놓았다. 두 사람은 또 다른 실험에서 피험자들에게 전체 유엔 회원국 중 아프

---

[*] 트버스키와 카너먼, 1974, 1128.

리카 국가의 비율이 얼마나 되는지 질문했다. 두 사람은 실험 시작 단계에서 10과 65 중 한 숫자에서 멈추도록 설계된 행운의 수레바퀴를 돌린 다음 피험자들에게 이 질문을 던졌다. 놀랍게도, 행운의 수레바퀴에서 10이라는 숫자를 본 피험자들의 평균적인 대답은 아프리카 국가가 유엔 회원국의 25%를 차지한다는 것이었고, 65라는 숫자를 본 피험자들의 평균적인 대답은 아프리카 국가가 유엔 회원국의 45%를 차지한다는 것이었다(2020년 기준 정답은 28%로, 총 194개 회원국 중 아프리카 국가는 54개국이다). 피험자들이 행운의 수레바퀴에서 나온 숫자를 기준으로 먼저 숫자를 추산한 다음 그 숫자를 기준으로 답을 줄이거나 늘린 것이 분명했다.

또 다른 실험에서는 고등학생들에게 5초 이내에 $1 \times 2 \times 3 \times 4 \times 5 \times 6 \times 7 \times 8$과 $8 \times 7 \times 6 \times 5 \times 4 \times 3 \times 2 \times 1$의 답을 추산해볼 것을 요청했다. 피험자들이 내놓은 대답에는 현저한 차이가 있었다. 오름차순으로 숫자를 나열한 수식에 대한 추정치 중간값은 512, 내림차순으로 숫자를 나열한 수식에 대한 추정치 중간값은 2,250이었다(두 문제의 정답은 똑같이 40,320이다). 학생들이 처음에 등장하는 숫자 몇 개를 곱한 다음 그 숫자를 기준 삼아 결과를 조정한 것이 틀림없었다. 오름차순으로 숫자가 나열된 수식에서 처음 등장하는 숫자 몇 개를 곱한 결과가 내림차순으로 숫자가 나열된 수식에서 처음 등장하는 숫자 몇 개를 곱한 결과보다 훨씬 적기 때문에, 첫 번째 그룹이 내놓은 추정치가 훨씬 낮았던 것이다.

# 체계적이고
# 예측 가능한 오류, 편향

어떤 물체나 사건이 특정한 부류에 속할 가능성을 판단해야 할 때는 대표성 휴리스틱이 사용되는 경우가 많고, 어떤 부류의 사건이 발생할 빈도나 어떤 일이 벌어질 가능성을 평가할 때는 가용성 휴리스틱이 사용되며, 수치로 예측 결과를 표현할 때는 기준점 휴리스틱이 사용된다. 안타깝게도, 이 같은 경험 법칙은 '편향'이라고 불리는 체계적이고 예측 가능한 오류, 즉 사람들을 잘못된 방향으로 이끌 수도 있는 오류로 이어진다.

### • 매몰비용의 오류와 평균으로의 회귀

매우 흔한 편향으로 매몰비용 오류sunk cost fallacy를 들 수 있다. 무언가를 하기 위해 시간과 돈, 노력을 투자한 사람은 그 일을 포기하기를 꺼린다. 더 이상 수익성이 없다는 게 분명하고 더 나은 대안이 존재한다는 사실이 밝혀지더라도 포기하기가 힘들다. 이미 비용을 지출한 탓에 첫 번째 선택을 고수하려는 경향이 있기 때문이다. 물론 이런 결정은 옳지 않다. 이미 지출한 비용은 매몰비용sunk cost이기 때문이다. 프로젝트를 포기하더라도 매몰비용은 되찾을 수 없다. 따라서 매몰비용이 누군가의 결정에 영향을 미쳐서는 안 된다. 결정을 내릴 때는 오직 앞만 바라봐야 한다. 절대로 뒤돌아봐서는 안 된다.

평균으로의 회귀regression to the mean를 깨닫지 못하는 것 역시 또 다른 오류의 원인이다. 카너먼은 이스라엘에서 전투기 조종사 양성 학교 지휘관을 만난 일화를 들려주었다. 지휘관은 어떤 조종사가 유난히 뛰어난 조종 솜씨로 칭찬을 받을 때마다 다음번에는 틀림없이 성적이 떨어질 것이라고 투덜댔다. 혹은 그 반대로 투덜대기도 했다. 카너먼은 지휘관에게 보편적인 사실 즉 무언가가 유난히 좋거나, 크거나, 무겁거나, 빠르면, 다음번에는 나쁘거나, 적거나, 가볍거나, 느릴 것이라는 사실을 일깨워주었다. 이것이 바로 평균의 정의다. 즉, 이상치$_{outlier}$가 등장하면 그 뒤에는 덜 극단적인 값이 나타나는 경향이 있다.

어떤 변수가 운에 따라 결정되지만 평균이 명확할 때 평균으로의 회귀가 관찰된다. 예를 들어, 유난히 IQ가 낮은 아버지를 둔 자녀들은 아버지보다 IQ가 높은 편이다. IQ 100이 중심점에 있는 종형 곡선을 그려보면 이를 증명할 수 있다. 이번에는 아버지의 IQ가 85임을 나타내는 지점에 수직선을 그려보자. 종형 곡선 아랫부분을 살펴보면 IQ 85를 기준으로 오른쪽 공간이 왼쪽보다 훨씬 크다. 이는 곧 자녀들이 아버지보다 IQ가 높을 가능성이 매우 크다는 것이다. 그들의 IQ가 100이라는 평균으로 회귀하기 때문이다.[*]

고민해볼 필요가 있는 질문을 하나 생각해보자. 그 질문은 바로 "어떤 변수를 고려해야 하는가?"라는 것이다. 다니엘 베르누이가 상트페테르부르크 역설을 해결하려고 애썼던 18세기 초 이후로 인간의 효용

---

[*] 동전 던지기나 룰렛 돌리기에는 평균으로의 회귀를 적용해서는 안 된다. 만약 이런 게임에 평균으로의 회귀를 적용하면 뒷부분에서 설명할 도박꾼의 오류에 빠지게 된다.

은 부의 관점에서 표현됐다. 부가 0인 점에서 출발한 효용 곡선은 계속해서 상승한다. 물론 증가 속도는 점차 둔화한다. 이것이 바로 지금까지 이 책에서 다룬 주제였다. 하지만 카너먼과 트버스키는 부가 적절한 변수라는 데 이의를 제기했다. 어쨌든 어제 400만 달러를 갖고 있었지만 100만 달러를 잃은 사람과 어제 100만 달러를 갖고 있었지만 추가로 10만 달러를 얻은 사람 중 누가 더 행복할까? 카너먼과 트버스키는 돈에 대한 누군가의 효용을 결정하는 기준은 '절대적인 부'가 아니라 '이익과 손실'이라고 주장했다. 현재의 부를 판단의 기준으로 삼고 그 관례적인 지점으로부터의 변화를 기준으로 돈 문제에 관한 결정을 분석해야 한다.[*]

### · 손실을 표현하느냐, 이익을 표현하느냐

편향된 결정을 내리게 되는 또 다른 잘 알려진 이유로는 표현 방식을 들 수 있다. 어떤 질문을 표현하는 방식 때문에 모순되는 답이 나올 수도 있다. 카너먼과 트버스키가 1981년에《사이언스》에 발표한 다음 실험을 생각해보자.

미국이 아시아에서 생겨난 특이한 질병이 발생할 상황에 대비하려고 한다. 이 질병은 600명의 목숨을 앗아갈 것으로 예상된다. 이 질병과 맞서기 위해 두 가지 프로그램이 제안됐다. 각 프로그램이 어떤 결과로 이어질지 정확하게 산출한 과학적 추정치가 다음과 같다고 가정해보자.

---

[*] 해리 마코위츠가 이미 비슷한 주장을 펼쳤다. 제8장을 참조하라.

→ 프로그램 A를 도입하면 200명의 목숨을 구할 수 있다.

→ 프로그램 B를 도입하면, 600명의 목숨을 구할 확률이 1/3, 그 누구의 목숨도 구하지 못할 확률이 2/3이다.

어떤 프로그램을 선호하는지 물었을 때 피험자의 75%은 프로그램 A를 택했다. 그런 다음, 다른 그룹의 피험자에게 똑같은 질문을 했다. 다만 이번에는 표현 방식을 달리 했다.

→ 프로그램 C가 도입되면, 400명이 목숨을 잃는다.

→ 프로그램 D가 도입되면 누구도 목숨을 잃지 않을 확률이 1/3, 600명이 목숨을 잃을 확률이 2/3다.

이번에는 75%의 피험자가 프로그램 D를 택했다. 사실 프로그램 A와 C, 프로그램 B와 D는 같은 것이다. 하지만 '200명의 목숨을 구할 수 있다'라는 문구는 긍정적으로 들리는 반면 '400명이 목숨을 잃는다'라는 문구는 매우 바람직하지 않게 들린다.

카너먼과 트버스키는 이 실험, 그리고 이 실험과 유사한 수많은 실험을 통해 두 가지 결론을 내렸다. 첫째, 질문을 할 때 현명하게 표현하면 피험자로부터 원하는 답을 끌어낼 수 있다. 예를 들면 신용카드 회사들은 고객의 소비를 유도하고자 하는 소매업체들이 총지급금액과 순지급금액의 차이를 신용카드 추가 요금으로 표현하지 말고 현금 할인으로 표현해야 한다고 주장한다. 추가 요금은 경비처럼 보이고,

현금 할인은 기회비용처럼 보이기 때문이다.

둘째, 첫 번째 경우(200명의 목숨을 구할 수 있다)처럼 이익의 측면에서 선택 가능한 방안을 표현하면, 다수의 피험자는 특정한 결과를 선택한다. 한마디로 위험을 회피하는 쪽을 택한다. 두 번째 경우(400명이 목숨을 잃는다)처럼 선택 가능한 방안을 손실의 측면에서 표현하면 사람들은 불확실한 대안을 택한다. 한마디로 위험을 감수하는 쪽을 택한다. 피험자들에게 "1만 달러를 얻을 가능성이 100%인 쪽과 2만 달러를 얻을 가능성이 50%인 쪽 중 어떤 쪽을 선호하는가?"라는 질문과 "1만 달러를 잃을 가능성이 100%인 쪽과 2만 달러를 잃을 가능성이 50%인 쪽 중 어떤 쪽을 선호하는가?"라는 질문을 던져보면 이 같은 현상이 더욱 분명하게 드러난다. 첫 번째 질문에는 대부분의 사람들이 위험을 회피하며 확실히 돈을 얻는 쪽을 선택한다. 두 번째 질문에는 대부분의 사람들이 위험을 추구하며, 손실이 발생할 가능성이 50%인 쪽을 택한다. 요약하면, 사람들은 이익 획득보다 위험 회피를 위해서 좀 더 기꺼이 위험을 감수한다.

### • 동전은 앞에 나온 결과를 기억하지 못한다

다음으로 도박꾼의 오류gambler's fallacy 편향은 룰렛이나 동전 던지기처럼 무작위로 결과가 나오는 사건과 관련해 '앞으로 어떤 일이 벌어질 것인가'에 관한 오해를 뜻한다. 동전 던지기 문제를 살펴보기 위해 상트페테르부르크 역설로 되돌아가 보자. 동전 던지기 게임을 할 때 다섯 번 연속 앞면이 나오면 다음번에는 뒷면이 나와 전체 기록이 정상 상태로 되돌아갈 것이라는 잘못된 믿음을 갖는 도박꾼들이 많다. 사실 이런 믿음은 완전히 잘못된 것이다. 동전 던지기는 완전히 독립적이며 동전은 그동안의 이력을 '기억'하지 못한다. 그러므로 앞으로 동전을 던졌을 때 뒷면이 나올 가능성은 항상 50%이다. 그렇다면 평균으로의 회귀는 어떨까? 무작위로 떨어지는 동전 던지기의 결과를 균등하게 만들기 위해서 동전 뒷면이 나와야 하는 것 아닐까? 그렇지 않다. 평균으로의 회귀는 다음번에 동전을 던진 결과나 룰렛을 돌린 결과에는 아무런 영향을 미치지 않는다. 물론, 수없이 동전을 던진 결과의 평균치를 생각하면 앞면이 나올 확률이 50%이고 뒷면이 나올 확률이 50%이지만, 하나의 개별 사건이 아닌 한 무리의 동전 던지기와 룰렛 돌리기에 적용되는 표현일 뿐이다. 평균으로의 회귀는 수없이 반복되는 경우에만 적용되는 반면 도박꾼의 오류는 바로 다음에 벌어질 단 하나의 사건을 잘못 이해한 것이다.[*]

동전 던지기 시나리오는 또 다른 편향을 보여준다. 무작위로 여러 차례 동전을 던졌을 때 앞면이 여섯 번 연속해서 나올 가능성과 뒷면-앞면-앞면-뒷면-앞면-뒷면 순서로 나올 가능성 중 어떤 가능성이 더 큰지 질문하면, 대다수의 사람은 후자를 택한다. 후자의 결과가 좀 더 무작위처럼 보이기 때문이다. 사실 기초적인 확률 이론에 의하면 두

---

[*] 룰렛 게임에서 한 가지 색깔이 연속해서 나온 최고 기록은 1943년에 미국의 어느 카지노에서 빨간색이 32회 연속해서 나온 것이다. 이런 일이 발생할 확률은 0.000000023%이다. 상트페테르부르크 역설 같은 상황에서 이런 일이 벌어진다면 약 43억 달러에 달하는 상금을 받게 된다. 하지만 서른한 번째로 룰렛을 돌릴 때 도박꾼이 21억 달러가 넘는 돈을 걸어야 한다는 사실을 기억해야 한다.

가지 일이 벌어질 가능성은 같다. 그럼에도 불구하고, 크기가 작은 표본이 훨씬 긴 추세의 특징을 그대로 갖고 있을 것으로 기대하는 사람이 많다. 이런 사람들은 뒷면-앞면-앞면-뒷면-앞면-뒷면이 무작위로 나오는 동전 던지기의 결과를 좀 더 잘 대표한다고 생각한다.

## 진리에 대담하게
## 의문을 제기하다

1979년, 이를 비롯한 많은 오류를 찾아낸 카너먼과 트버스키는 완전히 새로운 의사결정 모델을 만들어냈다. 베르누이의 부 효용 이론에서부터 폰 노이만과 모르겐슈타인의 공리에 이르기까지 오랫동안 공인되어 온 결정 이론을 새로운 이론으로 대체할 필요가 있다고 주장하기 위해서는 정말로 엄청난 대담성이 필요했다. 심지어 그들은 경제학자도 아니었기 때문에 많은 전통주의자들은 더욱 당황할 수밖에 없었다. 이스라엘의 두 심리학자가 수백 년 동안 이어져 온 사회적 통념에 의문을 제기하고 경제학의 중요한 인물들에 맞서기 위해서는 엄청난 후츠파가 필요했을 것이다. 그럼에도 경제학계의 가장 뛰어난 학술지 중 하나로 꼽히는 《이코노메트리카》에 공개된 두 사람의 논문 〈전망 이론: 위험이 있는 상황에서의 결정 분석〉Prospect Theory: An Analysis of Decision Under Risk은 실로 엄청난 영향을 미쳤다. 두 사람이 제시한 이론은 인간이 어떻게 결정을 '내려야만 하는가'가 아니라 인간이 '실제로 어떻게 결정을 내리는가'에 관한 새로운 이론이 됐다. 구글 스칼라에 따르면 이 논문은 거의 5만 번이나 인용됐다.

논문 초록에 글의 어조가 분명하게 명시되어 있었다. 두 저자는 논문 초록에서 "이 논문은 위험이 수반되는 의사결정 기술 모델로서의 효용 이론을 비난하는 글"이라고 밝혔다. 이 같은 폭탄선언 후에도 두 사람은 어조를 누그러뜨리지 않았다.

"흔히 해석되고 응용되긴 하지만 효용 이론은 적절한 기술 모델이 아니며, 우리는 위험이 있는 상황에서의 선택에 관한 다른 설명을 제안한다."

두 사람은 이 대체 모델에 '전망 이론'prospect theory이라는 이름을 붙였다. 여기서 '전망'prospect이란 투자 제안, 복권, 보험 계약 같은 불확실한 상황을 뜻한다.*

전망 이론에 의하면 위험이 따르는 상황에서의 결정은 두 단계로 진행된다. '편집 과정'editing process이라 불리는 첫 번째 단계에서 의사결정자들은 당면한 문제를 인간의 정신이 좀 더 쉽게 처리할 수 있는 무언가로 변화시킨다. 이를 위해서 휴리스틱이 동원된다. 물론 온갖 부가기능과 편향도 함께 등장한다. '평가 과정'evaluation process이라 불리는 두 번째 단계에서 의사결정자들은 대안을 평가하고 가장 바람직한 방안을 선택한다. 이를 위해서 대략적으로 확률을 기반으로 하는 가중 함

---

\* 이 단어는 배우자 선택, 주택 구매, 교육적인 가능성 혹은 좀 더 포괄적으로 보편적인 복지 등 다른 종류의 결정 문제를 뜻하기도 한다. 인용문은 '카너먼과 트버스키, 1979, 263'에서 발췌했다.

수와 효용 곡선을 활용한다.

편집 과정은 (1) 부호화coding, (2) 결합combination, (3) 분리segregation, (4) 상쇄cancellation, (5) 단순화simplification, (6) 우월성 탐지detection of dominance로 이루어져 있다. 이 모든 과정은 거의 무의식적으로 진행된다. 폰 노이만과 모르겐슈타인, 그리고 다른 게임 이론가들은 편집 과정 (2), (3), (4), (6)번에 반대하지 않을 것이다.*

첫 번째 단계인 부호화에서부터 베르누이의 세계관이 무너지기 시작한다. 스위스 출신 수학자 베르누이와 그의 뒤를 이은 다른 사상가들은 최종적인 부를 기준으로 모델을 만들어냈다. 하지만 어제 400만 달러를 갖고 있었지만 100만 달러를 잃은 사람과 어제 100만 달러를 갖고 있었지만 추가로 10만 달러를 얻은 사람 중 누가 더 행복한지 다시 생각해보자. 카너먼과 트버스키가 진행한 많은 실험을 통해 도출할 수 있는 이 질문에 대한 답은 '최종적인 부는 행복과 무관하다'는 것이다. 그보다는 의사결정자들은 어떤 중립점neutral point과 비교한 이익과 손실을 적절한 변수로 여긴다.

두 번째 단계인 결합에서 의사결정자들은 어떤 사건이 발생할 확률과 똑같은 결과가 발생할 확률을 서로 더해 전망을 단순화한다. 예를 들어 100달러를 딸 가능성 30%와 100달러를 딸 가능성 20%를 더하면 '100달러를 딸 가능성 50%'가 된다.

세 번째 단계인 분리에서는 전망을 구성하는 요소 중 위험이 없는

---

* 이것들은 합리적인 의사결정의 모든 공리에 부합하는 단순화 절차들이다.

요소가 위험한 요소와 구분된다. 예를 들어 180달러를 딸 가능성과 300달러를 딸 가능성이 각각 50%인 도박은 '180달러를 따게 될 가능성이 100%인 상황과 120달러를 따거나 아무것도 따지 못할 가능성이 각각 50%인 상황'으로 분리할 수 있다. 마찬가지로 60달러를 잃거나 280달러를 잃을 가능성이 각각 50%인 경우는 '60달러를 잃을 가능성이 100%인 상황과 아무것도 잃지 않을 가능성과 추가로 220달러를 잃을 가능성이 각각 50%인 상황'으로 바꿔서 이야기할 수 있다.

네 번째 상쇄에서는 두 가지 전망에 공통된 요소가 있으면 다음과 같이 표현할 수 있다.

(a) 230달러를 딸 가능성 20%, 260달러를 딸 가능성 30%와 70달러를 잃을 가능성 50%

(b) 230달러를 딸 가능성 20%, 360달러를 딸 가능성 30%와 135달러를 잃을 가능성 50%

의사결정자는 '230달러를 딸 가능성 20%'라는 공통된 요소를 분리한 후 다음 둘 중 하나를 고를 수 있다.

(a´) 260달러를 딸 가능성 30%와 70달러를 잃을 가능성 50%

(b´) 360달러를 딸 가능성 30%와 135달러를 잃을 가능성 50%

다섯 번째 단순화란 확률과 결과를 반올림하는 것을 뜻한다. 101달러를 낼 가능성이 49%인 상황을 반올림해서 '100달러를 얻을 가능성이 50%'라고 표현하는 것을 들 수 있다. 확률이 매우 낮거나 매우 높은 경우에는 각각 0%, 혹은 100%로 반올림할 수 있다. 다시 말해서 이런 사건은 아예 없는 셈 치거나 틀림없이 일어날 사건으로 여길 수 있다.

마지막 여섯 번째로 압도당하는 대안 즉, 다른 대안보다 결과가 적고 확률이 낮은 대안은 즉각 거부된다.

온갖 결점과 편향, 단점이 있는 이 같은 편집 과정이 끝나면, 의사결정자는 두 번째 단계인 평가 과정으로 이동한다. 수학적인 측면에서는 이 평가 과정이 기대효용 모델과 매우 유사하다. 하지만 실제로는 기대효용 모델과 전혀 같지 않다.

전통 경제학에 따르면, 여러 대안 중 하나를 선택할 때는 기대 부expected wealth를 극대화해야 한다. 달러로 나타낸 최종적인 부의 상태final wealth position에 발생 확률만큼 가중치를 부여한 다음, 기대 부가 가장 높은 대안을 선택하는 식이다. 경제적인 부를 극대화하는 것이 목표라면 이 방법은 여전히 옳다. 하지만 인간은 인간이기 때문에 각자 다르게 행동한다. 베르누이는 인간의 본성에 대한 통찰력을 담아 이를 "두카트로 나타낸 부"wealth in ducats를 "두카트로 나타낸 부의 효용"utility of wealth in ducats으로 바꾸었다. 이 모델에 따르면 '기대효용'이 가장 높은 대안을 선택해야 한다. 물론, 효용 곡선은 비록 증가 속도가 둔화하긴 하지만 계속해서 증가하는 것으로 가정됐다. 이 모델은 프리드먼과 새비지, 마코위츠가 효용 곡선에 구불구불한 모양을 추가할 때까지 2세기

동안 용인됐다.[*]

그러다가 카너먼과 트버스키가 등장해 일반적인 효용의 개념을 여러모로 수정했다. 카너먼과 트버스키는 관례적인 효용함수 대신 다음과 같은 세 가지 중요한 특징을 가진 '가치 함수'value function를 정의했다.

첫째, 인간은 의사결정을 할 때 부의 변화를 고려한다. 따라서 가치 함수는 최종적인 부가 아니라 손익에 좌우된다. 두 저자는 이 같은 주장을 뒷받침하기 위해 직접 세계 각지에서 학생들과 함께 진행한 연구를 인용했을 뿐 아니라 에른스트 하인리히 베버와 구스타프 테오도어 페히너의 연구 내용도 인용했다(제3장 참조). 베버와 페히너는 무게, 소음, 온도, 밝기를 이용한 실험을 통해 자극은 대체로 기준점 reference point에서 출발한 상대적인 값으로 인식된다는 사실을 증명해 보인 바 있다.[**] 따라서 카너먼과 트버스키의 가치 함수는 현재의 부를 기준으로 한 편차의 주관적인 값을 반영한다.

둘째, 이 책의 앞부분에서 한계효용체감 효과에 관해 이야기할 때 자세히 살펴봤듯이 사람들은 100을 얻는 것과 200을 얻는 것 간의 차이가 1,100을 얻는 것과 1,200을 얻는 것 간의 차이보다 크다고 생각한다. 마찬가지로, 의사결정자에게는 100을 잃는 것과 200을 잃는 것 간의 차이가 1,100을 잃는 것과 1,200을 잃는 것 간의 차이보다 크게 느

---

[*] 프리드먼과 새비지는 효용을 화폐소득 함수, 즉 소득이 0이면 효용이 0이 되는 함수로 여겼다. 하지만 마코위츠는 이미 현재의 부를 기준점으로 간주했었다.

[**] 카너먼과 트버스키, 1979, 279.

껴진다. 이전에 널리 인정받은 효용 곡선과 마찬가지로 가치 곡선 역시 이익이 발생하는 구간은 오목하게(즉, 위험 회피), 손실이 발생하는 구간은 볼록하게(즉, 위험 추구) 표현된다는 것이 전반적인 결론이다.

셋째, 부의 변화를 대하는 태도에 내재한 한 가지 중요한 특징은 "손실이 이익보다 더욱 크게 느껴진다는 것이다. 돈을 잃었을 때 느끼는 분노는 똑같은 금액의 돈을 얻었을 때 느끼는 쾌락보다 큰 것 같다."[*]

대개 사람들은 발생 가능성이 있는 이익보다 확실한 이익을 선호하며, 확실한 손실보다는 발생 가능성이 있는 손실을 선호한다. 카너먼과 트버스키는 대부분의 사람들이 50달러를 딸 가능성과 50달러를 잃을 가능성이 똑같은 내기를 거부한다고 주장한다. 이는 곧 대부분의 경우 손실의 가치 함수가 이익의 가치 함수보다 더 가파르다는 뜻이다(그래프 참조).

지금까지의 내용은 상당히 평범하다. 그러나 카너먼과 트버스키가 이전에 등장한 인물들과 정말로 다른 점은 확률을 다루는 방식에 있었다. 확률을 추산할 때 사용하는 경험 법칙은 사람마다 달라서 사람들이 이야기하는 확률에는 편향과 오류가 있을 수밖에 없다. 하지만 두 심리학자, 카너먼과 트버스키는 좀 더 중요한 사실을 알아냈다. 한 마디로 이들은 실험을 통해서 사람들이 자신들이 이야기한 확률을 의사결정 가중치decision weight로 바꿔놓는다는 사실을 발견했다. "의사결정 가중치는 어떤 사람이 인식하는 사건 발생 가능성뿐 아니라 해당

---

[*]  카너먼과 트버스키, 1979, 280.

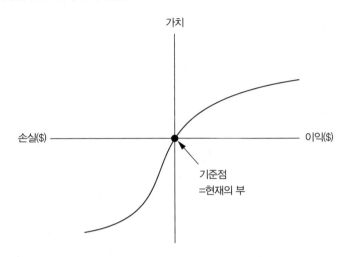

사건이 전망의 바람직성에 미치는 영향을 측정한다."[*]

　이런 변화는 몇 가지 규칙에 따라 발생한다. 의사결정 가중치는 기대효용 이론에서의 확률과 비슷한 역할을 하지만 카너먼과 트버스키는 두 척도 사이에 존재하는 몇 가지 중대한 차이점을 찾아냈다. 두 사람은 실험을 근거로 사람들이 의사결정 가중치가 (1) 준확실성 subcertainty, (2) 준가산성 subadditivity, (3) 준비례성 subproportionality의 성질을 갖고 있다고 여긴다는 사실을 발견했다. 뿐만 아니라 (4) 매우 낮은 확률을 제외하면 낮은 확률에는 가중치가 지나치게 많이 부과된다. 마지막으로 (5) 발생 가능성이 극도로 높거나 낮은 사건은 결코 평가 단계로 가지 못한다. 편집 단계에서 이미 처리되기 때문이다.

---

[*]　카너먼과 트버스키, 1979, 280.

첫 번째 준확실성subcertainty이란 사람들이 여사건complementary event(어떠한 특정 사건이 발생하지 않을 사건. 즉, A가 발생하지 않는 사건을 사건 A의 여사건이라 한다.-옮긴이)에 부여하는 의사결정 가중치의 합이 100%가 되지 않는다는 뜻이다. 예를 들어 확률이 89%와 11%인 알레의 역설을 생각해보자. 확률은 $p$, 해당 확률에 부여된 의사결정 가중치는 $\pi(p)$라고 표시해보자. 89%의 확률과 11%의 확률을 더하면 1.0이 되지만, 알레의 역설 내에서 의사결정 가중치 $\pi$(89%)와 의사결정 가중치 $\pi$(11%)의 합은 1.0이 아니다. 카너먼과 트버스키의 준확실성은 알레의 역설이 어떻게 생겨날 수 있는지 설명한다.[*]

두 번째 준가산성subadditivity은 피험자들에게 6,000달러를 받을 0.1%의 확률과 3,000달러를 받을 0.2%의 확률 중 어떤 것을 선호하는지 물었을 때 관찰됐다. 기대 상금은 같지만 대부분은 전자를 선호했다. 이는 곧 사람들이 0.2%의 가능성을 0.1%의 두 배보다 낮게 여긴다는 뜻이다. 실제로는 어떻건 상관없이 말이다. 다시 말해서, 의사결정 가

---

[*] 상금의 주관적인 가치를 $f$(달러로 표시한 금액)라고 표시하면 알레의 역설을 구성하는 두 가지 결정 문제를 다음과 같이 표현할 수 있다(아래 내용을 확인하기 전에 제9장을 다시 한번 읽어보는 것도 좋을 듯하다).
(A) $v(1,000) > \pi(0.10) \cdot v(500만) + \pi(0.89) \cdot v(100만) + \pi(0.01) \cdot v(0)$
그리고
(B) $\pi(0.10) \cdot v(500만) + \pi(0.90) \cdot \pi(0) > \pi(0.11) \cdot v(100만) + \pi(0.89) \cdot \pi(0)$
$v(0)=0$이기 때문에, (A)와 (B)는 다음과 같이 바꿔 쓸 수 있다.
(A') $[1-\pi(0.89)] \cdot v(100만) > \pi(0.10) \cdot v(500만)$
(B') $\pi(0.10) \cdot v(500만) > \pi(0.11) \cdot v(100만)$
따라서, 다음과 같이 쓸 수 있다.
$[1-\pi(0.89)] \cdot v(100만) > \pi(0.11) \cdot v(100만)$
혹은 이렇게 쓸 수도 있다.
$\pi(0.89) + \pi(0.11) < 1$

중치에 준가산성이 있는 것이다.[*]

　세 번째 준비례성subproportionality은 좀 더 미묘하다.[**] 여기서는 준비례
성이 의사결정 가중치 $\pi(p)$의 형태에 상당한 제약을 가한다고만 말해두
자. 의사결정 가중치의 로그는 확률 로그의 볼록 함수가 되어야만 한다.

　네 번째, 대개 낮은 확률에는 지나치게 많은 가중치가 부과된다.[***]
대부분의 사람이 5달러를 받을 100%의 가능성보다 5,000달러를 받
을 0.1%의 가능성을 선호한다는 사실을 통해 이를 증명할 수 있다.[****]
따라서 $p$라는 작은 값이 있으면, $\pi(p) > p$가 된다.

　다섯 번째, 양쪽 끝부분에서는, 즉 확률이 0%와 100%에 근접하면
의사결정 가중치가 제대로 정의되지 않는다. 이처럼 확률이 극단적

---

[*] 　실험 결과에 의하면 $\pi(0.001) \cdot v(6,000) > \pi(0.002) \cdot v(3,000)$이다. 따라서 $\pi(0.002)/\pi(0.001) < v(6,000)/$ $v(3,000)$이다. 돈의 한계가치marginal value는 한계효용과 마찬가지로 감소하기 때문에 $v(6,000)/v(3,000)$ $< 2$이다. 따라서, $\pi(0.002)/\pi(0.001) < 2$ 혹은 $\pi(0.002) < 2 \cdot \pi(0.001)$이다. 이것이 준가산성의 정의다.

[**] 이와 같은 두 가지 결정 문제에 대해 생각해보자.
　(A) 4,000달러를 받을 확률이 80%인 상황과 3,000달러를 받을 확률이 100%인 상황
　(B) 4,000달러를 받을 확률이 20%인 상황과 3,000달러를 받을 확률이 25%인 상황
　도박 (A)에서는 대다수의 사람이 확실한 쪽을 선호하고 도박 (B)에서는 대다수의 사람이 두 가지 대
안 중 첫 번째를 택한다. 하지만 문제 (B)가 문제 (A)와 같다는 사실을 기억해야 한다. (B)는 (A)를 3/4
만큼 축소한 것에 불과하다. 이는 곧,
　(A') $\pi(1) \cdot v(3,000) > \pi(0.80) \cdot v(4,000)$, 따라서, $\pi(0.80)/\pi(1) < v(3,000)/v(4,000)$
　그리고
　(B') $\pi(0.20) \cdot v(4,000) > \pi(0.25) \cdot v(3,000)$, 따라서, $v(3,000)/v(4,000) < \pi(0.20)/\pi(0.25)$.
　따라서, $\pi(0.80)/\pi(1.00) < \pi(0.20)/\pi(0.25)$, 혹은 보편적으로, $\pi(p)/\pi(q) < \pi(ap)/\pi(aq)$라고 표현할 수 있다.
여기에서 $a$는 상수이다.
　$Ln(\pi(p))$가 $Ln(\pi(p))$의 볼록 함수이면 이런 식이 성립한다.

[***] 의사결정 가중치의 속성을 지칭하는 과도한 가중치 부과overweighting와 희귀한 사건이 발생할 가능성
을 평가할 때 흔히 관찰되는 과대평가overestimation를 구분해야 한다. 과대평가는 휴리스틱의 결과다.

[****] $\pi(0.001) \cdot v(5,000) > v(5)$. 따라서 $\pi(0.001) > v(5)/v(5,000)$이고 한계 가치는 감소하기 때문에 $v(5,000) <$ $100 \cdot v(5)$이다. 그러므로, $\pi(0.001) > 0.001$이다.

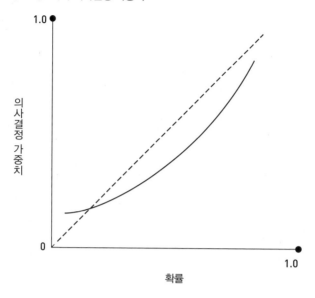

인 사건은 이미 처음에, 즉 편집 단계에 처리된다. 예를 들어 확률이 0.01%인 사건은 '결코 발생하지 않을 것'으로 여겨져 무시되고, 이런 사건의 의사결정 가중치는 사실상 0과 같아진다. 마찬가지로 확률이 99.99%인 사건은 '확실한 것'으로 여겨져, 사실상 의사결정 가중치가 100%가 된다. 이 같은 결론에 따라 의사결정 가중치를 묘사하는 곡선은 위 그래프처럼 보여야 한다.

## 실수를 저지르는 인간,
## 완벽하지 않은 시장

이 장에서는 현대에 등장한 판단과 의사결정에 관한 이론을 살펴보았다. 정통 경제학은 호모 오이코노미쿠스, 즉 수학 모델 속에 존재하는 가상의 인간이 합리적이고, 기대효용을 극대화하며, 감정이 없고, 정보를 수집하거나 처리할 때 실수하지 않는다고 가정했다. 하지만 호모 사피엔스, 즉 오늘날 실제로 이 세상을 살아가는 인간은 전혀 그렇지 않다. 허버트 사이먼(제11장 참조)은 실제 세계에서 발생하는 일에 대한 전통적인 가정의 모순을 인정한 최초의 인물 중 한 명이었다. 사이먼은 제한된 능력과 불완전한 기술 때문에 수학 모델이 규범 경제학에는 도움이 되지만 사람들의 실제 행동을 묘사하는 데에는 거의 도움이 되지 않는다고 주장했다. 그렇게 '제한된 합리성'과 '만족화'는 새로운 유행어가 됐다.

하지만 실제로는 제한된 합리성보다 더 많은 제약이 있다. 사람들이 인지 편향의 영향을 받는 것은 어쩔 수 없는 현실이다. 바로 이 대목에서 대니얼 카너먼과 아모스 트버스키가 등장했다. 판단이란 강도와 확률을 추정하는 것이다. 카너먼과 트버스키는 인간이 데이터를 수집하고, 끌어내고, 추측하기 위해 휴리스틱 즉, 경험 법칙을 이용한다는 사실을 발견했다.

전망 이론은 이런 식으로 수집한 정보를 의사결정에 어떻게 활용하는가에 관한 것이다. 카너먼과 트버스키는 실험을 통해 사람들이 위험이 따르는 상황에서 의사결정을 내리기 위해 활용하는 가치 함수와 의사결정 가중치의 몇 가지 색다른 특징을 찾아냈다.

과거의 정통 경제학은 수학 모델 자체는 완벽하며 사람들이 이따금 실수를 저지르더라도 그런 실수는 평균적으로 시장에서 사라져버린다고 생각했다. 그러나 카너먼과 트버스키는 그렇지 않다는 사실을 증명해 보였다. 그렇지 않은 정도를 넘어 사람들은 '체계적인 실수'를 저지른다. 따라서 그런 실수는 사라지지 않는다. 이는 곧 시장이 체계적으로 "틀린"wrong 것이라는 의미다.

진정한 패러다임의 변화였다.

# 제13장

# 잘못됐거나,
# 비합리적이거나,
# 그냥 어리석거나

18세기 초 상트페테르부르크 역설을 연구하던 다니엘 베르누이는 인간의 정신에 대한 놀라운 통찰력을 갖고 있었다. 하지만 그는 역설에 대한 답을 찾기 위해 수학을 이용했다.

18세기 말, 애덤 스미스는 1776년에 출판된 자신의 저서 《국부론》에서 수학에 대해 좀 더 신중한 태도를 보였다. 스미스는 "내게는 정치적인 계산에 대한 확고한 믿음이 없다."라고 주장하며 사례, 이야기, 일화, 문학 참고 자료 등을 이용해 자신의 이론을 뒷받침했다.[*] 사실

---

[*]   스미스, 1776, vol.4, 제5장, 534.

스미스는 자신의 저서 《도덕감정론》에서 개별 행동에 대한 심리학적 설명을 제안했으며 공정성과 정의에 대한 우려를 표현하기도 했다.

공리주의자 제러미 벤담은 효용의 심리학적 근거에 대해 많은 글을 썼다. 그럼에도 수학으로의 회귀는 늘 되풀이됐다. 19세기 말, 그리고 약 1970년대까지도 과학의 여왕이라 불리는 수학이 경제학을 지배했던 것이다. 먼저 한계주의자들이 수학을 택했고, 현대 경제 이론가들이 그 뒤를 따랐다. 경제학자들이 수학으로 되돌아간 까닭은 수학 모델의 정밀함과 엄격한 논리 때문이 아니라 수학을 절대적인 필요조건으로 여기는 자연 과학 분야의 동료들과 경쟁하기 위해서였다. '지배했다'라는 표현은 어쩌면 그 상황을 묘사하기에는 너무 관대한 표현일지도 모른다. 그보다는 경제학자들이 '수학을 택할 수밖에 없는' 상황이었다고 보는 편이 옳다. 사실 그런 분위기가 너무 팽배해서 실행 불가능한 공리로 가득하고 지나치게 틀에 박힌 모델들이 사실상 실생활과는 거의 관계가 없는 지경이 되어버렸다.

그러다가 허버트 사이먼이 현실 세계에서 실제로 벌어지고 있는 일을 묘사하기 위한 첫걸음을 내딛으면서 경제학을 새롭게 재고하려는 움직임이 나타났다. 과거 종교에서 진리라 말하는 이론을 거부하고 태양을 우주의 중심에 둔 이들이 자신의 생각을 굽히지 않았던 이유는 관측을 통해 그 같은 사실이 분명하게 드러났기 때문이다. 마찬가지로 사이먼은 호모 오이코노미쿠스가 지켜야 할 공리를 사실로 상정하는 대신 호모 사피엔스를 중심으로 모델을 발전시켰다. 사이먼은 인간의 제한적인 능력을 감안하여 제11장에서 자세히 살펴본 만족화를 의사결정에 관한 기술적 이론으로 발전시켰다.

편향과 휴리스틱에 관해 셀 수 없이 많은 실험을 진행한 다음 전망 이론이 위험이 따르는 상황에서의 의사결정을 묘사한다고 제안한 대니얼 카너먼과 아모스 트버스키가 그 배턴을 이어받았다. 카너먼과 트버스키는 심리학을 경제 이론의 새로운 여왕까지는 아니더라도 경제 이론의 왕자쯤으로 만들어주었다. 그렇다고 해서 두 사람이 제안한 모델에 수학이 포함되어 있지 않다는 뜻은 아니다. 다만, 두 사람이 제안한 기본 모델들이 엄격하고 융통성 없는 공리에 전적으로 의존하지는 않는다는 이야기다.

20세기 말과 21세기 초에는, 다시 경제학으로 되돌아왔지만 약간의 변화가 있었다. 카너먼과 트버스키의 연구에 커다란 영향을 받은 금융경제학자 리처드 탈러는 행동경제학behavioral economics이라고 알려진 분야를 창시했다. 상대적으로 새로운 분야인 행동경제학은 엄격한 공리를 기반으로 하는 수학 모델을 따르지 않는다. 행동경제학은 인간의 의사결정 과정을 밝혀내는 과정에서 편향, 의지 부족 같은 인간의 취약점을 고려한다. 탈러는 심리학과 경제학 간의 격차를 이어주는 존재였다.

## 인간은 항상 경제 이론을
## 무시하는 쪽으로 행동한다

탈러는 1945년에 뉴저지 북부에서 삼 형제 중 장남으로 태어났다. 모든 사람이 그가 언젠가 교수, 그것도 유명한 교수가 되리라 예상하지는 않았을 것이다. 그도 그럴 게 그는 고등학교에서 언제나 B학점을 받는 학생이었기 때문이다. 학교생활에서 별다른 두각을 나타내지 못하고 케이스웨스턴리저브대학교Case Western Reserve University에 입학한 탈러는 심리학과 경제학 사이에서 망설이다가 결국 취업 가능성이 큰 경제학과를 택했다. 하지만 취직을 해야 할 때가 되자 그는 단지 비즈니스 분야에서 일하고 싶지 않다는 이유로 대학원 진학을 결정한다. 탈러가 학계에서 가장 먼저 얻은 일자리는 로체스터대학교University of Rochester 조교수 자리였다.

탈러는 그곳에서 1년 동안 학생들에게 비용편익분석cost-benefit analysis을 가르친 후 로체스터경영대학원Rochester Graduate School of Management에서 종신 재직권 없이 풀타임으로 대학원생들을 가르치게 됐다. 그러면서 한가한 시간에 "사람들이 하는 바보 같은 행동", 즉 동료 경제학자들이 변칙적이거나 비합리적인 행동이라고 부를 만한 행동 패턴과 결정을 찾아내기 시작했다. 예를 들어 피험자들에게 사망률이 0.1%인 질병을 치료해주는 백신을 맞기 위해 얼마를 낼 생각이 있는지 묻고, 다른 피험자들에게는 얼마를 주면 사망률이 0.1%인 연구 실험에 참여하겠는지 질문했다. 탈러는 첫 번째 그룹은 치료를 위해 약 1만 달러를 내겠다고 답하는 반면 두 번째 그룹은 실험 참가를 위해 100만 달러를 요구한다는 사실을 발견했다. 왜 사람들은 어떤 위험을 감수하라는 요청을 받았을 때 똑같은 위험을 피하려고 내는 금액의 100배에 달하는 돈을 요구할까?

혹은 다음 시나리오를 생각해보자. S씨와 그녀의 남편은 콘서트 무료 입장권을 받았다. 안타깝게도 그날 저녁 폭우가 쏟아져 두 사람은 콘서트를 포기하게 된다. 두 사람은 돈을 내고 입장권을 구매하지 않았다. 만약 입장권이 무료가 아니었다면 두 사람의 결정이 달랐을까? 많은 사람이 이 질문에 '그렇다'라고 답할 것이다. 만약 직접 돈을 내고 입장권을 구매했다면 그 무렵에는 입장권 구매를 위해 지출한 돈이 이미 매몰비용이 되어버렸음에도 불구하고 사람들은 악천후를 뚫고 콘서트를 보러 갈 것이다(제12장 참조: 과거의 지출이 현재의 결정에 영향을 미쳐서는 안 된다).

혹은 이 시나리오는 어떤가? R씨는 몇 년 전 한 병에 약 5달러를 주고 좋은 와인 한 상자를 샀다. 현재, 와인 가게 주인이 한 병당 100달러를 주고 와인을 되사겠다고 제안한다. R씨는 와인 한 병당 35달러 이상을 지불할 생각이 없음에도 불구하고 이 같은 제안을 거절한다. 탈러가 찾아낸 소유 효과endowment effect에 의하면, 사람들은 어떤 제품을 지금 구매해야 할 때보다 자신이 이미 소유하고 있을 때 더 큰 가치를 부여한다.

혹은 이 시나리오를 한번 생각해보자. H씨는 직접 잔디를 깎는다. 이웃집 아들한테 잔디 깎는 일을 맡기면 8달러면 된다. 하지만 H씨는 이웃이 20달러를 주더라도 자신의 집 잔디와 크기가 같은 이웃집 잔디를 깎아줄 생각이 없다. H씨는 이웃집 아들의 제안을 거절하면서 자신이 사용해야 하는 노동의 '기회비용'opportunity cost, 즉 그 시간 동안 자신이 할 수 있을 법한 좀 더 수익성 높은 일을 외면한 것이다.

이러한 예는 끝이 없다. T씨는 카지노에 들어가 도박을 해 200달러를 딴다. T씨는 계속 도박을 해 딴 돈을 모두 잃는다. T씨는 200달러를 잃었지만 그다지 속상해하지 않을 수도 있다. 탈러가 심리적 회계mental accounting라고 이름 붙인 심리 때문에 자신이 잃은 200달러가 카지노의 돈이라고 생각하기 때문이다.

고전파 경제학자들에게는 이 모든 시나리오, 그리고 그 외의 수많은 시나리오가 잘못됐거나, 비합리적이거나, 그냥 어리석게 들릴 것이다. 고전파 경제학자들이 제안하는 '우아한 수학 모델'에 의하면 이런 행동은 애초에 발생해서는 안 된다. 실제로 이런 행동을 한다면 무지한 사람이 어떻게 행동해야 할지 몰라서 그런 일이 벌어진 것이라고 볼 수밖에 없다. 경제학자들은 이런 터무니없는 행동이 무작위적인 잡음에 불과하며 평균적으로는 결국 상쇄된다고 주장했다. 하지만 이런 관점은 옳지 않다. 대부분의 사람들이 이런 식으로 행동한다는 근거가 늘어나고 있는 만큼, 이런 현상을 더는 무시할 수 없다. 그래서, 도대체 어떤 일이 벌어진 것일까?

## 경제학과 심리학을
## 이어준 행동경제학

확실히 사람들은 똑같은 물건이라 하더라도 자신이 가지지 않은 것보다 자신이 소유한 것을 더욱 가치 있게 평가한다. 또한 매몰비용은 무시하지 않고 고려하는 반면, 기회비용은 부대비용으로 계산하지 않고 무시해버린다. 탈러가 찾아낸 변칙적인 현상이 발생하는 근본 원인은 똑같은 재화와 서비스를 구매하는 가격과 판매하는 가격이 현저하게 다르기 때문이다.

매몰비용 오류, 기회비용, 소유 효과 같은 변칙들을 어떻게 해석해야 할지 제대로 이해하지 못한 상태에서 이런 변칙들에 관해 고민하던 탈러는 카너먼과 트버스키의 연구를 발견하게 됐다. 두 사람의 연구는 눈이 휘둥그레질 만큼 놀라운 것이었다. 카너먼과 트버스키는 탈러가 궁금해하던 모든 질문에 대한 답을 가진 것처럼 보였다.

탈러가 카너먼과 트버스키에 대해 알게 됐던 1977년, 두 사람은 스탠퍼드대학교 행동과학 고등연구 센터Center for Advanced Study in the Behavioral Sciences에서 연구원으로 활동하고 있었다. 탈러는 같은 해에 전미경제연구소 스탠퍼드 지부에서 근무하게 됐고, 금세 카너먼과 친구가 됐다. 탈러는 그해에 카너먼으로부터 배우고 카너먼과 논의한 내용을 토대로 〈소비자 선택 실증 이론에 관하여〉Towards a Positive Theory of Consumer Choice라는 논문을 작성해 1980년에 《경제 행동과 조직 저널》Journal of Economic Behavior and Organization에 발표했다. 이 논문은 새롭게 떠오르는 행동경제학의 설립 기반이 됐다.

안타깝게도, 탈러의 동료들은 전혀 감명받지 않았다. 사실 누구도 관심을 보이지 않았으며 탈러를 도와주고 싶어 했던 멘토들은 그에게 '진짜 경제학'으로 복귀하는 것이 좋겠다고 제안했다. 당연하게도 탈러는 그들의 조언에 귀를 기울이지 않았고 예상대로 로체스터대학교는 탈러에게 종신 재직권을 주지 않았다. 하지만 다행스럽게도 그는 코넬대학교의 교수가 되어 그곳에서 이후 17년 동안 자신의 통찰력을 제대로 된 이론으로 발전시켰다.

1995년, 탈러는 동료들의 완강한 반대에도 불구하고 합리적 경제학 rational economics의 중심지였던 시카고대학교로 옮겼다. 시카고가 초합리주의자 밀턴 프리드먼을 배출한 곳이었다는 사실을 기억해보기 바란다. 하지만 그 무렵에는 더는 동료들의 조롱을 걱정할 필요가 없었다. 행동경제학이 이미 진가를 뿜내고 있었기 때문이다.

2015년, 개인의 의사결정에 관한 경제학적 분석과 심리학적 분석을 연결 짓는 역할을 해낸 이 인습타파주의자는 전미경제학회 회장으로 선출됐다. 그로부터 2년 후, 탈러는 "행동경제학에 대한 기여"를 인정받아 노벨 경제학상을 수상했다. 노벨상 위원회는 이후 대언론 공식 발표를 통해 이 같은 간략한 발표 내용에 살을 덧붙였다. 이 수상자는 "심리적으로 현실성 있는 가정을 경제적인 의사결정 분석에 통합시켰으며, 이와 같은 인간의 특성이 어떻게 개개인의 결정과 시장 결과에 체계적으로 영향을 미치는지 증명해 보였다."라는 내용이었다."[*] 탈러는 사람들이 '예상 가능한 방식으로 비합리적'임을 증명함으로써 인간의 행동을 좀 더 현실적으로 이해할 수 있는 쪽으로 경제학을 발전시

---

[*] 이 인용문은 노벨상 공식 사이트, 2017a, 2017b에서 인용한 것이다. 놀랍게도 마이클 루이스Michael Lewis는 자신의 베스트셀러 《언두잉 프로젝트》The Undoing Project에서 탈러가 노벨상을 받게 될 것이라고 예견했다. 혹은 추정했다고 볼 수도 있다. 루이스는 책의 278쪽에 '탈러가 미래의 노벨상 수상자가 될 것이라고는 그 누구도 생각지 않았다.'라고 썼는데 정작 이 책은 노벨상 수상자가 발표되기 몇 주 전이었던 2017년 가을에 발표됐다!

킬 수 있었다. 그리고 그 결과로 얻은 통찰력은 여러 공공 정책에 영향을 미쳤다.

## 선택의 과학을
## 현명하게 활용하는 법

탈러는 전통 경제학 모델을 인정하는 말로 〈소비자 선택 실증 이론에 관하여〉라는 자신의 유명한 논문을 시작했다.

"소비자 경제 이론은 실증 이론과 규범 이론을 결합한 것이다. 소비자 경제 이론은 합리적 극대화 모델rational maximizing model을 기반으로 하기 때문에 소비자가 어떻게 선택해야 하는지 설명한다. 하지만 그와 동시에 소비자가 실제로 어떻게 선택하는지도 설명한다."

탈러는 "명확하게 정의된 몇몇 상황에서 많은 소비자가 경제 이론과 모순되는 방식으로 행동하기 때문에" 그것이 문제라고 주장했다. "이런 상황에서는 경제 이론이 행동을 예측할 때 체계적인 오류를 범하게 된다."* 따라서 카너먼과 트버스키의 전망 이론을 '기술 이론'descriptive theory으로 사용하는 것이 옳다.

그런 다음 탈러는 전통 경제학자라면 변칙적인 것으로 분류하겠지만 자신은 "경제적인 정신적 착각"economic mental illusion이라고 부르는 여

---

\* 탈러, 1980, 39.

400

러 유형의 행동에 대해 논의한다. 탈러가 사용하는 용어에 의하면 기회비용을 낮게 평가하는 행동, 매몰비용을 무시하지 않는 행동, 최적이라고 보기 힘든 검색 행동, 선택하지 않는 쪽을 선택하는 행동, 자제력 부족 등은 소비자들이 규범 모델의 예측에서 벗어날 가능성이 특히 많은 부류의 문제다. 이는 일반적인 통념을 완전히 부인하는 주장이었다.

"행동을 예측하는 능력을 근거로 실증 이론을 평가해야 한다는 프리드먼과 새비지의 주장에 동의한다. 그러나 내가 판단하기에 이 논문에서 살펴본 부류의 문제들과 관련해서는 경제 이론이 이 테스트를 통과하지 못한다."

한 예로 탈러는 프리드먼과 새비지가 언급한 당구 사례를 문제 삼는다. 당구를 치는 사람이 머릿속으로 비압축성 구의 물리학과 관련된 수학 공식을 계산하지는 못하지만 '마치 그런 것처럼' 행동한다는 두 사람의 주장을 떠올려보기 바란다. 탈러는 가장 뛰어난 당구 선수의 경우라면 그럴 수 있을지도 모른다고 이야기한다. 즉, 프리드먼과 새비지의 수학 모델이 프로 당구 선수의 행동을 예측하는 데 도움이 된다는 것이다. 하지만 당구를 즐기는 대다수의 사람들은 전문가가 아니므로 "두 명의 비전문가에 관한 모델을 어떻게 구축할 수 있을지 생각해보는 것이 유익하다."

당구에 갓 입문한 초보와 당구 실력이 중간쯤 되는 사람들은 전문가와는 상당히 다른 방식으로 계획을 세우고 샷을 한다. 그렇다. 그들은 경험 법칙과 휴리스틱을 이용해 당구를 한다. 또한 그들의 제한적인 능

력을 고려하면, 그들의 그런 행동은 완전히 합리적인 것일지도 모른다.[*]

　마찬가지로 경제 이론 비전문가들(그리고, 데이터 수집, 확률 이론, 계산 부문에서 활동하는 비전문가들과 대다수의 소비자) 역시 전문가처럼 행동하지 않는다. 물론, 그들 역시 제한된 합리성의 범주 내에서는 상당히 합리적이다.

　탈러는 논문에서 다음과 같은 결론을 내렸다. "내가 주장하는 바는 본질적으로 이야기하자면 전통적인 소비자 행동 경제 모델은 로봇 같은 전문가에게나 어울리는 모델이라는 것이다. 따라서 평균적인 소비자의 행동은 제대로 예측하지 못한다. 평균적인 소비자가 멍청해서 그런 것이 아니라 어떻게 결정을 내릴지 고민하는 데 모든 시간을 쏟아붓지 않기 때문이다."[**]

　비도덕적인 목적을 위해 정신적으로 손쉬운 방법, 편향, 휴리스틱에 쉽게 빠져드는 소비자들의 성향을 악용하는 경우도 있다는 사실을 기억해둘 필요가 있다. 카지노는 슬롯머신에서 돈을 딸 가능성이 실제보다 크다고 생각하게 만드는 것으로 악명이 높다. 사기꾼들은 쉽게 넘어가는 피해자들의 습성을 악용한다. 기후변화를 부정하는 사람들은 일회적인 사건을 통계적인 근거와 뒤섞어버린다.

　반면, 똑같은 습성을 이용해 사람들이 자신에게 득이 되는 행동을 하도록 유도할 수도 있다. 탈러는 하버드 법대 교수 캐스 선스타인Cass

---

[*]　탈러, 1980, 57, 58.

[**]　탈러, 1980, 58.

Sunstein과 함께 《넛지》라는 적절한 제목의 책을 공동 집필했다(nudge 라는 영어 단어에는 '슬쩍 찌르다', '주의를 환기시키다'라는 뜻이 있다.—옮긴이). 이 책의 부제를 통해 알 수 있듯, 이 책은 건강, 부, 행복에 관한 결정을 개선하는 방법Improving Decisions About Health, Wealth, and Happiness에 관한 책이다. 선택 가능한 대안을 다르게 표현하거나 기준이 되는 선택 방안을 변경하면 좀 더 나은 방안을 선택하도록 부드럽게gently 즉, 자연스럽게 유도할 수 있다. 예를 들면 학교 구내식당은 가장 건강한 음식을 맨 앞에 진열해 학생들이 좀 더 건강한 식사를 하도록 유도할 수 있다. 가장 앞쪽에 두면 아무래도 학생들이 해당 음식을 선택할 가능성이 높기 때문이다. 또한 직원들의 사내 운동 프로그램 참여율을 높이려면 원하는 직원에게 참가할 기회를 주는 방법보다 원하지 않는 직원에게 불참할 기회를 주는 방법이 좀 더 효과적일 수 있다.

자신들의 견해가 옳다고 확신했던 탈러와 선스타인은 적극적으로 의견을 피력했다. 두 사람은 "사람들의 선택을 인생이 개선되는 방향으로 유도하기 위해" 정부를 비롯한 모든 조직이 선택의 과학science of choosing을 활용해야 한다고 선언했다. 그 결과로 노후 자금 증가, 좀 더 현명한 투자, 비만 감소, 좀 더 자선을 베푸는 삶, 좀 더 깨끗한 환경, 교육 시스템 개선 등의 효과가 나타날 수도 있다. 탈러는 미국의 인기 스타 셀레나 고메즈와 함께 카메오로 출연한 영화 〈빅쇼트〉에서 "사람들이 항상 논리적으로 행동할 것이라는 생각은 말도 안 된다."라고 주장한다. 두 사람은 카지노 장면에서 등장해 '뜨거운 손 오류'hot-hand fallacy(농구 경기에서 슛을 연달아 성공시킨 선수에게 패스가 집중되는 현상에

서 비롯된 표현으로 어떤 사람이 한 가지 일을 잘 해내면 다른 일도 잘 해낼 것
이라고 믿는 오류—옮긴이)에 대해 설명했다.[*]

'부드럽게'라는 수식어에도 불구하고, 모든 사람이 이들의 주장을
받아들인 것은 아니었다. 사실 탈러와 선스타인의 입장은 "아빠가 제
일 잘 알아"Father Knows Best라는 식이었으며, 큰 정부를 비판하는 사람
들은 탈러와 선스타인이 시민의 자유 의지에 대한 정부의 개입을 지
지한다며 분개했다. 탈러와 선스타인은 일종의 '자유주의적 개입주
의'libertarian paternalism를 추천했을 뿐이라며 반박했고, 영국 일간지 〈가디
언〉The Guardian은 넛지가 "좌파나 우파를 넘어서는 것"beyond left and right이
라고 묘사했다. 넛지가 "진보적인 목적을 달성하기 위해 우파적인 수
단을 사용한다."는 것이었다.[**]

이 논쟁에 〈가디언〉이 끼어든 이유가 있었다. 데이비드 캐머런David
Cameron 영국 총리가 이끄는 행정부는 2010년에 '넛지 부서'nudge unit라는
별칭의 행동통찰팀Behavioural Insights Team을 설립해 정책 개발에 나섰고,
탈러는 이 팀의 정식 고문이 됐기 때문이다. 또한 미국에서는 버락 오
바마 대통령이 선스타인에게 행동경제학의 개념을 응용해 관련 내용
을 정책에 반영하는 역할을 맡겼다.

여기서 더 나아가 탈러는 자신의 연구 결과를 현금화할 방법을 금세

---

[*]   탈러와 선스타인, 2008, 5; 맥케이, 2015.

[**]  차크라보티Chakrabortty, 2008. 이 기사는 나쁜 목적을 위해서 같은 방법이 사용될 수도 있다는 사실에
      대해서는 언급하지 않았다.

떠올렸다. 그는 워싱턴주립대학교 금융학부 학과장을 지낸 투자 관리사 러셀 풀러Russel Fuller와 함께 "투자자는 실수를 한다. 우리는 투자자들이 저지르는 실수를 찾아낸다."라는 모토 아래 풀러앤드탈러Fuller & Thaler라는 자산 관리 회사를 공동 설립했다.[*] 풀러앤드탈러의 기업 성명서에는 두 종류의 실수가 존재한다고 설명돼 있다. 먼저, 투자자들이 나쁜 뉴스와 극심한 공포에 과도하게 반응할 수도 있고, 좋은 소식에 충분히 관심을 기울이지 않는 등 좋은 소식에 미온적으로 반응할 수도 있다. 두 가지 실수 모두 행동경제학의 복잡성에 푹 빠져 있는 투자자에게는 구매 기회를 제공한다.

풀러앤드탈러는 행동 금융behavioral finance 원칙을 앞세워 약 90억 달러의 자산을 관리 중이다. 앞서 설명했듯이, 풀러앤드탈러의 전략은 부정적인 소식에 과도하게 반응하고 유리한 정보에 지나치게 미온적으로 반응하는 시장의 태도를 이용하는 것이다. 그래서 이들은 미래 전망에 관한 부정적인 소식의 영향을 받는 주식과 오랫동안 실망스러운 성과를 보인 후 회복의 징후를 보이는 기업에 투자하는 전략을 취한다.

의식 있는 시민으로서, 탈러는 지역사회에 도움이 되는 방향으로 행동경제학을 활용하기 위해 자신의 본분을 다했다. 영국 행동통찰팀에서 중요한 역할을 했을 뿐 아니라 오바마 행정부에서 비공식적인 고문의 역할을 하며 오바마가 2012년 재선에 성공할 수 있도록 도왔다.

---

[*]  풀러앤드탈러, http://www.fullerthaler.com/about.

# 미래의 경제학은
# 어떤 모습일까?

지금까지의 내용을 간략히 정리하면 이렇다. 허버트 사이먼은 인간이 '제한된 합리성'을 갖고 있다고 설명하며 효용 극대화를 만족화로 대체했다. 그리고 대니얼 카너먼과 아모스 트버스키는 "합리적인 행위자 모델에서 가정되는 최적의 믿음 및 행동을 사람들의 보편적인 믿음 및 행동과 구분짓는 체계적인 편향을 탐색해" 제한된 합리성이 무엇인지 증명해 보였다.* 리처드 탈러는 현재로서는 최후의 수단이라고 알려진 방법을 선택했다. 그는 카너먼과 트버스키가 실험을 통해 찾아낸 결과를 합리적 선택 이론의 변칙에 적용해 의사결정의 심리학을 행동 경제 모델에 통합시켰다.

그다음에 나타날 이론은 무엇일까? 인공지능? 로봇 같은 합리성일까?

오직 시간만이 말해줄 것이다.

---

\* 카너먼, 2003, 1449.

Albee, Ernest. 1902. A History of English Utilitarianism, London: Swan Sonnenschein & Co.

Allais, Maurice. 1943. À la Recherche d'une Discipline Économique [In quest of an economic discipline]. Paris: Ateliers Industria.

———. 1947. Économie et Interêt [Economy and interest]. Paris: Impri merie Nationale.

———. 1953. "Le Comportement de l'Homme Rationnel devant le Risque: Critique des Postulats et Axiomes de l'Ecole Americaine." (Behavior of rational man when faced with risk: critique of the postulates and axioms of the American School.) Econometrica 21 (4): 503–546.

———. 1988. "An Outline of My Main Contributions to Economic Science. Nobel Lecture, December 9, 1988." American Economic Review 87

(6): 3 – 12.

Aristotle. 1906. Nicomachean Ethics [c.340 BCE]. London: Kegan Paul. https://www.stmarys-ca.edu/sites/default/files/attachments/files/ Nicomachean_Ethics_0.pdf.

———. Politika [c.350 BCE]. Available online at http://classics.mit.edu/ Aristotle/politics.html.

Arrow, Kenneth. 1951. Social Choice and Individual Values. New York: Wiley.

———. 1965. Aspects of the Theory of Risk Bearing. Helsinki: Yrjö Jahnssonin.

Ashley-Cooper, Anthony, 3rd Earl of Shaftesbury. 1711. Characteristicks of Men, Manners, Opinion, and Times, 3 vols. (Reprinted by Kessinger Publishing, Whitefish NY, 2010.)

Bentham, Jeremy. 1843. The Works of Jeremy Bentham, Published Under the Supervision of His Executor, John Bowring, 11 vols. Edinburgh: Tait. https://oll.libertyfund.org/titles/bentham-works-of-jeremy-bentham-11-vols.

———. "Fragment on Government," in Works, 1843, Vol. I.

———. "A Manual of Political Economy," in Works, 1843, Vol. III.

———. Pannomial Fragments, in Works, 1843, Vol. III.

———. Principles of the Civil Code, in Works, 1843, Vol. I.

———. "Principles of Morals and Legislation," in Works, 1843, Vol. I.

———. "Short Review of the Declaration," in An Answer to the Declaration of Independence, ed. John Lind, 1776. https://archive.org/details/ cihm_20519/page/n17, 119 – 132.

Bernoulli, Daniel. 1954. "Specimen Theoriae Novae De Mensura Sortis" [Exposition of a new theory for the measurement of chance], 1738;

published in English in Econometrica 22: 23 – 36.

Bernoulli, Nikolaus. 1709. De Usu Artis Conjectandi in Jure [On the use of the technique of conjecturing on matters of law], https://books. google.co.il/books?id=4xd8nQAACAAJ&printsec=frontcover&so urce=gbs_ge_summary_r&cad=0#v=onepage&q&f=false English translation https://www.cs.xu.edu/math/Sources/NBernoulli/de_ usu_artis.pdf.

Bordas, Louis. 1847. "De la mesure de l'utilité des travaux publics." Annales des Ponts et Chaussées 2nd ser. 249 – 284.

Chakrabortty, Aditya. 2008. "From Obama to Cameron, Why Do So Many Politicians Want a Piece of Richard Thaler?" Guardian, July 12, https://www.theguardian.com/politics/2008/jul/12/economy. conservatives.

Collison Black, R. D., ed. 1973. Correspondence, 1850 – 1862. Vol. 2 of Papers and Correspondence of William Stanley Jevons. London: Palgrave Macmillan.

———. 1977a. Correspondence, 1863 – 1872. Vol. 3 of Papers and Corre spondence of William Stanley Jevons. London: Palgrave Macmillan.

———. 1977b. Correspondence, 1873 – 1878. Vol. 4 of Papers and Corre spondence of William Stanley Jevons. London: Palgrave Macmillan.

Collison Black, R. D., and Rosamond Konekamp, eds. 1972. Biography and Personal Journals. Vol. 1 of Papers and Correspondence of William Stanley Jevons. London: Palgrave Macmillan.

Conlisk, John. 1996. "Why Bounded Rationality?" Journal of Economic Literature 34 (2): 669 – 700.

Copeland, Arthur. 1945. "Review: John von Neumann and Oskar Morgenstern, Theory of Games and Economic Behavior." Bulletin of the American Mathematical Society 51: 498 – 504.

Cournot, Antoine. 1838. Recherches sur les principes mathématiques de la théorie des richesses. Paris: Hachette.

Debreu, Gérard. 1972. Theory of Value: An Axiomatic Analysis of Economic Equilibrium. Cowles Foundation Monographs Series. New Haven, CT: Yale University Press.

Devlin, Keith. 2008. The Unfinished Game: Pascal, Fermat, and the Seventeenth-Century Letter That Made the World Modern. New York: Basic Books.

Diogenes Laërtius. n.d. Lives of the Eminent Philosophers, 180 – 270 CE. https://en.wikisource.org/wiki/Lives_of_the_Eminent_ Philosophers.

Dockès, Pierre. 1996. La société n'est pas un pique-nique: Léon Walras et l'économie sociale. [Society is no picknick: Léon Walras and social economics], Paris: Économica.

Dupuit, Jules. 1844. "De la mesure de l'utilité des travaux publics" [On measuring the usefulness of public works]. Annales des Ponts et Chaussees. Reprinted in Revue Française d'Économie 10, no. 2 (1995): 55 – 94, http://bibliotecadigital.econ.uba.ar/download/ Pe/181746.pdf.

———. 1849. "De l'influence des péages sur l'utilité des voies de communi cation." [About the influence of tolls on the utility of transportation routes], Annales des Ponts et Chaussées, 2nd ser.: 170 – 248.

Ellsberg, Daniel. 1961. "Risk, Ambiguity, and the Savage Axioms." Quarterly Journal of Economcs 75: 643 – 669.

———. 2001. Risk, Ambiguity, and Decision. New York: Garland.

———. 2006. "Extended Biography." http://www.ellsberg.net/bio/extendedbiography/.

Epicurus. n.d. Letter to Menoeceus, https://users.manchester.edu/Facstaff/
SSNaragon/Online/texts/316/Epicurus,%20LetterMenoeceus.pdf.

Epicurus. n.d. Vatican Sayings, (14th century). http://epicurus.net/en/
vatican.html.

Fechner, Gustav Theodor. 1860. Elemente der Psychophysik [Elements of
psychophysics]. Leipzig, Germany: Breitkopf & Härtel.

Fisher, Irving. 1961. Mathematical Investigations in the Theory of Value
and Prices. Originally published in 1892. New York: A. M. Kelley.

Forrester, John. 2004. "Freud in Cambridge." Critical Quarterly 46 (2): 12.

Friedman, Milton, and L. J. Savage. 1948. "The Utility Analysis of Choices
Involving Risk." Journal of Political Economy 56 (4): 279 – 304.

———. 1952. "The Expected-Utility Hypothesis and the Measurability of
Utility." Journal of Political Economy 60 (6): 463 – 474.

Fuller & Thaler Asset Management. n.d. About the Company, https://
www.fullerthaler.com/about.

Galavotti Maria C., ed. 2006. Cambridge and Vienna: Frank P. Ramsey and
the Vienna Circle. Heidelberg, Germany: Springer.

Gossen, Hermann Heinrich. 1854. Entwickelung der Gesetze des
menschlichen Verkehrs, und der daraus fliessenden Regeln
für menschliches Handeln [Development of the laws of
human commerce, and of the resulting rules of human action].
Braunschweig, Germany: Friedrich Vieweg und Sohn.

Hurwicz, Leonard. 1945. "The Theory of Economic Behavior." American
Economic Review 35 (5): 909 – 925.

Huygens, Christiaan. 1657. "De ratiociniis in aleae ludo" [On Reasoning
in Games of Chance]. In Frans van Schooten, Exercitationum

Mathematicarum. Leyden, Netherlands: Johannis Elsevirii, 521 – 534.

Jaffé, William. 1935. "Unpublished Papers and Letters of Léon Walras." Journal of Political Economy 43 (2): 187 – 207.

———. 1954. Translation of "Elements of Pure Economics", London: George Allen and Unwin.

———. 1983. William Jaffé's Essays on Walras, ed. Donald A. Walker. Cambridge: Cambridge University Press.

Jefferson, Thomas. 1816. Letter to P. S. Dupont de Nemours, April 24. http://www.let.rug.nl/usa/presidents/thomas-jefferson/letters-of-thomas-jefferson/jefl243.php.

Jevons, Stanley. 1863. A Serious Fall in the Value of Gold Ascertained, and Its Social Effects Set Forth, with Two Diagrams. London: Edward Stanford.

———. 1865. The Coal Question: An Inquiry Concerning the Progress of the Nation and the Probable Exhaustion of Our Coal Mines. London and Cambridge: Macmillan.

———. 1866. "A Brief Account of a General Mathematical Theory of Political Economy." Journal of the Royal Statistical Society 29: 282 – 287.

———. 1871. The Theory of Political Economy, 2nd ed. (5th ed., 1879; reprinted New York: August N. Kelley, 1957, 1965). https://archive.org/stream/JevonsW.S1871TheTheoryOfPoliticalEconomy/Jevons%2C%20W.%20S%20%281871%29%2C%20The%20Theory%20of%20Political%20Economy_djvu.txt.

Kahneman, Daniel. 2002. Maps of Bounded Rationality: A Perspective on Intuitive Judgment and Choice, Nobel Prize Lecture, https://www.nobelprize.org/uploads/2018/06/kahnemann-lecture.pdf.

———. 2003. "Maps of Bounded Rationality: Psychology for Behavioral Economics." American Economic Review 93 (5): 1449 – 1475.

Kahneman, Daniel, and Amos Tversky. 1972. "Subjective Probability: A Judgment of Representativeness." Cognitive Psychology 3: 430 – 454.

———. 1979. "Prospect Theory: An Analysis of Decision Under Risk." Econometrica 47 (2): 263 – 292.

Keynes, John Maynard. 1921. Treatise on Probability. London: Macmillan.

———. 1930. "F. P. Ramsey." Economic Journal 40: 153 – 154.

Klausinger, Hansjörg. 2013. Academic Anti-Semitism and the Austrian School: Vienna, 1918 – 1945. Department of Economics, Wirtschaftsuniversität Wien, Working Paper 155.

Kolmogorov, Andrey Nicolayevich. 1933 [1950]. Foundations of the Theory of Probability, 2nd English ed., New York: 1950.

Kuntze, Johannes Emil. 1982. Gustav Theodor Fechner (Dr. Mises) Ein deutsches Gelehrtenleben. Leipzig, Germany: Breitkopf & Härtel.

Laplace, Pierre-Simon. 1814. Théorie analytique des probabilités, 2nd ed. Paris: Courcier.

———. 1840. Essai philosophique sur les probabilités, 6th ed. [Philosophical essay on probability]. Paris: Bachelier, 1840 (Originally published in 1814).

Leonard, Robert. 2010. Von Neumann, Morgenstern, and the Creation of Game Theory, Cambridge: Cambridge University Press.

Lewis, Michael. 2016. The Undoing Project: A Friendship That Changed Our Minds. New York: Norton.

Lissner, Will. 1946. "Mathematical Theory of Poker Is Applied to Business Problems." New York Times, March 10.

Locke, John. 1690. "An Essay Concerning the True Original Extent and End of Civil Government," in Two Treatises on Government. (Reprinted Boston: Edes and Gill, 1773.)http://www.bookwolf. com/newsite_0920_No_Use/Wolf/pdf/JohnLocke-essayConcerning TheTrueOriginalExtenet.pdf.

Markowitz, Harry. 1952a. "The Utility of Wealth." Journal of Political Economy 60 (2): 151–158.

——. 1952b. "Portfolio Selection." Journal of Finance 7 (1): 77–91.

——. 1990. Nobel Prize Lecture, https://www.nobelprize.org/prizes/ economic-sciences/1990/markowitz/biographical/.

Marschak, J. 1946. "Neumann's and Morgenstern's New Approach to Static Economics." Journal of Political Economy 54 (2): 97–115.

Martin, Douglas. 2010. "Maurice Allais, Nobel Winner, Dies at 99." New York Times, October 11.

Marx, Karl. 1867. Das Kapital, Volume I., https://www.marxists.org/ archive/marx/works/download/pdf/Capital-Volume-I.pdf.

McKay, Adam. 2015. The Big Short. Regency Enterprises and Plan B Entertainment.

Menger, Carl. 1871. Grundsätze der Volkswirthschaftslehre [Principles of economics]. Vienna: Wilhelm Braumüller.

——. 1883. Untersuchungen über die Methode der Socialwissenschaften [Inquiries into the methods of the social sciences].Leipzig, Germany: Duncker und Humblot.

——. 1884. Die Irrthümer des Historismus in der deutschen Nationa lökonomie [The errors of historicism in German political economy]. Vienna: Alfred Hölder.

Morgenstern, Oskar. 1976. "The Collaboration Between Oskar

Morgenstern and John von Neumann on the Theory of Games."
Journal of Economic Literature 14: 805 – 816.

———. n.d. Oskar Morgenstern Papers, Rubenstein Rare Book and Manuscript
Library, Duke University.

NobelPrize.org. 2017a. "Press Release: The Prize in Economic
Sciences 2017." https://www.nobelprize.org/prizes/economic-
sciences/2017/press-release/.

———. 2017b. "The Prize in Economic Sciences 2017." https://www.
nobelprize.org/prizes/economic-sciences/2017/summary/.

Planck, Max. 1948. Wissenschaftliche Selbstbiographie. Leipzig, Germany:
Johann Ambrosius Barth Verlag.

Pratt, John. 1956. Some Results in the Decision Theory of One-Parameter
Multivariate Polya-Type Distributions. PhD thesis, Stanford
University, 1956.

———. 1964. "Risk Aversion in the Small and in the Large." Econometrica
32 (1/2): 122 – 136.

———. 1995. Introduction to Statistical Decision Theory. Cambridge, MA:
MIT Press.

Programme on Women's Economic, Social, and Cultural Rights. 2015.
Human Rights for All: International Covenant on Economic, Social
and Cultural Rights (1966). http://www.pwescr.org/PWESCR_
Handbook_on_ESCR.pdf.

Pulskamp, Richard J., trans. 2013. "Correspondence of Nicolas Bernoulli
Concerning the St. Petersburg Game," in Die Werke von Jakob
Bernoulli, Vol. 3, http://cerebro.xu.edu/math/Sources/NBernoulli/
correspondence_petersburg_game.pdf.

Rabl, Carl. 1909. Geschichte der Anatomie an der Universität Leipzig,

https://archive.org/stream/geschichtederana00rabluoft/
geschichtederana00rabluoft_djvu.txt.

Ramsey, Frank Plimpton. 1926. "Truth and Probability," in The Foundations
of Mathematics and Other Logical Essays, ed. R. B. Braithwaite. New
York: Harcourt, Brace, and Company, 1926, 156 – 198.

———. 1927. "A Contribution to the Theory of Taxation." The Economic
Journal 37 (145): 47 – 61.

———. 1928. "A Mathematical Theory of Saving." The Economic Journal 38
(152): 543 – 559.

Rémond de Montmort, Pierre. 1713. Essay d'analyse sur les jeux de hazard,
Jacques Quillau Imprimeur–juré libraire de l'Université, https://
books.google.co.il/books?id=e6EXbosJmt8C&printsec=frontcover
&source=gbs_ge_summary_r&cad=0#v=onepage&q&f=false.

Roscoe, William. 1802. The Butterfly's Ball, and the Grasshopper's Feast.
London: J. Harris.

Royal Swedish Academy of Sciences. 2002. "Press Release." https://www.
nobelprize.org/prizes/economic–sciences/2002/press–release/.

Sampson, A. R., and B. Spencer. 1999. "A Conversation with I Richard
Savage." Statistical Science 14 (1): 126 – 148.

Samuelson, Paul. 1986. Collected Scientific Papers, Vol. V. Cambridge, MA:
MIT Press.

Savage, Leonard. 1954. Foundations of Statistics. New York: Wiley.

Schmoller, Gustav von. 1883. "Zur Methodologie der Staats–und
Sozial–Wissenschaften" [On the methodology of political and
social sciences]. Jahrbuch für Gesetzgebung, Verwaltung und
Volkswirtschaft im Deutschen Reich, 7, 239 – 258. https://www.
digizeitschriften.de/dms/img/?PID=PPN345575393_0007%7CLOG_

0044.

———. 1884. "Comments on Menger's 'Die Irrthümer des Historismus.' " Jahrbuch für Gesetzgebung, Verwaltung und Volkswirthschaft im deutschen Reich 8, 677. https://www.digizeitschriften.de/dms/img/ ?PID=PPN345575393_0008|LOG_0031&physid=PHYS_0694#navi.

Selten, Reinhard. 2001. "What Is Bounded Rationality?" in Bounded Rationality: The Adaptive Toolbox, ed. G. Gigerenzer and R. Selten. Cambridge, MA: MIT Press.

Simon, Herbert. 1945. "Theory of Games and Economic Behavior by John Von Neumann; Oskar Morgenstern." American Journal of Sociology 50 (6): 558–560.

———. 1955. "A Behavioral Model of Rational Choice." Quarterly Journal of Economics 69 (1): 99–118.

———. 1978. "Biographical." https://www.nobelprize.org/prizes/economic -sciences/1978/simon/biographical/.

Smith, Adam. 1759. The Theory of Moral Sentiments, printed for Andrew Millar, in the Strand; and Alexander Kincaid and J. Bell, in Edinburgh.

———. 1776. Wealth of Nations. London: W. Strahan and T. Cadell.

Starr, Ross M. 2008. "Arrow, Kenneth Joseph (born 1921)," in The New Palgrave Dictionary of Economics (2nd ed.), eds. Steven N. Durlauf and Lawrence E. Blume. London: Palgrave Macmillan, 232–241, https://econweb.ucsd.edu/~rstarr/ARTICLEwnotes.pdf.

Stone, Richard. 1948. "The Theory of Games." The Economic Journal 58 (230): 185–201.

Szpiro, George G. 1986. "Measuring Risk Aversion: An Alternative Approach." The Review of Economics and Statistics, 68: 156–159.

———. 1988. "Risk Aversion as a Function of Variance and Skewness." In Atila Chikan, ed. Progress in Decision, Utility and Risk Theory. Heidelberg: Springer.

———. 2003. Kepler's Conjecture. Hoboken, NJ: John Wiley.

———. 2006. The Secret Life of Numbers: 50 Easy Pieces on How Mathematicians Work and Think. Washington DC: Joseph Henry Press.

———. 2007. Poincare's Prize. New York: Dutton.

———. 2010a. A Mathematical Medley. Providence, RI: American Mathematical Society.

———. 2010b. Numbers Rule: The Vexing Mathematics of Democracy, from Plato to the Present. Princeton, NJ: Princeton University Press.

———. 2011. Pricing the Future: Finance, Physics, and the 300-Year Journey to the Black-Scholes Equation. New York: Basic Books.

———. 2013. "Value Judgments." Nature 500, 421–523.

Thaler, Richard. 1980. "Towards a Positive Theory of Consumer Choice." Journal of Economic Behavior and Organization 1 (1): 39–60.

———. 2016. Misbehaving: The Making of Behavioral Economics. New York: Norton.

Thaler, Richard H., and Cass R. Sunstein. Nudge: Improving Decisions About Health, Wealth, and Happiness. New Haven, CT: Yale University Press, 2008.

Tversky, Amos, and Daniel Kahneman. 1974. "Judgment Under Uncertainty: Heuristics and Biases." Science, New Series 185 (4157): 1124–1131.

———. 1981. "The Framing of Decisions and the Psychology of Choice." Science 211: 453–458.

United Press International. 1971. "The Pentagon Papers." 1971 Year in

Review, https://www.upi.com/Archives/Audio/Events-of-1971/
The-Pentagon-Papers/.

United Nations. 1948. Universal Declaration of Human Rights. http://
www.un.org/en/udhrbook/pdf/udhr_booklet_en_web.pdf.

UShistory.org. Declaration of Independence, 1776, http://www.ushistory.
org/declaration/document/.

von Neumann, John. 1928. "Zur Theorie der Gesellschaftsspiele [On the
theory of parlor games] Mathematische Annalen: 295 – 320.

von Neumann, John, and Oskar Morgenstern. 1944. Theory of Games and
Economnic Behavior. Princeton, NJ: Princeton University Press.

———. 1947. Theory of Games and Economic Behavior (2nd rev. ed.). Prin
ceton, NJ: Princeton University Press.

Walras, Léon. 1860. "De la cherté des loyers à Paris", La Presse, October 19,
1860, https://gallica.bnf.fr/ark:/12148/bpt6k4788476.item. Also front
pages October 26, 29, November 6.

———. 1874a. "Principe d'une théorie mathématique de l'échange" [Prin
ciple of a mathematical theory of exchange]. Journal des
Économistes 34: 5 – 22.

———. 1874b. Éléments d'Économie Politique Pure, ou Théorie de la
Richesse Sociale [Elements of Pure Economics, or the Theory of
Social Wealth], 2 vols., Lausanne: L. Corbaz, (2nd ed. Lausanne: L.
Corbaz, 1889).

———. 1885. "Un economiste inconnu: Hermann-Henri Gossen." Journal
des Économistes 30: 68 – 90.

———. 1896. Études d'économie sociale. Paris: F. Rouge, 1896.

———. 1898. Études d'économie politique appliquée. Paris: F. Rouge, 1898.

———. 1908. "Un initiateur en economie politique, A. A. Walras." La revue du mois, August 10.

Watson, John. 1895. Hedonistic Theories from Aristippus to Spencer. London and New York: Macmillan.

Weber, Ernst Heinrich. 1830. Handbuch der Anatomie des menschlichen Körpers [Manual of general anatomy of the human body]. Leipzig, Germany: Köhler.

———. 1834. De subtilitate tactus [On the precision of the sense of touch].

———. 1846. Tastsinn und Gemeingefühl. Reprinted 1905 (ed. Ewald Hering).

Wells, Tom. 2001. Wild Man: The Life and Times of Daniel Ellsberg. London: Palgrave Macmillan.

Whately, Richard, Archbishop of Dublin. 1831. Easy Lessons on Money Matters, for the Use of Young People. London: Society for Promoting Christian Knowledge.

Wittgenstein, Ludwig. 1921. Tractatus logico-philosophicus." (First published in German in 1921 as Logisch-Philosophische Abhandlung. First English edition: New York: Harcourt, Brace, and Co., 1922.)

**p.34** • Daniel Bernoulli

**source**: Wikimedia Commons(Public domain)

**p.47** • Gabriel Cramer

**source**: Wikimedia Commons(Public domain)

**p.73** • Aristippus

**source**: Wikimedia Commons(Public domain), in
The History of Philosophy, Thomas Stanley(1655)

**p.76** • Epicurus

**source**: Wikimedia Commons(Public domain),
Palazzo Massimo alle Terme

**p.79** • John Locke

**source**: Wikimedia Commons(Public domain)

**p.89** • Jeremy Bentham

**source**: Wikimedia Commons(Public domain),
painting by Henry William Pickersgill

**p.103** ● Aristotle

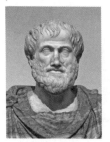

source: Wikimedia Commons(Public domain),
Ludovisi Collection

**p.133** ● Gustav Theodor Fechner

source: Wikimedia Commons(Public domain)

**p.115** ● Pierre—Simon Laplace

source: Wikimedia Commons(Public domain)

**p.146** ● William Stanley Jevons

source: Wikimedia Commons(Public domain)

**p.120** ● Ernst Heinrich Weber

source: Wikimedia Commons(Public domain)

**p.160** ● Léon Walras

source: Wikimedia Commons(Public domain)

**p.180** • Carl Menger

source: Vienna University Archive

**p.241** • Oskar Morgenstern

source: Vienna University Archive

**p.220** • Frank Plumpton Ramsey

source: Art by Patrick L. Gallegos (2017), courtesy of Wikimedia Commons(Public domain)

**p.274** • Milton Friedman

source: Wikimedia Commons(Public domain), The Friedman Foundation for Educational Choice

**p.236** • John von Neumann

source: Wikimedia Commons(Public domain), Los Alamos Scientific Laboratory

**p.278** • Leonard Savage

source: Leonard Jimmie Savage Papers (MS 695), Manuscripts and Archives, Yale University

438

**p.293** • Harry Markowitz

source: Courtesy of the Harry Markowitz Company

**p.343** • Herbert Simon

source: Courtesy of Carnegie Mellon University

**p.301** • Kenneth J. Arrow

source: © Chuck Painter / Stanford News Service

**p.363** • Daniel Kahneman

source: Wikimedia Commons,
© Renzo Fedri

**p.330** • Daniel Ellsberg

source: Wikimedia Commons(Public domain),
Photo by Christopher Michel

**p.363** • Amos Tversky

source: © Ed Souza / Stanford News Service

RISK,

CHOICE,

AND

UNCERTAINTY